律师视界

——法案析疑

王腊清　著

中国出版集团

世界图书出版公司

广州·上海·西安·北京

图书在版编目（CIP）数据

律师视界：法案析疑/王腊清著.—广州：世界图书
出版广东有限公司，2013.7（2025.1重印）
ISBN　978-7-5100-6432-6

Ⅰ.①律…　Ⅱ.①王…　Ⅲ.①法律－案例－中国
Ⅳ.①D920.5

中国版本图书馆CIP数据核字(2013)第141634号

律师视界——法案析疑

策划编辑　刘婕妤
责任编辑　翁　晗
出版发行　世界图书出版广东有限公司
地　　址　广州市新港西路大江冲25号
http://www.gdst.com.cn
印　　刷　悦读天下（山东）印务有限公司
规　　格　710mm × 1000mm　1/16
印　　张　16
字　　数　270千
版　　次　2013年7月第1版　　2025年1月第3次印刷
ISBN　978-7-5100-6432-6/D・0068
定　　价　78.00元

平凡中的伟大

　　王腊清律师编纂文集《律师视界》，嘱我作序久矣，我与王律师非故交，平日往来甚少，仅有的几次接触也是在律协宣传委会议上，他看上去比其他委员年长，话不多，并不引人注目。然而点击300余页、20余万字电子版文稿，却感受到王律师博大的精神世界。

　　《律师视界》文集辑录王律师在1996—2012年，从湖北省汉川市于勤律师事务所到广东深兴律师事务所执业期间拟就的作品，发表于国家、省、市级法学报刊、杂志，共83篇。仅享有盛名的《律师文摘》，广东律师30年特刊，就辑录有王律师的3篇文章，体裁多样，有杂文、随笔、诗歌。有2篇在2007年度中南六省(区)及港澳地区律师协作暨律师业务研讨会和中南六省(区)2009律师论坛上交流，并被收录于律师业务研讨会和律师论坛论文集。六十年一个轮回，桃李春风一杯酒，江湖夜雨十年灯。读罢我感慨良多。读书带来思考，分享他人独特的体验，体味著者的思想高度，亦一乐也。

　　《律师视界》，取名贴切。王律师关注的范围十分广泛，以其律师实务为依托，文集分六个板块，各具特色。法学论文，严谨大气；以案说法，饶有趣味；法律故事，引人入胜；法治时评，切中时弊；律师文苑，直抒胸臆；律所管理，汇聚心得。诚然，这里没有鸿篇巨制，但那字里行间跃动的灵光，却能映照出特定历史条件下中国律师这个群体的业务实践和社会生活，一个法学实务者的心路历程及其实践留痕以及对制度、法律、社会、人生的体悟和沉思。

　　文如其人，翻开这本文集，一个传统体制下孕育的律师界知识分子形象呼之欲出，他有着执着的追求和坚韧的毅力。他倾听律师行业的风声雨声，洞察法治理想的云卷云舒，用生命的热情顽强地流淌出一条不间断的绵延前伸的学术涧流。

　　从内地到深圳执业，王律师也是平常人家，也要穿衣吃饭，养家糊口，也要为稻粱谋。辛勤工作之余，他走的是一条默默笔耕之路。写作要静心，心灵没有丝毫杂芜，才能安下心来，进入角色，思健笔畅。笃行、多思、勤写，成了王律师人生的主旋律。个中甘苦，想必王律师如鱼饮水，冷暖自知。

　　人是要有一点精神的。由是观之，王律师是一个有专业的人，是一个有文笔的人，是一个有追求的人，是一个有意志的人，是一个有思想的人，是一个有品位的人。

　　进而联想，我们应如何做律师，律师的角色应如何担当？现在的律师首先面对的是生存压力和市场竞争。律师的成功与否、大牌与否，世俗多以赚钱的多少为惟一的标尺。然而，我们更需要精神标尺。提升律师人生境界，我们行业需要勤于思考、仰望星空的人。一个好律师，应该有自己的公共关怀，以天下为己任，追求人间正义。同时，律师的道义理想应该扎根于专业领域，只有和自己的律师实践融汇在一起时，才是真正有力的人，才有可能转化为法治社会的坚实基础，种子只有播在大地上才会发芽。

　　中国法治建设是包括律师在内的法律人的宏伟事业。我们需要王律师这种为了弘扬法治的精神，为了传播法学的主张，默默耕耘的人。王律师所在的广东深兴律师事务所在深圳宝安，我在宝安执业近二十年，对宝安有特殊的感情，我为宝安有这样的律师喝彩，乐而为之作序。

深圳市律师协会副会长

2013 年 4 月深圳宝安春秋茶社

自　序

随着我国市场经济体制的建立与经济的高速发展以及全球经济一体化的程度加深,律师在社会中的地位和作用越来越显著。随着大陆法对判例的日益注重以及英美法对成文法立法的加强,两大法系正逐渐融合其各自特点并越来越具有相似性。这种法治发展的趋向表明,判例法不但未因成文法的发展而湮没在浩如烟海的法典及法律中,反而在法律的创新、解释及填补法律漏洞上更凸显其作用。

由于我国律师业的历史太短,没有丰富的经验可借鉴,律师业务除了向国外学习外,再就是律师自创。对于每一位律师而言,在做好自身业务的同时,能擅于总结与研讨疑难案例,是律师社会责任感的一种体现,而乐于和敢于将自己的成果与同行共享也是一种奉献。

本书搜集的均是笔者亲历或亲知的事例,所选文稿具有典型性和系统性。案例不在大小,内容不在繁简,关键是看所选案例能否解释一个或数个法律规范的内涵及其运用。所谓典型性,不在于案例当时所产生的新闻效应,而在于案情与法律规则的联系性。所谓系统性,是指文稿的编排能够在总体上系统阐述法律的规则体系。

本书通过对现实典型案例和法学论文的系统分析与阐述,给广大律师开辟了一个广阔的思维空间,避免了单一化和模式化的僵硬思维方式。本书还搜集了笔者在办案过程中的法律故事和个人感慨,体现了一个职业律师执业之余的奋斗精神与价值追求。

"百丈之台,起于垒土;万里江河,始于滥觞。"作为律师,一要敢为先,二要做实事。只有不断地闯和务实,并擅于总结,才会在执业过程中不断战胜自我和提高自我。

当然，律师代理案件要达到一定的境界，绝非一日之功。熟能生巧、巧能生华，是律师生涯永恒不变的真谛。法律是一门社会科学，需要我们不断地去探索。

律师的代理技巧也好，办案艺术也罢，其代理观点或思路关键是要击中案件的要害，使其观点无懈可击，寓技巧与艺术于准确中，使法官不得不采纳其观点。即使其无懈可击的观点法官不采纳，也会在法官的内心中产生震撼，让他留下终身的遗憾与创伤。

希望有更多的律师业务作品问世，也希望有更多的律师业务成果在律师界的争鸣中不断升华。

王腊清

2013 年 2 月 20 日于深圳

目　录

一、法学论文篇

（一）房地产法律顾问工作刍议

建设部体改法规司曾发出通知，要求全国建设系统大力开展法律顾问工作。《建设系统企业事业单位开展法律顾问工作的通知》也引用了前国务院副总理邹家华最近在我国建立现代企业制度工作会议上的讲话："企业改革还会遇到大量的法律问题，要进一步加强企业法制工作，建立和完善企业法律顾问制度。"我国房地产业作为新兴的生产要素，已成为社会主义市场经济的重要组成部分。在方兴未艾的房地产业中，投资失控、流通不畅、资金物化后难及时收回等等矛盾日益突出。房地产市场的发育和发展，既给律师提供了广阔的服务前景，也给律师提出了更高的服务要求，作为房地产业的法律顾问，其服务工作如何开展，才能体现出律师顾问工作的作用呢？笔者认为从进入房地产业顾问工作的角色开始，须从如下几个方面着手。

1. 积极参与房地产开发公司的组建

一个完善的房地产开发公司，特别是中外合资组建的公司，不仅仅是出资比例、人员、相互责权利等问题的落实，其中还包括着许多方方面面的具体的法定程序。目前，越来越多的房地产开发企业在组建时已全部采纳国外通行做法，投资或筹建者只需做出决策，而整个组建工作程序均委托律师来完成。因此，房地产顾问律师必须参与公司的组建工作，且不能有丝毫的麻痹大意而出现纰漏。

2. 努力协助房地产开发经营企业的运作

如土地征用,房屋拆迁以及与之相关的安置补偿,土地使用权,抵押贷款,发展商、承建商、投资商、承销商等多方面的合作与合同关系,都需要丰富的法律专业知识作保障和后盾。因此,房地产法律顾问律师在这些问题上要切实把好关,这样做可以免除许多事后的纠纷与诉讼,企业可以节省大量的时间、精力,也可避免蒙受不应有的损失。

3. 主动参与房地产销售

房地产业的商品房销售工作,少不了顾问律师的参与。在国外,房地产的交易行为直接表现为交易双方律师直接参与的代理行为,除了成交物业及其价格的确定之外,律师几乎代行了一切事务。国内房地产业的顾问律师工作虽然不能像国外那样包罗万象,但在其商品房的销售过程中顾问律师必须要参与,特别是房地产的涉外销售项目,律师承担着审查物业合法与否、起草契约、安排签约、提供见证、协助申请按揭贷款、代办合同登记、产权过户等一系列具体工作,更应主动参与。

4. 尽力完善房地产发展的后续工作

一个房地产项目的立项、开发、销售完毕后,作为房地产发展商就意味着一个项目的基本完成,也预示着下一个开发工作的即将到来,因此,作为房地产业的顾问律师,须考虑到这个阶段还存在着与该项目相关的许多工作,如房地产的物业管理,房地产的抵押、买卖、租赁、典当、拍卖,房地产权益纠纷的仲裁、诉讼等等问题,都需要顾问律师主动参与。这样既可以化解纠纷,又可为下一步开发工作打下良好基础,也可在仲裁、诉讼中处于主动地位。

(原载 1996 年 1 月 12 日《湖北法制报》和 1996 年 1 月 9 日《湖北经济报》)

(二)商品房预售、转预售纠纷及对策

近年来,住宅已成为人们最为迫切需要的商品,随着房地产业的大力发展,住宅的商品化和私有化程度不断提高,这一方面刺激了人们住房的购买欲,客观上加快了城市建设,提高了居住水平,促进了相关产业的发展。另一方面由于无序竞争,供求关系失去平衡,潜在的矛盾和纠纷陡增,不仅影响了房地产业的正常发展,而且给社会增添了不安定因素。

1. 交易方式不规范

有些房地产商报建项目后便开始预售房屋,买家与房地产商签订购房合同后,为获取差额利润将其合同权利义务转售给下一买家,并如此循环。还有的买家向房地产商支付部分定金或房款后便美其名为承销商,再将预购的房屋转售给下一买家,同时以第二买家所付房款支付给房地产商,从中获利,第二买家再如此炒卖,后由最终买家与房地产商办理房屋买卖关系手续。这些交易方式因其环节缺少规范化的、正当的、合法的登记手续,漏洞百出,加上未取得法律上的认可,更易产生纠纷,而且一旦产生纠纷都将影响合同的正常履行,并由此牵动各个环节。

2. 房地产开发与转预售管理混乱

有些房地产商根本不具备开发房地产的条件,也积极参与房地产开发与经营;有的转售商实际不具备商品房转预售的经营资格也参与经营,导致商品房预售或转预售行为最终无效。

3. 暴利因素的影响

笔者就曾遇到过这样的纠纷,某房地产商在一批商品房开发初虽然万事俱备,但在资金没有到位的情况下为抢进度抓效益,便盲目上马,结果由于种种原因资金不能到位,只能中途停工,导致不能如期交付房屋给买主而酿成纠纷。还有的承销商为了获利和拉拢客户,不做调查研究,擅自让买受人少交或缓交房款,工程竣工买受方进住后又以各种理由拒付房款或不兑现房款,由此产生矛盾。

造成以上情况有主客观方面的原因:主观原因是房地产开发商没有做好可行性研究及利险测算,有的开发商利用自身优势和人们购房迫切的心理,在签订商品房预售合同时,在价格上埋伏笔、设圈套,避开风险责任,大多数房价为暂定,待房屋交付时再按当时价格计算,这样差异甚大,特别是建筑材料不断上升,开发商要加价售房,结果造成预售纠纷增多,这是开发商主观方面的原因。而转售方及买受方方面,原因则多种多样:①转售方式无统一的交易规则可寻,以致会出现一房卖二主的现象;②转售商不注重调查研究,造成转售的商品房或是土地使用权手续不全或是建房资金难以到位延期交付等原因与买受方产生矛盾;③因转售方承办人不负责任,草率行事,与买受方产生这样或那样的纠纷;④买受方不顾现实条件,只顾交定金,到时交不齐房款而出现僵局;⑤买受方为赚钱再行倒卖,或嫌不合味口转手他人造成纠纷。而客观原因则是我国房地产业尚处于起步阶段,进入市场调节为时甚短,对房地产开发缺乏全面、及时、有效的法律调整。虽然我国从"宪法修正案"开始制定了一系列法律、法规,这些法律法规对房地产业的发展无疑起到了一定的作用,但面对各地风起云涌的房地产业开发中出现的大量法律问题特别是预售及转预售问题,上述法律法规难以全部调整。至今为止,我国尚无一部完整的商品房预售和转预售的法律法规,就是《城市房地产管理法》也倍感简单,又无实施细则,且难以操作,这不能不说是立法上的问题,也是商品房预售、转预售纠纷多发的客观原因。

笔者提出的建议及对策是:

1)房地产开发商在开发销售过程中要在工商行政管理部门核定的经营范围内从事房地产开发经营业务,对开发项目做可行性研究,正确预测市场供求变化势态,反复论证,选定理想的建设地点,确定建设内容、项目、规模、速度。把决策建立在科学的基础之上,认真搞好开发项目的施工监理和工程质量检查,建立健全开发核算体制,搞好全面经济核算,合理确定房价,把开发管理纳入法制化的轨道,这是减少商品房预售和转预售纠纷的前提和基础。

2)转预售商必须取得转预售商品房经营资格,方可转售商品房;还应对预售方有关房屋建设工程合同、建设工程规划许可证、土地使用证等手续及市场行情、买受人意思是否表示真实进行核实,防止受委托后转售商品房时出现纰漏。因为转预售行为受预售行为延续关系的影响,转预售合同的最终履行与预售合同的效力也直接相关,转预售商还应对预售合同和转预售合同严格把关,这些都是减少商品房预售与转预售纠纷的关键所在。

总之,房地产开发商与转预售商在房地产开发经营过程中务必始终坚持依法开发和依法经营,否则除依法对主要责任人和单位施以经济处罚外,还应对触犯《中华人民共和国刑法》(以下简称《刑法》)的直接责任者给予刑事处罚。就目前形势来看,房地产业经过一番拼搏,虽然已积累了一些成功的经验,但仍未走出低谷,一方面人民居住条件距小康水平甚远;另一方面高楼广宇滞销,因此亟待加强法律化规范化管理。在此笔者建议立法机关就商品房预售、转预售部门的性质、权利义务、交易方式、收费标准、法律责任以及交易活动中的登记、评估、立契过户、市场价格、抵押、仲裁及诉讼等方面做出相应的规定来规范和制约,特别是对现行已颁布的有关法律法规予以完善,并制定出相应的实施细则,以此来促进房地产业健康发展。

(原载 1996 年 1 月 23 日《湖北法制报》)

(三)农村合作基金会资金投放风险与防范对策

近年来,农村合作基金会为适应市场经济发展的需要,如雨后春笋般蓬勃发展起来,它们吸收和转化了民间闲散资金,促进了农业生产和乡镇企业的发展,对农村经济高速发展起到了作用。但农村合作基金会在资本的实际营运过程中,投放风险极为严峻。所谓资金投放风险是指农村合作基金会在资金的营运过程中因主观或客观的原因导致所投放的资金难以收回而可能发生的危险。资金投放风险作为农村基金会的重要管理内容,已愈来愈引起广大农村合作基金会的高度重视。因此,加强对资金投放风险的防范已成为当务之急。

1. 尽快将农村合作基金会纳入法制的轨道

中共中央、国务院和农业部发布了《加快农村合作基金会的发展步伐》等文件,有关省市也随之制定了相应的农村合作基金会管理暂行办法,但到目前为止还是无一部统一法律法规来规范和管理农村合作基金会的经营管理行为。就目前形势来看,农村合作基金会大都是各自为阵,各有不同砝码。为使农村合作基金会的经营活动规范化、制度化,国家及有关部门应制定相应的法律法规来规范农村合作基金会的整个经营活动,使之有章可循、有法可依,这是克服和避免农村合作基金会资金投放风险的前提和有力保证。

2. 增强风险意识,强化风险管理

农村合作基金会是在保证资金所有者的资金所有权、自主权、受益权不变的前提下,按照自愿互利的原则组织起来的一种股份制合作性质的农村资金融通组织,是相对独立的核算单位。在市场经济条件下,农村合作基金会应加强员工的职业道德教育,加强风险管理意识教育,使全体员工树立起一种时刻关注自身风险承受能力的意识,确保会员股金的安全运转。

3. 建立健全风险保障机制,搞好资金投放的风险预测

由于农村合作基金会自身不是资金所有者,是一个乡或村范围内的股东,而农村合作基金会按照市场发展的经济规律和股东的供给需求来调节资金的流向,所以,建立健全资金投放风险保障机制尤为重要。笔者认为:①要对广大员工进行经常性的法制教育,弄懂弄通有关法律法规,将法律法规融会贯通于自身经营运转工作中,坚持原则、守法经营,尽量避免行为过失引起风险。②要制定切实可行的措施和管理制度,对于故意和工作疏忽而造成的风险,对责任人应进行分门别类的教育或处罚,使之增强责任心,防止资金投放风险的随意发生。③要提高全体员工的素质,要教育全体员工树立起"会兴我荣,会衰我耻"的思想观念,同时对农村合作基金会的人员应进行定期考核,通过考核,提高人员业务素质和选拔德才兼备的人员担负主要岗位工作,尽量杜绝风险的形成。

在建立健全风险保障机制的前提下还要搞好风险的预测:①要预测自己的资产负债程度,看是否符合经济规律;②在投放资金时要充分考虑投放的风险系数和风险程度,以确定资金投放数额;③要对资金投放进行审、放、查、收分离制度,摸清借款企业或借款人是否具有潜在的风险,让资金投放的风险减少到最低程度;④要进行经常性的科学项目评估工作,以测算农村合作基金会资金投放风险系数,并可参照银行的通常做法,搞点常规性的信用等级评估,设立相应的企业信用等级系数,以增强农村合作基金会资金投放风险的防范能力。

4. 依法设立呆账、坏账准备金

农村合作基金会应根据其投放资金和应收账款的一定比例计提一定数额的呆账、坏账准备金计入成本,还需从每年年底的纯收益中按比例提取一定的风险金,以防范资金投放过程中的风险。

(原载 1996 年 11 月 12 日《湖北法制报》)

（四）怎样认识城市住宅商品化

1. 住宅的商品属性与商品化

住宅的商品属性和住宅商品化，既是密切联系的，又是两个问题。住宅的商品属性，是指住宅本身的属性，这是客观的，不以人的意志为转移的；住宅的商品化，是指我们采取的政策。这种政策，是根据住宅的商品属性，把住宅当作商品出租或出售，运用租金、价格等经济手段调节住宅的生产和消费。政策是由人们制定的，一个国家可以实行商品化的政策，也可以不实行商品化的政策。我国过去实行的就不是商品化的政策，现在有些社会主义国家也没有实行商品化的政策。但是，这并不能改变住宅本身的属性。实行商品化的政策，住宅原则上是按照价值出售或出租，它是商品。不实行商品化的政策，住宅以远低于其价值的价格出租，最终还是要由国家财政来补贴（北京市 90%靠补贴），它依然是商品，如果不是商品，就根本用不着补贴了。补贴的部分，就是住宅作为商品的价格和价值的差额。

住宅是个人消费品，在社会主义条件下，按需分配是通过商品交换来实现的。劳动者根据自己劳动的量和质取得一定数量的货币，然后用货币在市场上选购自己需要的消费品，以满足衣、食、住、行的需要。所以，在性质上，住宅和其他消费品并没有什么不同，它们都是商品。不同处是，住宅是"耐用消费品"，而且比其他耐用消费品耐用得多，可以用几十年、上百年。因此，出售的方式和其他消费品有所不同，可以全部转让其使用价值，在价值上一次实现；也可以一部分一部分地转让其使用价值，在价值上逐步实现。前者是出售，后者是出租。二者都是商品交换，并没有本质的不同。

有些人认为，住宅具有福利性质或者部分具有福利性质，这是把住宅属性和政策当作一回事了。福利是按劳分配之前的扣除，是根据需要供应给全体社会成员的，就是说人人有份。住宅实际上做不到这一点。因此，我们过去把住宅当作福利事业来办，国家全部包下来，房租越低越好。实践证明，这种办法对解决住宅问题很不利。由于房租过低：①不能收回折旧，使住宅无法进行再生产和扩大再生产;②不能以租养房,房屋损坏破坏快;③私人建房不合算,束缚了自建和购买住宅的积极性;④助长了住宅占用不合理,住房越多越占国家便宜。这些问题,现在大家都感觉到了。

怎样能使住宅问题解决得快一些呢? 出路就是变包下来的政策为商品化的政策。实现这一政策上的转变,在理论上必须解决两个问题:①承认住宅是商品,承认价值规律对住宅的生产、分配、交换、消费具有调节作用;②承认住宅是个人消费品,可以归私人占有。这两个问题不解决,就谈不上住宅商品化。十一届三中全会以后,经过研究和探讨,在这两个理论问题上,大家已经取得了比较一致的认识,这就使住宅商品化有了理论依据。

住宅商品化包括哪些内容呢?

1) 住宅作为商品生产,并且作为商品出租或出售;

2) 住宅的租金要遵循价值规律;

3) 住宅和其他消费品一样,个人可以选购并归个人所有。

有些人认为,住宅只有出售才叫商品化。笔者认为这样看是不全面的,住宅按价格分期出租,也是商品化。至于城市住宅是以出租为主,还是自己以出售为主,不同的社会主义国家也有不同的情况。比如德意志民主共和国是以出租为主(出租占89%),匈牙利则是以出售为主(出售占64%)。一般来说,前者是实行低房租制,后者已经对租金制度进行过一些改革。在我国,城市住宅究竟是以出租为主,还是以出售为主,最好不要一刀切,要根据不同城市的具体情况来确定。在中小城市,特别是沿海一些侨眷较多的中小城市,住宅私房比重大,居民有盖房、买房的习惯,这些城市的住宅造价也比较低,将来可能以出售为主。在大城市也要出售住宅,但不一定以出售为主,至少在租金理顺以前,还不可能以出售为主。有的人主张,在大中城市以商品化出租为主,辅之以少量的私人自建房和商品房出售。在当前,这可能是一个比较稳妥的办法。

2. 住宅出售与租金改革

住宅出售与租金改革都是住宅商品化的内容。党的十一届三中全会以来,在这两方面都做了许多探索和试验。在住宅出售方面,在近百个城市进行了补贴出售的试点,也有的城市实行全价出售住宅(按建筑造价或者按商品价格出售)。在租金改革方面,有的试行新房新租(包括超标准累进计租),有的试行成本租金(包括折旧费、修缮费、管理费),有的地方还实行议价房租或合同房租。所有这些,都属于试验性质,要在实践中逐步积累经验。

当前,第一步是要采取一些过渡办法,逐步改革租金制度,租金制度不改革,房屋出售也难以办好,因为在这种情况下,很不容易调动职工购买和建造住宅的积极性。

笔者赞成这样一种设想,在不加重财政和企业负担、不加重多数家庭负担的情况下,作为过渡办法,先实行成本租金,对职工规定住房定额补贴标准:标准以内的现行租金和成本租金的差额,由公家"明补";超过标准的部分,由职工自己负担。将来,随着职工工资提高,补贴可以逐步冲销,然后再根据条件做进一步的租金改革。

规定住房标准,同住宅商品化有无矛盾?没有矛盾。我国实行的是有计划的商品经济,对供不应求的商品,国家可以采取定量供应的办法。城市口粮不是还采取定量供应的办法吗?并不能据此否认它的商品性质。

出售住宅,主要是规定合理的价格。价格和租金又是有联系的,在低租金的条件下,价格高了职工不肯买;价格低了国家要吃亏。因此,不得不采取补贴出售的办法。现在试点城市出售住宅,有的购买者出 1/3 的价款,2/3 由单位和财政补贴。有的人认为,补贴出售职工住宅的好处是出售当时就能收回 1/3 的资金,既扩大了住宅投资来源,又能收回一部分货币。但是,只收 1/3 的价款就卖掉了整个住宅的产权,不可能再收回另外 2/3 的资金。因此,其主张把国家补贴改为分期付款或低息贷款。办法是先交住宅总价的 1/3 之后,余下的 2/3 每月交还 0.2%—0.5%,这样,12—15 年可以还清。这种办法不仅国家能陆续收回全部资金,基层单位也容易负担。这是一个值得重视的建议。

笔者认为,目前规定住宅出售价格应当考虑以下几个问题:①住宅价格和补贴办法要同租金改革一并考虑,力求在改革以后,不要产生新的不合理现象。②不能就住宅论住宅,还要考虑住宅所处的地段的未来收益。据此,规定哪些住宅可以出售,哪些住宅不能出售。③要考虑建筑业体制改革以后,住宅的价格可能提高,新的住宅价格提高会影响原有的住宅价格。因为按照价值规律,一种商品的价格并不是由生产这个商品时的价值决定的,而是由再生产这个商品时的价值决定的。

3. 住宅商品化与社会主义建设

《中共中央关于制定国民经济和社会发展第七个五年计划的建议》提出了我国经济建设的战略布局和主要方针。第 2 条方针就是,努力扩大消费品工业的生产领域,积极发展民用建筑业。该建议指出:

"积极推行城市住宅商品化,加快民用建筑业的发展,使建筑业成为我国国民经济的支柱产业。长期以来,我国对城镇住宅实行统筹统配的政策,收取的房租很低。这种办法不仅不利于住宅问题的解决,而且加重了国家的财政负担,使民用建筑业失去生机和活力,造成城镇居民的购买力片面集中在耐用消费品方面。必须尽快提出一套比较成熟的办法,使住宅商品化这项重大政策逐步付诸实施。"这一段话,已经全面地表达了住宅商品化与社会主义建设的关系。

(1)实行住宅商品化,可以使城市居民的消费结构更趋合理

在发达的资本主义国家,住房、燃料和电费一般占个人消费支出的1/4以上,有些国家占个人支出的第一位。在我国城市职工生活费支出中,1957年房租只占2.32%,1981年降至1.39%,近年有所回升,1983年也只有1.52%。我们当然不能向发达的资本主义国家看齐,即使租金改革以后,也不一定要达到那样的比重,但是,现在房租的比重实在太低了。由于房租比重低,职工的消费基金转向其他耐用消费品,使其供应紧张,这对国民经济的发展是不利的。实行住宅商品化,调整租金,使房租补贴转变为职工的个人收入,把住宅作为商品出售给个人,房租和购买住宅的开支在个人消费基金中所占的比重就可以显著提高。1983年,我国农民家庭的住房支出已占生活费支出的10.8%,原因就是农村的住宅是私有的,农民收入增加以后,首先把资金集中用于住宅建设。如果城市职工也有这样的购买住宅的积极性,国家在出售住宅以后,就可以及时收回投资,用于住宅的再生产和扩大再生产。这不仅可以更快地解决城市住宅问题,改善人民生活,还可以减轻市场上其他耐用消费品的需求压力,使消费结构更加合理。

(2)住宅的商品化,有利于住宅建设和房地产事业的发展

据统计,现在全国城镇有各类房屋25亿多平方米,其中住宅约14亿多平方米,按每平方米100元计算,总值即达1 400亿元。近几年,每年城镇住宅建设投资平均都达100多亿元,到2000年,预计还要建设20多亿平方米住宅,投资将达5 000多亿元。按照老办法,这些资金是收不回来的,实行住宅商品化,即使采取过渡性的办法,也基本上可以把资金收回。陆续收回这样多的资金,无疑地可以使城市住宅建设速度大大加快。

现在,大家正研究城市土地的有偿使用、地租的问题,看来有偿使用势在必行。现在城市土地使用实际上有许多也是有偿的,只是地租没有回到国家手里。据1982年的统计,全国城镇建设用地71 505平方公里,其中生产和居住用地51 498平方公里,占70%。如果根据市中心远近收取土地使用费,将是一个

很可观的收入。经营这一事业,也将是一项很大的事业。

(3)实行住宅商品化,可以大力推动建筑业和建材工业的发展

住宅作为商品出售,首先要作为商品生产,这就必须改革建筑业的体制。我国建筑业,仅国营企业就有近500万职工,1983年完成283.3亿元产值。但是,建筑业的纯收入在国民收入中所占的比重一直很小,造成这种状况的主要原因是建筑产品价格不合理。1958年以前,实行预算成本加2.5%的法定利润的计算方法;1959年取消法定利润,按预算成本计算;1964—1966年在原建工部直属企业和部分省、市、区所属企业实行实报实销,实际上是以个别成本计价;1967年又实行经常费制度,施工单位的工资和管理费由国家报付,材料费按实报销,类似供给制;1973年以后,恢复按预算成本计价,但没有恢复法定利润;直到1980年4月,才恢复2.5%的法定利润,并决定对企业实行增长利润留成,使建筑业有了一定的生机;1981年以后,经过改革,特别是实行各种形式的经济包干或责任制以后,完成的利润指标才逐年有所增长,资金利润率1981年是5%,1982年是7.1%,1983年是8.9%,这说明改革已经见效。

建筑业是一个重要的物质生产部门,美国的建筑业、汽车业、钢铁业是国民经济的三大支柱,建筑业的产值与钢铁、汽车、石油等齐驾并驱,有时还超过这些行业,利润率也比较高,早在1980年4月邓小平同志就指出:

"从多数资本主义国家看,建筑业是国民经济的三大支柱之一,这不是没有道理的。过去我们很不重视建筑业,只把它看成是消费领域的问题。建设起来的住宅,当然是为人民生活服务的,但这种生产消费资料的部门,也是发展生产、增加收入的重要产业部门。要改变一个观念,就是认为建筑业是赔钱的。应该看到,建筑业是可以赚钱的,是可以为国家增加收入、增加积累的一个重要产业部门。要不然,就不能说明为什么资本主义国家把它当作三大支柱之一,所以在远期规划中,必须把建筑业放在重要的地位。与此相联系,建筑业发展起来,就可以解决大量人口的就业问题,就可以多盖房,更好地满足城乡人民的需要。随着建筑业的发展,也就带动了建材工业的发展。"

这个方针,是完全正确的。总之,实行住宅商品化,是一个重大的政策,它可以从各方面促进社会主义建设事业的发展,从而加快四个现代化的进程。

(原载1996年12月《中国住房制度改革》一书)

（五）知识产权的性质与特征

知识产权,是法律规定的人们对脑力劳动成果享有的权利,又可称"智力成果权",它是著作权(版权)、专利权、商标专用权、发现权和对发明及其他科技成果享有获得奖励的权利等民事权利的总称。通常,专利权和商标权又合称为"工业产权"。

知识产权的特征是:①独创性。现行的有体财产,不需法律一一加以认定或规定,便能成为民事权利义务的客体而受到法律的确认和保护。但是,若要取得知识产权,却必须经法律直接加以确认为具有独创性的产品,如专利发明必须具有新颖性、先进性和实用性。②人身性和财产性。人身性是指权利人对自己受保护的精神产品享有人身性的权利,如姓名权、署名权等。财产权即指权利人在一定时间内可直接支配其精神产品,如采取赠与、转让等方式,获得某种物质利益的权利。由于知识产权这些特殊性,决定了对知识产权的侵权行为也具有特殊性,即不是表现为毁坏或非法侵占,而是表现为剽窃、仿冒、擅自使用等。③专有性。知识产权是一种专有权,如果一项脑力劳动成果取得了某一种知识产权,那么任何人就不得再就内容、形式相同的同一脑力劳动成果申请知识产权,即同一脑力劳动成果的知识产权只能授予一人一次。另一方面,在取得知识产权之后,只有主体有权自由利用其成果,取得物质报酬和奖励,他人若要利用或取得该知识产权中的财产权利,必须经知识产权主体的同意,否则就构成侵权。知识产权的人身权利与脑力劳动成果的创造者的人身不可分离,不能转让或继承。④地域性。取得某一个国家承认和保护的知识产权,只能在该国领域内发生效力。如果一项脑力劳动成果要取得其他国家法律的确认和保护,就要按照该国法律的规定履行一定的法律手续,同时还要求申请人所在国与其申请知识产权的外国之间有相互保护知识产权的条约或协定,或双方采取对等保护原则。⑤时间性。知识产权不是可以无休止地享有的,它具有一定的期限。这是针对知识产权的财产权利方面而言。期限以及续展的期限届满,知识产权便丧失其法律效力,不再受法律保护,任何人都可以无偿使用该脑力劳动成果。

（原载 1997 年 11 月 20 日《人民法院报》第 3 版）

（六）交通事故责任认定有待司法救济

长期以来,道路交通事故责任认定书的司法救济程序问题一直是公众、法学界乃至司法实践中争议不休的问题。道路交通事故当事人知情权无法得到保障,暗箱操作严重;监督机制不完善,交通警察做出责任认定时主观随意性大;责任认定书似有至高无上的效力和权威性。笔者认为,为维护道路交通事故当事人的合法权益,不仅要杜绝暗箱操作,而且有必要完善道路交通事故责任认定书的司法救济程序,以保证责任认定书的客观公正性。

1）在事故责任鉴定阶段,设立当事人享有知情权制度。长期以来,道路交通事故责任认定工作一直由交警部门独家认定,一锤定音,缺乏来自外部的监督机制和透明度,交通事故双方当事人不可能知其信息,这样势必使公安交警人员形成一种自己说了算的心理。因此,为保证责任认定书的客观公正,就必须让交通事故双方当事人行使知情权,在责任认定的过程中面对面地充分发表意见。另外,在重新认定阶段应设立听证制度。这样不仅可以弥补首次责任认定中的失误,而且更能体现出交警部门对责任认定的客观公正和科学性。只有让交通事故双方当事人充分地参与责任认定的全过程,才能使其认识到自己在事故中应承担什么责任和该承担多大责任,从而杜绝交警人员的主观武断和随意性。

2）诉讼阶段应设立最终确认制度,也就是设立交通事故责任认定司法救济程序。最高人民法院、公安部在《关于处理道路交通事故案件有关问题的通知》中规定:当事人对损害赔偿问题提起民事诉讼的,以及人民法院审理交通肇事刑事案件时,人民法院经审查认为公安机关所做出的责任认定、伤残评定确属不妥,则不予采用,以人民法院审理认定的案件事实作为定案的依据。当事人仅就公安机关做出的道路交通事故责任认定和伤残评定不服,向人民法院提起行政诉讼或民事诉讼的,人民法院不予受理。该通知明确了交警部门做出的道路交通事故责任认定书在法律效力上不是法院审案定案的当然依据,而是必须查明属实的证据。但另一方面又客观上使人容易产生交警部门做出的责任认定具有最终权威性质的误解,因为当事人不能就此起诉。实际上,该通知明显自相矛盾,既不允许当事人仅就责任认定不服提起诉讼(责任认定的绝对性),又允许法院在审理道路交通事故案件时可视情节变更责任认定(责任认定的可撤销性)。因此,该通知仅变相允许当事人只有在人民法院审理道路交通事故案件时可对责任认定提出异议,这不利于肇事双方当事人对交警部门做出的责任认定不服权利的保护。所以,笔者认为,不管是当事人仅就责任认定不服提起诉讼,还是在提起损害赔偿诉讼时一并提出责任认定不服诉讼,法律都应设立司法救济程序允许其以诉讼方式来保护自己的合法权益。

(原载 2000 年 1 月 6 日《人民法院报》第 3 版)

(七)从司法个案透视最高人民法院意见
对死亡时间确定的不足

司法实践中,经常遇到长辈与晚辈在同一事故中死亡就遗产继承份额发生争议的案例。争议的焦点一般是死亡时间的确定。人民法院在审理这类案件时一般都是以最高人民法院《关于贯彻执行〈中华人民共和国继承法〉若干问题的意见》(以下简称《最高人民法院意见》)的相关规定进行认定和判决,《最高人民法院意见》针对《中华人民共和国继承法》对死亡时间确定的不足做出了具体的司法解释,弥补了《中华人民共和国继承法》的不足,对指导司法实践处理个案确实起到了一定的积极作用。但笔者认为,《最高人民法院意见》涉及长辈与晚辈在同一事件中同时遇难死亡时间的规定不科学、不公平,甚至有违自然法则。现以一个真实的案例分析来阐释这一问题。

案例:2002 年 4 月 25 日上午,某县公民刘某(女,23 岁)与其子张 A(两个月婴儿)从县城乘车回乡途中,不幸发生交通事故致刘某、张 A 死亡(死亡时间的先后顺序无法确定)。事发后,肇事者向刘某之夫张 B 支付了 45 000 元的赔偿费用。张 B 与刘某有价值 38 562 元的房屋一套及相关家用电器、生活用品等财产。在遗产分配过程中，刘某父母与张 B 因刘某与张 A 死亡时间的先后争论不一而诉至法院。

法院在审理此案时认为，对张 A 与刘某死亡时间的先后顺序问题应以《最高人民法院意见》第 2 条"死亡人各自都有继承人的，如几个死亡人辈分不同，推定长辈先死亡"的规定推定刘某先死亡，从而引起张 A 对刘某享有继承权的法律后果。从这个案例可以看出，对辈分不同的人死亡时间的确定对于继承问题有着十分重要的意义。

本案中，刘某时年 23 岁，正处于生命旺盛期。张 A 仅有两个月，系嗷嗷待哺的婴儿，其生命力远远不及刘某。本案中的张 B 与刘某父母均对刘某的遗产有继承权，但刘某父母对张 A 的继承份额的遗产则无继承权，仅张 B 对张 A 继承份额的遗产有继承权。如果按《最高人民法院意见》第 2 条规定推定刘某先于张 A 死亡，则张 A、张 B、刘某父母均对刘某的遗产同时享有继承权，由于张 A 已死亡，张 A 的继承财产理应由张 B 享有，于是出现这样一个问题，刘某遗产发生继承的现状是张 B 50%，刘某父母 50%。

然而，根据自然人的年龄状况和人的生存自然法则，如果年老长辈与壮年晚辈在同一事件中遇难，推定年老长辈先死不仅合理，也符合自然人生存的自然法则。但是，如果青壮年长辈与像本案中的年幼晚辈同时死亡，推定青壮年长辈先于年幼晚辈死亡则值得推敲。众所周知，在一般情况下，在面对外界同等破坏力作用的条件下，青壮年生存机率相对于年幼的婴儿和老年人来讲，显然要高得多。因为根据人的生命自然法则，青壮年的生命机能要远远好于年幼的婴儿和老年人。因此，在遭受外界同等破坏力的条件下，依人的生命生存自然法则，理应推定青壮年后于年幼的婴儿或老年人死亡。鉴于此，最高人民法院仅以辈分划分死亡时间，不仅显得太笼统、不科学、不公平，且太机械。

综上所述，笔者认为《最高人民法院意见》中关于"死亡人各自都有继承人的，如果几个死亡人辈分不同，推定长辈先死亡"的规定有必要予以修改，对同一事件中遇难死亡时间先后顺序的确定应以老年、青壮年、幼年这样的年龄杠杆来确定，即年老长辈与青壮年晚辈或年幼晚辈与青壮年长辈在同一事件中遇难，应推定年老长辈与年幼晚辈先于青壮年（晚辈或长辈）死亡；年老长辈与年幼晚辈或青壮年长辈与青壮年晚辈在同一事件中遇难，应推定二者为同时死亡。

（原载 2003 年《法学杂志》增刊集）

（八）从专利流浪汉看我国专利法的不足与完善

案例：据新华社消息，至今拥有121项专利的武汉市发明大王任文林，十几年来不仅未从发明专利中得到分文，反而光用于申请和维护专利的费用已达20万元，连满足基本的温饱都成了问题。有资料显示，武汉市300多非职务发明人中多数由于种种原因，过着清苦的日子，沦于社会边缘。另一方面又造成非职务发明人专利不能及时转化成产品为社会服务，反倒成为包袱。这一现象表明我国专利法的不足与亟需完善。

现阶段可以说正是科技昌明的时代，科技创新早已成为社会和企业发展的催速器。一个企业要想在现今日益激烈竞争中站稳脚跟，就必须拥有一定的自主知识产权，不断创新产品，做到人有我精，人无我有，才会立于不垮不散之地，否则就难以做大做强做成名牌。发达国家的一些像样公司至少都有成千上万的专利，但在我国，经过20余年的发展，越来越多的企业虽认识到专利作为无形资产的重要性，职务发明人也越来越多，但事实上企业的科技需求仍如饥似渴，此为非职务发明人带来了巨大的生存和发展空间。相关资料显示，发达国家的职务发明与非职务发明的比例为9：1，而我国则反过来为3：7。这当然与中国的国情有关，比如一些国有企业的体制不利于个人发明，个人的职务发明成果往往被淹没在集体的荣誉或领导的荣誉中，另加上知识产权制度不能有效地实施，分配机制缺乏活力，便使得职务发明人的积极性受到挫伤。正因为如此，非职务发明人相对于职务发明人，其得天独厚的自主意识便激发出了更多的创造激情。尽管非职务发明人相对于职务发明人而言有一定的优势，但无论研究、发明条件、信息的灵敏度、市场的准确定位以及技术转化，却有着先天的缺陷。

其实，所谓的专利，除极少数涉及自然科学基础外，绝大多数的特征就是创新和实用。由于非职务发明人往往与市场有些脱节，缺乏市场调查，其选材自然缺乏针对性。有些虽然取得了专利，但从专利到产品，实验到生产线，还有相当的距离，市场经济的投资者看好的一般为中试阶段已有结果有销路前景的专利产品,而不是仅停留于纸上谈兵的技术解释。如此种种,都是非职务发明人的专利往往不能进入市场的根本原因。当然,非职务发明人的专利难以进入市场还与其自身有关,有些非职务发明人往往缺乏清醒的头脑,把专利当文凭,甚至奇货可居,待价而沽,但清高自负,对自己的专利价值期望值过高估计,转让时便陷入屡谈屡败的怪圈。像拥有"利蓝长效治痛剂专利"的夏陈夫妇,由于一心想的是高价转让,并奢望一次性付费,致使像华北制药厂在内的不少企业望而却步。

一项专利的寿命不是其保护期,而是市场赋予其寿命。专利若不能及时转让成产品服务于社会,不仅不是财富,反而会成为包袱。因为年复一年的束之高阁,加上社会科技创新和技术革命,其实用和创造价值就会逐渐退色,甚至消失,最终被市场淘汰。可以理解非职务发明人希望以买卖交易的方式将专利产品尽快转化成产品服务于社会的期盼。特别是当今社会的诚信度相对缺乏和法律制度的不完善,是造成非职务发明人不愿意寻找专利产业化合作对象的重要原因。他们担心在某种合作中,其核心技术失密,最终受制于人。故在与投资方合作过程中一旦接触到核心技术时,难免出现犹豫、消极和掩饰之态。因为双方都清楚,缺少了核心技术,其专利就失去了应有的价值。正因为如此,往往失去合作人的信任与支持。

不管怎样,发明大王沦为专利流浪汉,对于科技资源还十分稀缺的国人来说,并不是一件光荣的事,值得国人闭门思过,也应引起法律界人士的重视,作为政府的职能部门同样不可以掉以轻心。笔者认为,此现象表明我国专利法存在不足和缺陷。因此,在完善我国知识产权执行体系、设立专利技术项目库、建立专利发明人的奖励和扶助基金的前提下,我国专利法应做出相应规定:①做出引导非职务发明人通过灵敏信息适应市场搞发明的规定;②做出由相关部门为非职务发明人提供专利进入市场的信息和畅通渠道的相关规定,并确定一种专利交易的指导性价格,以确保非职务发明人专利及时转化成产品服务于社会;③做出非职务发明人与投资伙伴的相关规定,以法律保障的形式打消非职务发明人对诚信度的怀疑心态,促使专利交易的合作不打水漂;④做出奖励基金的扶助基金的规定,以切保障非职务发明人的基本生活来源。这样,专利流浪汉的现象才会消失。在法律有明文规定的前提下,政府相关部门还要加大科技信息交流传播力度,建立沟通市场与专利的桥梁,把真正具有市场价值的专利及时推介给企业,当好市场红娘。同时,政府要加大企业采用专利技术的激励政策扶持力度,让更多的企业与专利发明人成为市场合作的好伙伴。

(原载 2004 年第 5 期《深圳律师》)

（九）劳动争议仲裁前置制度应早日取消

1. 劳动争议仲裁前置程序设立的社会基础和经济基础已不复存在

《中华人民共和国劳动法》（以下简称《劳动法》）是 1994 年颁布并于 1995 年 1 月 1 日实施的。第 79 条规定："劳动争议发生后，当事人可以向本单位劳动争议调解委员会申请调解；调解不成，当事人一方要求仲裁的，可以向劳动争议仲裁委员会申请仲裁。当事人一方也可以直接向劳动争议仲裁委员会申请仲裁。对仲裁裁决不服的，可以向人民法院提出诉讼。"司法实务中，人民法院受理劳动争议案件是以是否经劳动争议仲裁委员会裁决过为前提的，即通行的所谓"劳动争议仲裁前置程序"。法释（2001）第 14 号《关于审理劳动争议案件适用法律若干问题的解释》第 1 条在规定劳动争议案件范围的同时，也明确规定了人民法院受理劳动争议案件，应以劳动仲裁为前置程序。即当事人不服劳动争议仲裁委员会做出的裁决，依法向人民法院起诉的，人民法院才予以受理，从而形成了劳动争议仲裁前置程序法定化。

随着经济体制改革的深入进行，劳动者与用工单位之间关系的变化而导致劳动争议的内容也发生了质的变化，已转变为较大经济利益的权利义务争议，从而暴露出劳动争议仲裁前置程序带有明显的计划经济体制的痕迹。正因为市场经济的全面确立，用工单位性质已不再仅限于国有和集体。随着公有制企业改革的深入，大量的私有企业、合资或独资企业的涌现，使得工人与用工单位的关系变化凸显，从历史的隶属关系型转变成仅为形式上有隶属关系的、有各自利益追求的平等主体。再加上经济的快速发展和人才素质的提高，劳动争议案件不仅涉争的数额越来越大，而且涉争内容也越来越复杂（如辞退中涉及保密措施与义务的补偿费等）。另外，争议解决的依据也发生了变化，从过去的以政策为主变为以法律为主。随着劳动力的逐步市场化，与市场经济配套的法律法规对劳动关系的调整也越来越法律化，使依靠政策解决劳动争议的时代已经一去不复返。最后，劳动行政部门与劳动争议当事人之间的关系也发生了重大变化，随着现代企业制度的形成，经济框架的日趋多元化，劳动行政部门的职能由计划经济时代对用工单位微观管理转变成宏观管理与指导,使得劳动行政部门对当事人的影响力相对弱化。

正因为如此种种变化,使劳动行政部门牵头组成的劳动争议仲裁委员会因熟悉劳动业务,劳动政策,对当事人影响大,解决劳动争议快捷、简便、彻底的优势已不复存在,证明强调劳动争议仲裁的社会基础和经济基础也已发生根本变化,劳动争议仲裁的角色已退色,从而说明劳动争议仲裁前置程序已经完成历史使命,没有存在的必要。

2. 劳动争议仲裁前置程序弊大于利

1)劳动争议仲裁员基本上来源于劳动行政部门的指定,素质不高,业务不精,劳动仲裁在一定意义上成了劳动者维权的一道障碍。这主要表现为:①人员未按法定程序选拔,人员素质普遍低,法律意识和法律知识贫乏。仲裁员在一定程度上还要看劳动行政部门的某些领导眼色行事,从而造成仲裁前必须调解,长时间调解导致劳动者丧失仲裁时效;凭心情好坏办案,想受理就受理,不想受理就不受理,一纸不予受理拒劳动者之门外;收取当事人案件材料不写收条(包括证据材料),还堂而皇之地称内部有规定,不愿意你拿走材料,且落个不是仲裁部门不立案而是你要拿走材料的名声;即使受理也是随心所欲,想咋办就咋办理,根本不把劳动者的利益当回事,反正没有谁来追究是否错裁。如此种种,均不利于保护劳动者的合法权益,反而还造成劳动者申诉无门、申诉拖时、申诉倒霉的现象。②劳动争议仲裁委员会根本无中立性,谈不上保护劳动者的合法权益。由于劳动争议仲裁委员会人员选拔无需法定程序,事实上均是上级劳动行政部门指派或指定,再加上历史以来劳动行政部门与企业之间的微妙关系,其公正性可想而知。立法者当初设立劳动争议仲裁前置程序主要考虑的是手续简便、审限短、结案快、方便当事人。可在市场经济大潮的今天,劳动争议仲裁由于它的中立性起了质的变化,不仅手续不简便、审限比法院还长、结案比法院也慢,更不方便当事人,而是事实上人为地为当事人维权设置了一道障碍。

2)不利于保护劳动者诉权,往往造成告状无门。劳动争议案必须仲裁的规定不仅有碍人民法院司法管辖权的行使,而且也是对劳动者合法诉权的限制。当事人意思自治原则是我国法制的一个基本准则,仲裁也不例外,其基本原则就是自愿,由当事人自己选择,但事实上却并非如此。劳动争议仲裁前置程序实质上是一种强制仲裁手段,使得当事人根本谈不上意思自治,也休想自愿选择。这种强制仲裁的劳动争议仲裁前置程序其实就是一种将行政手段与仲裁手段并用的制度,计划经济体制的烙印太深。由于提起劳动争议的前提是经劳动争议仲裁委员会不予受理或已做出仲裁裁决,而司法实践中往往由于劳动争议仲裁委员会种种主客观原因造成事实上的不受理(即对不受理的案件不做不予受理的决定)的案件比比皆是,有的即使受理也往往不按期做出裁决,拖得劳动者筋疲力尽。在这种情况下,当事人是无法向人民法院起诉而进入诉讼程序的,从而造成当事人诉权不明不白被剥夺,得不到最终的司法保护。

3)拉长了期限,浪费了国家的司法资源和当事人的人力财力,不利于劳动争议的及时解决。在现行劳动争议仲裁前置程序体制下,仲裁裁决并无当然的法律强制执行效力。据了解,除非劳动争议案件在仲裁程序内调解结案,凡是裁决的没有哪一件不进入诉讼程序的。其实,相当多的当事人只把劳动争议仲裁程序当作走过场,只求仲裁庭早日下裁决以便尽快进入诉讼程序,根本不指望劳动仲裁解决什么问题。由此看来,劳动争议仲裁前置程序的强制仲裁制度既延长了解决纠纷的时间,又浪费了国家的司法资源,还增加了当事人解决争议的成本而造成诉累,明显不利于劳动争议纠纷的及时解决。

4)维护劳动者手段贫乏,救济机制差,不利于劳动者合法权益的保护。依《中华人民共和国民事诉讼法》第97条的规定,"追索劳动报酬或因工伤、患职业病急需医疗费的,当事人在起诉前可以申请人民法院先予执行"。法律如此规定,本来是为了使劳动者的生活、生命能得到及时的救助与救治,但在司法实践中,人民法院对劳动争议仲裁前置程序一般都不予受理劳动争议案件的先予执行申请。虽然劳办法〔1994〕第391号《劳动部办公厅关于在劳动争议仲裁程序中能否适用部分裁决问题的复函》中明确:"企业拖欠工资及支付医疗费的劳动争议,仲裁机构可以先予部分仲裁,但先行仲裁后企业不予执行,劳动争议仲裁机构也无强制手段强制企业兑现或支付,同样还需找人民法院执行"。据此,先行仲裁与先予执行相比,先行仲裁的先天不足明显,保护劳动者手段贫乏,从而证明劳动争议仲裁前置程序不仅不利于劳动者合法权益的保护,不利于劳动争议案件的及时解决,而且给劳动者合法权益保护造成的障碍显而易见,弊大于利,保护劳动者手段贫乏,实有非废不可的趋势。另外,由于劳动争议仲裁委员会不是行政机关,也不是司法机关,对其故意刁难、拖延受理,甚至超过规定时效也不仲裁的种种不作为或相应的违法行为,既不能提起行政诉讼,也没机构对其实行错案追究制,从而造成劳动争议仲裁机构与人员往往随心所欲,按心情好坏办事。即使侵害了劳动者的合法权益,劳动者也无法采用相关的救济手段。

3. 劳动争议仲裁前置程序有违国际惯例

为了适应我国加入WTO的新形势和快速及时正确地解决劳动争议案件的需要,应认真地反省一下现行劳动争议仲裁前置程序存废的必要。劳动诉讼作为一种独立的解决劳动争议的制度具有其特别重要的意义,是劳动者的最后一道保护屏障。由此决定了劳动司法机构在劳动争议处理机制中有着何等重要地位。在美国,劳动仲裁有自己特殊的仲裁规则,它是建立在当事人自愿基础上的,当事人可以不经劳动仲裁直接起诉。英国在司法部下设有独立于普通法院的产业法庭和上诉就业法庭,普通法院经二审终局。德国成立有专门的劳动仲裁庭,由职业法官与荣誉法官组成,与我国的劳动争议仲裁制度不同,它是法院系统的一部分,劳动仲裁庭的裁决属于诉讼活动。法国则在法院内设立专业法庭,是一审法院中的劳工法庭和农业法庭,专门处理工农业方面的劳动争议案件。香港虽有劳动仲裁制度,但是,劳动争议交由劳动仲裁机构前的做法与美国仲裁规则一样,必须要征得当事人双方同意。由此可见,世界上主要国家和地区相对于劳动争议案件而言,要么是纯粹由法院审理没有独立的劳动仲裁制度,要么是把劳动仲裁制度作为解决劳动争议的选择性程序,都没有实行像我国现有的劳动争议仲裁前置程序的强制性仲裁制度,这表明我国现行劳动争议仲裁前置程序的制度有违解决劳动争议程序设置的国际潮流,不利于我国与世界经济的接轨与融洽,理当予以废除。

4. 劳动司法机构的重新构置

只有从劳动争议处理机构的设置和人员配备上找到突破点,才能做到公正高效,快审快结,把维护劳动者合法权益落到实处。在这个问题上,可以借鉴德国的做法,即在法院内设立独立的劳动法庭(类似于法院内现行的知识产权庭、少年法庭等),人员同样由职业法官和人民陪审员组成。现行的劳动争议仲裁委员会可以变称为"劳动争议调解委员会",代表政府主持劳动争议的调解。其程序的设置可以借鉴道路交通事故处理程序的做法,即双方当事人同意劳动争议调解委员会调解的,劳动争议调解委员会则组织双方调解,只要一方不同意或经劳动争议调解委员会调解后一方不履行义务的,当事人可以直接向劳动法庭起诉。至于劳动工伤的认定和工伤职工伤残的鉴定,可维持现行的由劳动行政部门认定和鉴定的做法,但应赋予当事人对工伤认定不服和对伤残鉴定结论不服有权直接向人民法院申请重新认定和鉴定而采用司法程序获取救济的权利,允许当事人对工伤认定不服和对伤残鉴定结论不服有权自主选择向人民法院起诉,或者向上一级劳动行政部门申请复议,以求达到劳动争议案的快速及时解决、劳动法庭统筹兼顾和公正客观审理的目的。

(原载 2005 年第 1 期《深圳律师》)

(十)论统一刑民精神损害赔偿制度

随着我国社会主义法制建设的日臻完善,精神损害赔偿作为一项民事赔偿法律制度已在我国确定。《中华人民共和国宪法》第 37 条 "公民人身自由不受侵犯" 和第 38 条 "公民人格尊严不受侵犯" 的规定,为精神损害赔偿制度的确定提供了宪法依据。《中华人民共和国民法通则》(以下简称《民法通则》)第 98—102 条规定公民的生命健康权、姓名权、肖像权、名誉权、荣誉权受法律保护,任何人不得侵害,否则有权要求赔偿。这是我国精神损害赔偿民事法律制度确立的根本和标志。2002 年 2 月 26 日,最高人民法院《关于确定民事侵权精神损害赔偿责任若干问题的解释》(以下简称《精神解释》)法释〔2001〕第 7 号的出台,为司法机关正确确定精神损害赔偿责任提供了较为全面具体的操作规范。

从民事角度而言,我国的精神损害赔偿制度好像从无到有在民事法律领域已有规可循,但纵观该项制度,却存在着诸如损害赔偿范围不全、操作规范不具体、赔偿额度标准不一、提起损害赔偿的标准不统一等问题。

从刑事角度而言,最高人民法院法释〔2000〕第 47 号、法释〔2002〕第 17 号明确规定刑事案件被害人就精神损害赔偿事项排除在刑事附带民事诉讼的赔偿范围之外,从而造成法律规定对精神损害赔偿制度的不一致情形,不仅有违法制统一性原则,而且人为地破坏了公平、公正、平等的法制原则。因此,如何完善统一刑民精神损害赔偿制度,是摆在广大司法工作者面前刻不容缓的难题。

1. 现行精神损害赔偿制度的盲点

(1)《民法通则》规定的精神损害赔偿范围太窄,相关司法解释规定的赔偿范围虽较全面,但其并不是法律精神损害赔偿,即公民因人格权受到不法侵害而导致精神上的和肉体上的痛苦,因此要求一定的财产赔偿以制裁侵害人并对受害人予以抚慰。这种侵害既包括积极的精神损害即精神痛苦和肉体痛苦,也包括消极的精神损害即知觉的丧失与心神的丧失。本章所述的公民人格权,包括物质性人格权和精神性人格权。物质性人格权含姓名权、肖像权、名誉权、荣誉权、人格尊严权、人身自由权、隐私权、贞操权等。其次,人格具有自然属性和社会属性。其自然属性表现为生命、身体和健康;其社会属性表现为名誉、荣誉、姓名、肖像、人格尊严和人身自由等,是与特定民事主体的人身不能分离的固有的人格利益,当其被法律确认为民事权利时,就是人格权。我国《民法通则》第120条规定"公民的姓名权、肖像权、名誉权、荣誉权受到侵害的,有权要求停止侵害,恢复名誉,消除影响,赔偿道歉,并可以要求赔偿损失"。由此可以看出,《民法通则》所规定的精神损害赔偿,由于受当时历史的局限和立法者的认识程度等原因影响,其保护范围明显过窄,忽视了对公民生命权、健康权、身体权等这些公民赖以生存的最重要的物质性人格和人格尊严权的保护,足以说明当时的立法有重大缺憾。

《精神解释》法释〔2001〕第7号第1条规定"自然人因下列人格权利遭受非法侵害,向人民法院起诉请求赔偿精神损害的,人民法院应当依法受理:(一)生命权、名誉权、荣誉权;(二)姓名权、肖像权、名誉权、荣誉权;(三)人格尊严权、人身自由权。违反社会公共利益、社会公德侵害他人隐私或者其他人格利益,受害人以侵权为由向人民法院起诉请求赔偿精神损害的,人民法院应当依法受理"。这一司法解释揭开了民法理论界一直颇有争议的、《民法通则》第120条的规定内容到底是物质损失赔偿还是精神损失赔偿或者是二者兼而有之的谜底,第一次明确了精神损害赔偿这个模糊的有争议的概念,并为司法工作者提供了具体的操作规范,还用列举的方式对精神损害赔偿制度保护的范围予以较为全面的界定,虽然其可以作为具体适用法律的依据,但它并不是法律,也改变不了法律,它的超前性,只是对法律的暂时补充,要使其名正言顺步入法律的殿堂,并具有法律的权威,就应通过立法程序,使其上升为具有普遍约束力的法律。

(2)刑法类(含《刑事诉讼法》)关于精神损害的赔偿规定与民法类规定大相径庭,与宪法"公民在法律面前一律平等"和"统一"原则相悖

《中华人民共和国宪法》第33条规定"中华人民共和国公民在法律面前一律平等"。这一规定表明我国任何公民都应平等地享有精神损害赔偿的权利。然而在刑事违法犯罪行为的损害赔偿中,却少了精神损害赔偿这根弦。刑事违法犯罪行为,比起民事违法行为来讲,其对公民人格权的侵害往往要严重得多,

受害人在身体受到严重创伤的同时,其自身和亲属在精神上遭受的打击、承受的痛苦是民事违法行为远远不可及的。然而,在刑事法律规范中,却没有关于精神损害赔偿的相关规定。如《刑事诉讼法》第77条规定和《刑法》第36条规定,均只规定了物质损失和经济损失,精神损失只字未提。不但如此,最高人民法院《关于刑事附带民事诉讼范围问题的规定》法释〔2000〕第47号和《关于人民法院是否受理刑事案件被害人提起精神损害赔偿民事诉讼问题的批复》法释〔2002〕第17号则将刑事被害人提起精神损害赔偿的权利予以剥夺,也就是说刑事被害人连精神损害赔偿提起诉讼的权利也不复存在。虽然上述两个司法解释也不是法律,但人民法院审理类似案件均是以此为依据,将刑事被害人精神损害赔偿请求排斥在外,从而造成了厚此薄彼现象,即同一性质的损害行为和损害事实,侵害的客体并无二异,而由民事违法行为造成损害情形的侵害人有权获得精神损害赔偿,由刑事违法犯罪造成损害情形的刑事被害人却无权获得精神损害赔偿,明显有违我国"公民在法律面前一律平等"的宪法原则。这是摆在我们面前的客观现实。

另外,民事法律规范规定受害人人格权受到损害有提起精神损害赔偿的权利(且不论怎么赔、赔多少),而刑事法律规范却把刑事被害人应享有的精神损害赔偿请求权排斥在外,也即刑事被害人不享有提起精神损害赔偿的权利。笔者暂不论谁赋予了最高人民法院有权剥夺刑事被害人应享有的提起精神损害赔偿权利的问题,仅就两种类型法律规范而言,结论是有违《中华人民共和国宪法》第5条法制统一性原则。其实,刑事违法犯罪行为的危害性大、后果严重、手段残忍是直接的,众所周知的,而法律对民事违法行为的精神损害赔偿予以保护,对刑事违法犯罪行为的精神损害赔偿进行排斥,是典型的法制不统一现象。

(3)精神损害赔偿的构成要件不明确,赔偿额无标准,可操作性差

《精神损害》法释〔2001〕第7号第8条规定:"因侵权致人精神损害,但未造成严重后果,受害人请求赔偿精神损失的,一般不予支持,人民法院可以根据情形判令侵权人停止侵害、恢复名誉、消除影响、赔礼道歉。因侵权致人精神损害,造成严重后果的,人民法院除判令侵权人承担停止侵害、恢复名誉、消除影响、赔礼道歉等民事责任外,可以根据受害人一方的请求判令其赔偿相应的精神损害抚慰金。"根据该条规定,精神损害与精神损害赔偿是两个不同的概念,意思为精神损害赔偿是致人精神损害并造成严重后果的承责方式,其民事责任构成要件可以理解为:①必须有因侵权致人精神损害并造成严重后果的事实;②侵权人的侵权行为与侵权事实之间存在着直接的因果关系;③受害人提

出了精神抚慰金的赔偿请求。这其中，什么叫"严重后果？"《精神解释》第9条用列举的方式列举了精神抚慰金的三种方式，有理由说第8条规定的"严重后果"为第9条规定的三种情形，即：①致人残疾的；②致人死亡的；③其他损害情形。那么，"其他损害情形"又如何掌握和怎样操作？按民法学理论的理解原则，其他损害情形应与第9条列举的另两种情形程度相当，那怎样的情形才与"致人残疾"、"致人死亡"相当呢？叫人难以捉摸！再说，如果精神损害赔偿的程度略次于第9条列举的情形的话，是否符合该解释所规定的"严重后果"的要求？但该解释对此并未予以界定。

另外，关于精神损害抚慰金的赔偿数额标准问题，第8条规定的是"可以根据受害人一方的请求判令其赔偿相应的精神损害抚慰金。"这里的"赔偿相应的"规定又如何操作？虽然该解释第10条规定了6项确定标准的因素，但也因其不具体、过于复杂，从而给司法实践出了一道难题，造成了在实际工作中难以把握的局面。

鉴于以上分析，足以说明我国现行的精神损害赔偿制度存在着许多弊端，盲点多，应尽快予以修正完善。

2.统一和完善精神损害赔偿制度的必要性和可行性

统一和完善精神损害赔偿制度，对于加快和促进我国社会主义法制建设进程，实现党中央提出的在2010年建成比较完备的中国特色社会主义法制体系的奋斗目标，都具有极其重要的意义。

（1）统一和完善精神损害赔偿制度，是全面地平等地保护公民合法权益的客观需要

人类作为一种社会历史存在物，其活动可分为物质性和精神性的两个方面，对人而言，既没有单纯的物质活动，也没有单纯的精神活动，人不仅有基于生存本能而产生的物质利益，更有着人作为万物之灵所独具的精神利益。从一定意义上说，人脱离动物的过程，也同是人的精神利益形成的过程。随着人类文明的进化，人的精神利益也越来越充实庞大，相应地反映在法律上的权利亦愈来愈突出。生命和健康是权利主体得以存在和进行正常活动的前提条件，姓名、名称和肖像是权利主体的标志，名誉也是权利主体得以正常生活的必要条件。当权利主体的这些权利受到不法侵害时，应当全面地、平等地受到法律保护，而不应考虑违法侵害的手段类型。不管是犯罪行为或非犯罪行为造成的侵害，对受害人遭受的可以用金钱计算的精神损害，当然也应由不法侵害人赔偿，

不应仅赔偿受害人本人遭受的精神损害损失,而且对受害人近亲属遭受的精神损害也应予以赔偿,不仅对遭受民事违法行为侵权的受害人予以精神损害赔偿,而且对遭受刑事犯罪侵害的受害人同样应予以精神损害赔偿。刑事类相关法律规范排斥精神损害赔偿,不仅在世界范围内得不到公认,在法学理论界也引起强烈反响,而且对于那些因遭受刑事犯罪侵害而导致心理、生理、精神长期承受极大恐惧、愤怒、焦虑、绝望和痛苦的受害人来说,他们将更为不能与民事权利主体同样平等地获得精神损害赔偿权利而鸣冤叫屈。

(2)统一和完善精神损害赔偿制度,是维护社会主义法制统一的需要

现行刑事法律规范与民事法律规范之间,在精神损害赔偿这个问题上的相互矛盾和冲突,完全有违我国宪法关于法律相统一的原则。要维护法律的统一,必须从立法环节上,通过立法手段消除相互之间的矛盾,实现各部法之间的高度统一,这样才能体现我国的宪法精神。

其实,《最高人民法院关于审理人身损害赔偿案件适用法律若干问题的解释》法释〔2003〕第20号(以下简称法释第20号)第1条第1款的规定从立法手段和技巧上来讲,相对的统一了精神损害赔偿制度,但还不大完善。其规定"因生命、健康、身体遭受损害,赔偿权利人起诉请求赔偿义务人赔偿财产损失和精神损害的,人民法院应予以受理"。众所周知,侵害公民的生命权、健康权和身体权的手段可以分为犯罪手段和非犯罪手段,而法释第20号并没有说公民的生命权、健康权和身体权只有遭受非犯罪手段侵害的,才可以要求精神损害赔偿。所以,我们有理由认为法释第20号的立法本意为公民的生命权、健康权和身体权只有遭到侵害,而不管侵害手段是犯罪手段还是非犯罪手段,都可以要求精神损害赔偿。法释第20号第36条第2款还明确规定,在本解释公布施行之前已经生效施行的司法解释,其内容与本解释不一致的,以本解释为准。由此可见,自法释第20号施行之日起,与其不一致的司法解释(如法释〔2000〕第47号、法释〔2002〕第17号)就应自然失效了。刑事被害人理所当然就依法享有了获得精神损害赔偿的权利。

上述分析只能从司法解释的层面解决了这一问题,要从法律层面上解决这一问题,有必要对《刑事诉讼法》第77条和《刑法》第36条做出正确剖析和理解。其实,不管是《刑事诉讼法》第77条,还是《刑法》第36条,均只是授权性规范,并不是禁止性规范。这些规范并不能推导出刑事被害人不能或不得提起精神损害赔偿的结论。从逻辑角度讲,刑事被害人不能提起精神损害赔偿的推理过程为被害人的物质损失可以提起刑事附带民事诉讼,被害人的精神损失不是

物质损失,故精神损失不能提起刑事附带民事诉讼。这样的推理如"全体干部都要学法,李某不是干部,所以李某不应学法"一样,其荒谬显而易见。

应该说,犯罪行为造成的后果远远大于一般民事违法行为,那为什么造成后果较轻的民事违法行为要赔偿精神损失而造成严重后果的犯罪行为反而不赔呢? 这岂不是后果越重承担的责任越轻从而怂恿犯罪吗? 笔者认为,我国刑事法律规范断然不会蕴含如此结论。

因此,虽然法释第20号已有精神损害赔偿相关统一的规定内容,但要完善,还有待于立法机关的努力。

(3)统一和完善精神损害赔偿制度,是发展社会主义民主、推进社会文明的需要

规定对精神损害承担相应的法律责任,是社会人格价值尊重和保护的表现,是人类重视自己精神财富的表现。对精神受到损害的公民规定由侵权者给予适当赔偿,不仅对侵权者是一种道德的谴责和法律惩戒,而且对受害公民也是一种心理抚慰和精神支持,既是社会主义民主进程的表现,也是社会文明进步的体现。

(4)统一和完善精神损害赔偿制度,是与国际接轨的需要

关于精神损害赔偿问题,发达国家早有规定,发达中国家也相继立法。我国应借鉴国外的先进经验,尽快统一和完善精神损害赔偿制度,强化对公民人格权的保护。

统一和完善精神损害赔偿制度,我国已取得初步经验,如《民法通则》第120条规定,法释第20号第1条第1款规定,《最高人民法院关于审理名誉权案件若干问题的解答》法发〔1993〕第15号第10条的规定,法释〔2001〕第7号《精神解释》的相关规定以及长期的理论探索和司法实践,为我国确立、统一和完善精神损害赔偿制度,奠定了坚实的理论基础、立法基础和司法实践基础。相对于国外相应立法来讲,我国立法还相对滞后和不统一不完善。如《奥地利民法典》第1331条规定,"由于犯罪、过失或故意行为而引起的财产损害的过错行为人必须对因特别钟爱物受损致受害人感情痛苦进行损害赔偿"。《瑞士债务法》第49条第2款规定,"人格关系受损害时,以其侵害情节及加害人重大过失者为限,得请求抚慰金"。该规定实质为,精神损害赔偿以加害人有重大过错或犯有罪责为前提,如果加害人没有过错或仅有一般的过错,受害人就不能请求精神损害赔偿。《德国民法典》第847条还列举了三项,即侵害身体健康、剥夺自由和侵害妇女贞操,权利人亦可请求赔偿精神损失。其实,在一些国家的刑法典

中,也规定了因犯罪行为而引起的精神损害赔偿。因此,统一和完善精神损害赔偿制度是与国际接轨的需要。

3. 统一和完善我国精神损害赔偿制度的几点建议

1)要统一和完善我国精神损害赔偿制度,首要的是启动立法程序。在立法技术层面上,民法只需做适当补充,相关法律也只要确认这项制度即可。修改和完善《民法通则》第120条,从保护公民人格权利益为重点,将原来规定的四项权利范围予以扩充。把法释〔2001〕第7号《精神解释》第1条中生命权、健康权、身体权、人格尊严权、人身自由权,以及涉及具有强烈人身属性的隐私权、亲属权和与人身属性不可分的其他人格权等一概纳入立法范畴,并将承责方式修改为停止侵害、恢复名誉、消除影响、赔礼道歉、赔偿物质损失和精神损失,从法律上来规范精神损害的赔偿性质。

2)完善《刑事》、《刑事诉讼法》。修改《刑事》第36条和《刑事诉讼法》第77条,将精神损害赔偿制度直接规定为非刑罚处罚内容和刑事附带民事诉讼请求的内容,使之更具体化、更具操作性。

3)将法释〔2001〕第7号《精神解释》相关内容明确在民法典和刑法典中进行规范,并在民法典中将精神损害赔偿的构成要件和条件予以界定,并适当放宽,能列举尽量列举。

4)在民法典中确立一个精神损害赔偿的相应幅度或一定的适用标准,以利于司法实践更具操作性,避免和防止司法人员的任意性。

(原载2005年第4期《律师世界》,2005年10月同时被深圳市司法局收录于法律出版社出版的《与法同行》一书中)

(十一)浅议行政诉讼第三人的举证救济问题

最高人民法院《关于执行〈中华人民共和国行政诉讼法〉若干问题的解释》(法释〔2000〕第8号)第26条规定,"在行政诉讼中,被告对其做出的具体行政行为承担举证责任。被告应当在收到起诉状副本之日起十日内提交答辩状,并提供做出具体行政行为时的证据、依据;被告不提供或者无正当理由逾期提供的,应当认定该具体行政行为没有证据、依据"。最高人民法院关于行政诉讼证据若干问题的规定(法释〔2002〕第 21 号)第 1 条也规定,"根据行政诉讼法第 32 条和第 43 条的规定,被告对做出的具体行政行为负有举证责任,应当在收到起诉状副本之日起十日内,提供据以做出被诉具体行政行为的全部证据和所依据的规范性文件。被告不提供或者无正当理由逾期提供证据的,视为被诉具体行政行为没有相应的证据"。但司法实践中,时有行政机关委托的诉讼代理人因责任心与诉讼能力问题,往往无正当理由而逾期举证,致使行政诉讼的第三人的权益受损。如 A 公司不服 B 市社保局做出的 C 某受伤属"工伤"的行政诉讼一案(B 市社保局已认定 C 某属工伤),B 市社保局的诉讼代理人(出庭的只是一位实习律师)不仅在证据交换时未出庭,而且未在人民法院指定的期限内提交证据,从而使其当庭提交的证据造成诉讼的对方不质证、不认可、法院不采信的状况,进而使行政诉讼第三人的合法权益受到了损害。这既有损法律的尊严,也会造成行政资源和司法资源的循环浪费,同时还严重地损害了诉讼第三人的合法利益。因此,当行政诉讼的被告方无正当理由逾期举证时,人民法院能否允许行政诉讼的第三人来举证证明被诉具体行政行为的合法性的难题便摆到了面前。笔者试就此问题发表点粗浅看法。

1. 行政诉讼的目的

《中华人民共和国行政诉讼法》(以下简称《行政诉讼法》)第 1 条开宗明义地规定:"为保证人民法院正确、及时审理行政案件,保护公民、法人和其他组织的合法权益,维护和监督行政机关依法行使行政职权,根据宪法制定本法。"这条规定虽然一方面要保护公民、法人和其他组织的合法权益,另一方面要维护和监督行政机关依法行使行政职权,但前者不仅居主要地位,且显然是行政诉讼的终极目的。从行政诉讼的产生与性质来看,"民告官"的行政诉讼是对相对人提供法律保护的有效救济途径,是适应现代社会中行政主体一方的不法行政行为侵犯相对人的合法权益,为切实保障行政相对人的合法权益而产生和发展起来的,没有行政主体一方对相对人合法权益的侵害,就不会产生和存在行政诉讼。记得在《行政诉讼法》要出台之前,全国上下欢声一片,有的甚至振臂高呼"终于可以民告官了",这就充分表明《行政诉讼法》是一部保护弱势群体"民"的合法权益的法律,这也是行政诉讼的主要目的。因此,鉴于行政诉讼的主要目的和重点在于保护公民、法人和其他组织的合法权益,故不能片面地理解为行政诉讼只保护行政诉讼中原告(公民、法人和其他组织)的合法权益,从广义上理解,还应当包括对行政诉讼第三人合法权益的保护。

2. 裁判员应如何对公益与私益的冲突进行利益权衡,并给予行政诉讼第三人举证救济机会与权利

法释〔2000〕第 8 号和法释〔2002〕第 21 号之所以严格地规定被告的举证责任期限在收到起诉状副本之日起十日内,如果被告无正当理由逾期举证,即使其提交的证据实体上能够证明被诉具体行政行为的合法性,法院也将视其为没有证据,因为行政诉讼的主要证据来源于行政机关在做出具体行政行为之前的行政程序。在行政程序中,行政机关理所当然地应遵循"先取证,后裁决"的行政法治原则。行政机关在做出具体行政行为时,必须有充分的证据能证明其行政行为的合法性,有充分的事实根据和法律依据。故此,具体行政行为的证据和依据理应早已存在于行政程序中并被记载在行政案卷内。所以,人民法院对行政行为的司法审查,事实上仅限于行政机关做出具体行政行为时而形成的案卷,涉及案卷以外的证据,人民法院是不会接纳的。这也就是行政诉讼程序中所公认的"案卷排除规则。"这种规则既有利于保护行政相对人的合法权益,也有利于促进行政机关依法行政,同时还体现了行政诉讼对诉讼秩序和公共利益的维护。但人民法院将被告无正当理由逾期举证视为没有证据,并非实体意义上的无证据和客观真实的无证据,因为法释〔2000〕第 8 号和法释〔2002〕第 21 号的规定的无证据毕竟属于拟制性的无证据,当该规则在个案中适用有损行政诉讼第三人合法权益时(如本章前述的案例),法官理应采用利益衡量的方式来实现利益的最大化,才能达到个案公正与行政诉讼的主要目的的有机结合。

要想实现个案公正与行政诉讼的主要目的的有机结合,就有必要允许行政诉讼的第三人在被告诉讼失误时举证不能或举证不允的情形下,赋予其举证证明被诉具体行政行为的合法性的权利。在不同的行政诉讼案件中,利益衡量的内容即利益的状态各不相同。在劳动行政诉讼案件中,利益衡量的关键是如何实现弱势群体(职工一方)合法利益的最大化,只要把握准了这个度,个案公正与行政诉讼主要目的的有机结合就做到了司法公正、公平的境界。当然,赋予行政诉讼第三人举证证明被诉具体行政行为的合法性,好似与行政诉讼证据制度发生了冲突,但其实质由于行政诉讼的第三人的举证行为还原了案件的客观真实,不仅维护了司法公正,并且达到了各方利益衡量的最大化。其实,法释〔2000〕第 8 号和法释〔2002〕第 21 号的规定毕竟还没有上升为法律,而允许行政诉讼第三人举证证明被诉具体行政行为的合法性,并不违反现行《行政诉讼法》

和行政诉讼法理。所以,法官在审理行政诉讼案件过程中如遇本章案例的情形时,应当赋予行政诉讼第三人举证救济权利。

3. 行政诉讼第三人举证证明被诉行政行为合法性涉及的相关法律问题

依行政诉讼法理,行政诉讼的第三人应当具有举证权利。在行政诉讼案件中,被告负举证责任是相对性的,被告只对其做出的具体行政行为的合法性提供证据与依据,而不负有对行政诉讼过程中整个案情的事实负举证责任。相对于行政诉讼的原告而言,其不仅要承担起诉是否符合法定条件的举证责任,而且负有赔偿责任能否成立的推定举证责任,从这个意义上讲,行政诉讼既不排除原告的举证,当然也不应排除第三人的举证。正因为如此,法释〔2002〕第21号第7条才规定了"原告或者第三人应当在开庭审理前或者人民法院指定的交换证据之日提供证据。因正当事由申请延期提供证据的,经法院准许,可以在法庭调查中提供。逾期提供证据的,视为放弃举证权利"的内容。既然法释〔2002〕第21号并未完全排除行政诉讼第三人举证证明被诉具体行政行为的合法性,那么,不妨再认真分析一下法释〔2002〕第21号第60条第3项"原告和第三人在诉讼程序中提供的、被告在行政程序中未作为具体行政行为依据的证据,不能作为认定被诉具体行政行为合法的依据"的规定内容。该内容从文意解释的方法来理解,若行政诉讼第三人在诉讼程序中提供的、是被告在行政程序中已作为具体行政行为依据的证据,是可以作为认定被诉具体行政行为合法的依据的。这既有效地保护了行政诉讼第三人的诉讼权利,也证明行政诉讼第三人在诉讼程序中举证证明被诉具体行政行为的合法性具有适法性与可操作性。

综上,当行政诉讼的被告无正当理由逾期举证时,人民法院应允许行政诉讼的第三人来举证证明被诉具体行政行为的合法性,这既保护了行政诉讼第三人的合法利益,也通过利益衡量实现了利益的最大化,且不违反法律规定。

(原载 2006 年第 1 期《广东律师》)

（十二）论婚内侵权案件民事救济制度

婚内夫妻之间侵权行为的时有发生，是因为夫妻之间关系的特殊性以及传统的法律观对婚内夫妻相互之间的侵权行为一般都持消极的观点与历史以来的相关法律法规对此也均实行豁免原则所造成。婚姻使两个具有独立人格的异性民事主体组成一个具有特定身份关系的共同体——家庭，家庭又是人类社会中一个天然的基层细胞。社会的变迁使家庭的社会结构也出现了新的变化，诸如单亲家庭、非婚姻家庭的数量也在增长，但由两个异性间的关系即夫妻关系组成的家庭乃是当今社会中的家庭主流。随着社会的变迁和法制的变革，婚内夫妻之间侵权行为的豁免原则正受到现代法制观念的质疑与冲撞。我国现行的婚姻法虽对此做出了一些相应规定，但尚不够完善。因此，如何完善婚内夫妻之间发生侵权行为的民事救济制度是我国法律工作者无法回避的现实，笔者拟对此谈些粗浅观点以抛砖引玉。

1. 豁免原则的成因

（1）传统立法例的影响

长期以来，法律普遍采取夫妻一体主义的立法体例，允许配偶可以自由地处理婚姻内部事务中的问题，承认婚姻中的许多事务可以不严格依照法律规定处理，夫妻之间侵权行为的民事责任豁免就是其中的一个重要方面。中国自古以来就有"家国一体"的立法思想，为适应专制主义集权的需要，为体现统治者的谋略和睿智，多采取屈法入礼的治国方略，不仅有"夫为妻纲"、"三从四德"、"亲亲得相首匿"，而且在司法实践中长期受着"法不入家门"观念的影响。夫妻关系成立后双方人格互相吸收，这种吸收也绝非是夫妻双方对等地融合，实质是妻子的人格被丈夫吸收，妻子处于夫权的支配之下，这必然导致财产上的吸收，故双方的地位是不平等的。虽然新中国的第一部婚姻法反对性别歧视，全面贯彻男女平等原则，从而摈弃了夫妻一体主义，但由于没有明确规定夫妻之间侵权行为的民事救济制度，夫妻之间的侵权行为还是有增无减。我国现行《中华人民共和国婚姻法》第46条规定引起损害赔偿的责任主体仅限于离婚诉讼当事人中的无过错方,同时规定只有夫妻间的侵权行为导致离婚才能提出损害赔偿,也就是说夫妻之间的侵权行为是以离婚为条件的,否则不能提起损害赔偿之诉,起诉了法院也不受理,受理了法院也不会支持。如法释〔2001〕第30号(一)第29条就规定:"人民法院判决不准离婚的案件,对于当事人基于《中华人民共和国婚姻法》第46条提出的损害赔偿请求,不予支持。在婚姻关系存续期间,当事人不起诉离婚而单独依据该条规定提起损害赔偿请求的,人民法院不予受理。"这样的规定显然限制了婚姻当事人一方因为夫妻间侵权行为而引起的赔偿在没有起诉离婚的前提下提出赔偿请求的权利,实际上与历史以来的夫妻间侵权行为豁免原则一脉相承。

(2)夫妻财产制的影响

从财产发生的角度来说,夫妻财产制分为法定财产制和约定财产制两种。在我国以往的《婚姻法》,夫妻间的法定财产制是婚后所得财产的共同制。夫妻的法定财产制是夫妻双方婚姻关系存续期间所得财产的共同制,因其在法律性质上是共同共有,故其发生的原因只能为法律直接规定。夫妻共同财产一般在夫妻一方死亡或在离婚时进行分割,我国法律规定民事责任一般情况下为财产性责任范畴,故婚内侵权人要以赔偿的方式承担民事责任就难以实现。因为婚内侵权案件若以夫妻的共同财产来赔偿婚内受侵害的一方,无异于是用自己的财产来赔偿自己的损失,实际上没有丝毫意义。如《中华人民共和国婚姻法》第17条规定:"夫妻在婚姻关系存续期间所得的财产,归夫妻共同所有;夫妻对共同所有的财产,有平等的处理权。"因此,相当一部分人持"夫妻之间一方向另一方提出损害赔偿,没有实际意义"的观点。我国法学理论界持这样观点的人也不在少数。由此可见,夫妻之间法定共同财产制是导致我国实行婚内侵权行为承担民事责任豁免的重要原因。

(3)道德法律化的影响

婚姻法不是独立于社会的一个法律体系,它深嵌于社会母体,是社会和文化的一个组成部分。其指导思想、基本原则、内容、形式、功能与效果等方面并非完全显于法律条文。在其社会化过程中,因不同社会背景、社会力量的作用,不断发生演变,此即社会因法律的影响而变化,法律也同样因社会的影响而变形。中国的历史,一直是以道德代替法制来治理国家的历史,这在婚姻法的立法领域尤为突出,特别是受伦理治家传统思维方式的影响,以道德规范婚姻家庭关系似乎成了惯例,导致婚姻法上的权利主要表现为道德权利。由此,有学者提出,婚姻法同其他法律部门一样,无论在总体上,还是在条文上,都应由假定、处理和制裁三部分有机组成,以激励和诱导人们的行为选择方向,确认和保护人们的合法行为,制裁和矫正人们的违法行为,从而设定一般模式,确定规范化的法律秩序。这三个方面均要统一显示于法条中,才能显示立法的科学性和严密性,也便于法律关系主体把握、遵守与执行,这是立法的一项基本要求。大陆法系婚姻法在此方面脱漏严重,尤其是对近乎所有一切违法现象缺少明确具体的制裁矫正性规定。我国婚姻家庭夫妻间侵权豁免也受到了上述道德法律化观念的影响。

(4)整体观念的束缚

在传统社会中,个人是属于家庭的,家庭是属于国家的。在中国,家庭是国家的部分,国家是整体;个人是家庭的部分,家庭是整体。从制度文明的角度来看,当代中国和古代中国之间存在一种文化的断裂。用中国的观念,整体的利益是高于一切的,个人永远是整体的组成部分,个体的利益完全系之于整体,个体是没有可分割的独自的利益和选择空间。传统家庭以亲子关系为中心,婚姻的目的不是为了个人的爱情和幸福,而且为了履行传宗接代的义务。新中国成立后,尽管婚姻法对夫妻家庭关系的权利义务做了一些规定,但建国初的婚姻法是围绕着"促进新民主主义中国的政治建设、经济建设、文化建设和国防建设的发展"的目的制定的;1980年修订后的婚姻法也是为了"实现四化建设"的需要。正因为如此,中国的警察一般不过问家庭暴力或婚内侵权案件,家庭成员间的伤害往往也不立案,家庭成员间的盗窃一般也不做犯罪处理,婚内的强奸更是无人过问。在民事领域,家庭成员间尤其是夫妻之间的侵权行为则实行豁免。虽然夫妻之间的一些犯罪行为在现行《刑法》中有了相应的规范条文,但民事侵权的豁免并没有因此而有所改变。这说明注重社会整体利益、忽视个体权利无疑具有相当的影响。

2. 确立婚内侵权损害赔偿救济制度的理由

(1)有利于填补法律空白,消除婚内侵权行为不予赔偿的法律误区

从法理上说任何人受到非法侵害都应当得到法律的保护。但《最高人民法院关于适用〈中华人民共和国婚姻法〉若干问题的解释(一)》(以下简称《〈婚姻法〉解释(一)》)第29条第3款规定,"在婚姻关系存续期间,当事人不起诉离婚而单独依据该条规定提起损害赔偿请求的,人民法院不予受理"从而造成夫妻一方在婚内侵权得不到保护与补偿的局面。一旦确立婚内侵权赔偿制度,就可以为婚内的侵权行为提供一条有效的救济途径,消除夫妻间侵权得不到赔偿的

现象。法律界的一条公理是没有救济就没有权利，但救济能否在尚未构成犯罪时就发挥作用，能否将违法民事行为采用民事的方式解决，形成民事的惩罚和救济措施，特别是在婚姻关系尚未破裂、当事人只想以民事惩罚措施教育侵权人，使其更加注重合法婚姻存在的意义，更加明确承担法律义务的强制性和严肃性之时，建立夫妻间侵权赔偿责任制度既可弥补法律规范的空白，又可探寻在社会主义市场经济条件下，保护妇女合法权益、维护日益觉醒的依法维权意识、维护稳定及和睦婚姻家庭生活，在共同体内部稳固婚姻家庭的积极有效途径。

（2）有利于维护法制的统一

《〈婚姻法〉解释（一）》第29条规定把离婚作为夫妻间履行损害赔偿责任的前提条件，以法律规范的形式否定婚内侵权赔偿与《中华人民共和国民法通则》（以下简称《民法通则》）的规定相冲突。《民法通则》第106条明确规定，"公民由于过错侵害他人财产、人身的，应当承担民事责任"。这里的"他人财产和人身的"权利，并未把夫妻间因侵权获得赔偿的权利排除在外，这个冲突是十分明显的。从法理上而言，该冲突可以适用"上位法优于下位法"的原则予以解决。《民法通则》是由全国人大常委会通过的基本法，相对于最高人民法院的司法解释来讲，具有当然的、较高的法律效力，应优先适用。但在司法实践中，由于我国对违反上位法的行为审查不严，加上婚内侵权案件一般由人民法院管辖，下级法院不得不优先适用该解释作为审理案件的根据。正是这样，则无人直接宣告该解释不能适用。事实上，人民法院不受理婚内侵权赔偿案件在一定程度上好似维护了家庭的稳定，但殊不知更增添了社会的不安定因素，由此造成法律适用上的相互冲突情形愈演愈烈。

（3）有利于保护夫妻一方的人格权

保护公民人格权是我国宪法确立的一项基本原则，也是我国公民的一项最基本的权利。我国所有的民事立法均体现了这种精神。每个人不论职务高低、出生贵贱，都享有独立的人格权。夫妻之间同样如此，任何一方都不因配偶身份而丧失向侵犯自己人身权的行为主体索赔的权利，包括自己的配偶。我国婚内侵权不予赔偿的现象给人造成一种误解，即法律允许婚内侵权，夫妻间的相互侵权法律不予保护。由此，从法律上贯彻保护人格权的精神就显得非常必要。《〈婚姻法〉解释（一）》为达到维护家庭稳定进而实现社会稳定的目的，规定夫妻间侵权不予赔偿的制度，不仅不能促进社会的稳定（其实是更增添了社会的不稳定因素），实践中还会造成夫妻间侵权现象的普遍化，使夫妻一方的基本人格权得不到保护。

（4）有利于有效地制止家庭暴力行为，稳定家庭关系

由于婚内侵权不予赔偿，导致婚内侵权的现象不断增多，甚至相当多的婚内侵权（如包二奶）最终转化成家庭暴力。就法律的示范作用而言，法律上就夫妻关系调整中不当的宽容反过来会造成对婚姻关系内部侵权行为的纵容，家庭暴力以及遗弃、虐待家庭成员等行为发生后，往往因为社会公力在对家庭内部事务中的救济不力而使得类似行为屡禁不止，这势必产生恶性循环，从而形成助长人们对法律的排斥心理。虽然新修订的婚姻法规定了禁止家庭暴力的内容，但由于该规定的范围过于狭小，又加上《〈婚姻法〉解释（一）》将其范围界定为行为人以殴打、捆绑、残害、强制限制人身自由或者其他手段，给其家庭成员的身体、精神等方面造成一定伤害后果的行为为家庭暴力，而将对夫妻一方造成的心理（如包二奶）及性方面（如婚内强奸）的伤害排除在外，将会纵容婚姻关系内部一方侵害另一方当事人合法权益行为肥沃的社会土壤，家庭暴力等极端行为则会愈演愈烈。因此，正视原有法律中造成不平等因素存在的机制，确立婚内侵权损害赔偿制度便可以补充禁止家庭暴力方面的不足，将形形色色的侵权行为予以规范，是制止家庭暴力及婚内侵权行为的必然要求，从而可使受到各种侵权的主体都有获得救济的途径，以杜绝家庭暴力的发生，构建和谐家庭，维护社会稳定。

3. 确立婚内侵权损害赔偿救济制度的基础

（1）法律基础

从法律层面看，婚姻是男女双方以永久生活为目的的，以夫妻权利义务为内容的合法结合，这种结合是一种身份法上的行为，它不应当是双方利益的交换，而应当是主体之间利益的和谐统一，应视为对本人、对方和家庭、社会的一种责任。双方一旦选择步入婚姻的殿堂，其间的权利义务就由法律设定。作为其他法律部门共有的法律渊源和立法基础的《中华人民共和国宪法》规定，"中华人民共和国公民在法律面前一律平等"，"中华人民共和国妇女在政治的、经济的、文化的、社会的和家庭的生活等各方面享有同男子平等的权利"。宪法的原则性规定，体现在《民法通则》和《中华人民共和国婚姻法》中就是要保护夫妻之间的平等地位和双方合法权益，"婚姻、家庭、老人、母亲和儿童受法律保护"，实行"男女平等的婚姻制度"，"夫妻在家庭中地位平等"。这是婚姻家庭关系立法的指导思想所在，是调整夫妻之间关系的基本出发点。

探究婚姻关系的内在法律特征，首先在主体上要求缔结婚姻关系的当事人

是两个具有独立人格的平等主体,只有在他们的意思表示一致基础上才能够组成的具有特殊身份关系的联合体。对外该联合体具有整体的性质,对内并不因为婚姻关系的建立而各自丧失独立的人格,夫妻关系中平等主体的特性使其属于私法调整的范畴,是民法的组成部分。因此,婚姻关系的调整脱离不了民法的基本原则和精神,故夫妻关系的调整应当遵循《民法通则》的一般规定,即当事人只有在法律设定的范围内,在不违反社会公德、不损害社会和第三人合法利益的前提下,不但可以充分地享有意思自治,而且还享有法律对这种合法的意思自治行为予以保护的权利。《民法通则》和《中华人民共和国婚姻法》对夫妻关系的调整是以假设为前提的,这是一种拟制的权利义务,法律上的权利必定伴有相应的救济方式,使其在受到损害时得以诉诸公力寻求保护。这种公力的实现不仅靠程序法来保证,更重要的是靠实体法中侵权条款的规定来使责任人承担民事责任,对受害人实施救济。侵权条款设置的基本前提是侵权行为和侵权行为人的存在以及侵权行为与损害事实之间有因果关系。婚内侵权行为的存在已是不争的事实,因果关系也十分明确,若此类侵权行为在法律上因无法可循而得不到有效的制止,就社会功效而言会造成人们对法律的失望,会使当事人在得不到法律救助的情况下采取一些非法律化的自我救济手段,从而造成社会秩序的恶意循环,这不符合立法者在创设婚姻关系调整规范时就夫妻间侵权问题设定以道德及公序良俗进行约制的初衷;就法律制度整体而言,势必造成体系上的缺憾,影响法律完整地、有效地保护公民合法权利功能的实现,纵观国际上的立法,基本上都有关于侵害配偶权而承担法律责任的规定,有的还相当完善。如《法国民法典》规定,认为妻子不贞而给丈夫造成的精神损失可用金钱计算赔偿;英美法系国家把诱拐、通奸、虐待、离间夫妻感情作为对配偶权的违法侵权行为规定为要负赔偿责任。这已为我国建立婚内侵权损害赔偿制度、进一步完善我国民事法律的侵权责任体系奠定了坚实的法律基础。

(2)物质基础

市场经济的建立不仅使家庭财产增加,而且也使得夫妻之间的财产关系出现了一些与计划经济时期不同的特征:①家庭经济的发达使得夫妻经济上有了相对的独立性。在市场经济条件下,夫妻双方的收入由少变多,各自的经济能力由弱变强,夫妻各自可以名正言顺的拥有自己的私房钱,经济上相对独立。②夫妻经济的独立使得夫妻个人财产的保护意识增强,婚前财产公证和对婚后财产约定的现象越来越普遍,修订后的《中华人民共和国婚姻法》在"家庭关系"一章中还专门规定了夫妻财产的法定个人财产制和约定制,《〈婚姻法〉解释(一)》第19条也彻底否定了婚前个人财产因婚姻关系的延续而转化为夫妻共同财产的不恰当立法(当事人自行约定的除外)。由此可见,这些规定已为婚内侵权损害赔偿奠定了坚实的物质基础。

4.婚内侵权损害赔偿救济制度的构建

婚姻法的民法归属性和私法属性决定了婚内侵权损害赔偿的性质。法作为国家公权力对公民生活的介入和调整,不仅担负着帮助个案当事人解决纠纷、平衡利益的责任,其更为宏观的终极目标乃为实现一种社会预期,从而引导公民建立一套利己又利他的行为模式。按照传统的观念,公法规范是强制性的,私人协议不得变更公法;私法规范具有任意性,私法的意思自治不仅在于确认私权的自主处分性,而且赋予意思自治优先于法律的效力,私法的意思自治可以通过当事人单方、双方或多方的意思表示来排斥对公法的适用,避免公力对其的一种武断干涉。在私法体系中,特别是婚姻关系中,要彻底根除法制不健全、实行人治时代留下的顽症,纠正将夫妻之间的矛盾视为家庭内部矛盾、不用法律即可调试的谬论,在运用民法的一般原则处理共同体内部平等主体之间的侵权纠纷的同时,又要考虑到夫妻之间特殊的亲情关系与伦理性调整的特点,在个人权利的保护中,适当加入公法的渗透,把法律调整的强制性与民事调整的任意性有机结合,是解决婚内侵权损害赔偿责任的有效途径。根据婚内侵权的现实状况,笔者认为,婚内侵权损害赔偿制度的构建应从如下几方面着手。

(1)明确夫妻配偶身份关系,确定配偶权及由配偶权派生出身份权的范围

现行法律有关婚内侵权行为法律责任体系欠缺的根本原因在于没有明确夫妻间的配偶权。特别是调整具有特定身份人之间相互关系的核心法——《中华人民共和国婚姻法》,没有明确夫妻的特定身份权利,没有对夫妻这一特定身份关系所产生的特殊权利义务加以涉及,这种立法上的空白使得夫妻关系的法律调整不可避免地出现漏洞。因此,立法者必须正视夫妻人身关系的特定性,在立法中明确规定配偶权的内容以及由此而派生出来的身份权,为惩罚配偶间侵权行为和救济受害人创造前提条件。

(2)协调法律与道德对配偶关系的调整,确立配偶侵权的法律责任和例外性条款

法律确立配偶间侵权的法律责任,是依法治国、法律平等和公平原则的必然,是婚内配偶间独立平等人格权的强制保障,它体现着公法对私法的渗透,是当事人选择法律途径保护合法权益的根本保证。法律与道德之间并不存在实

质性的冲突,二者都是通过规范或确立某种原则观念的方法维护社会秩序和正义。婚姻关系的伦理性要求配偶之间关系的调整具有法律与道德的相互协调性和互补性,若过分地依赖道德,容易出现漠视法律、轻视权利的现象;配偶关系中若融入太多的情感因素而忽视道德的作用,又不利于缔造和谐的婚姻家庭生活氛围和提高婚姻家庭生活质量。因此,在制定婚内侵权损害赔偿救济制度时,应充分考虑婚姻关系私法的属性,在侵权行为尚未构成刑事犯罪的情形下,必须尊重受害人的合理请求,相应地规定免除加害人承担民事责任的例外性条款。

(3)确立配偶侵权的责任承担方式

责任承担是以义务存在为前提,义务的性质受权利性质的制约。配偶间因婚姻而产生的权利和作为平等主体所享有的权利性质,决定了侵权责任以民事责任承担为主。具体体现在以下几个方面:①加害人停止侵害、赔礼道歉、具结悔过和人民法院依职权强制对加害人训诫等责任承担方式。②赔偿损失。加害人以独立的个人财产对受害人进行物质和精神损害在内的赔偿。③受害人向人民法院提出,在双方感情彻底破裂、调解无效时人民法院依法解除双方婚姻关系。

(4)采纳夫妻共同财产制的强制终止制度

对于发生在夫妻双方实行法定婚姻共同财产所有制的情况下,夫妻之间如果发生侵权行为,双方又无离婚的意思表示,依法又需要由一方对相对方予以损害赔偿,首先应裁定终止现行的财产关系,实行分别财产制并对共有财产进行分割,然后依法做出赔偿判决并予执行,这样的法律规范才能杜绝婚内侵权无财产可供执行的尴尬局面。

(原载2006年第2期《深圳法学》,后被《中国律师和法学家》转载于2006年第3期)

(十三)劳动争议案件法院应直接受理

目前,劳动争议案件日益增多,而最高人民法院《关于审理劳动争议案件适用法律若干问题的解释》(以下简称《司法解释》)颁布后,劳动争议仲裁程序便成了劳动争议案件的法定前置程序。笔者认为，劳动争议案件法院可直接受理,原因如下。

1.《司法解释》设定劳动争议案件的前置程序有违《中华人民共和国立法法》的规定

《中华人民共和国立法法》第 8 条规定:"下列事项只能制定法律:⋯⋯(九)诉讼和仲裁制度。"而《司法解释》仅仅为最高法院的《司法解释》,并不是当然的法律。根据《中华人民共和国立法法》规定,涉及诉讼或仲裁制度事项只能由全国人民代表大会及其常务委员会通过立法程序来制定,其他部门即使规定了也不应受到法律的保护。因此,司法解释规定的劳动争议仲裁程序是劳动争议案件的前置程序,由于违反《中华人民共和国立法法》的规定而不应受法律保护和执行。

2. 我国法律并没有规定劳动争议案件人民法院不能直接受理,也没有规定劳动争议仲裁程序是劳动争议案件的法定必经程序

《中华人民共和国劳动法》第 77 条第 1 款规定:"用人单位与劳动者发生劳动争议,当事人可以依法申请调解、仲裁、提起诉讼,也可以协商解决。"该规定说明解决劳动争议案件有两类方法:①自行协商解决;②通过调解、仲裁、诉讼解决。该法条将调解、仲裁、提起诉讼同时并列,说明三者可由劳动争议案件的当事人自由选择,即当事人可以直接选择调解,可以直接选择仲裁,也可以直接选择诉讼。应该说,三者的受案范围是一致的,即凡是可以申请调解的劳动争议,当事人可以自行申请仲裁或提起诉讼。至于三者之间的关系问题,《中华人民共和国劳动法》第 79 条则做了具体补充,列出了三者之间的相互关系,即调解不成,当事人一方要求仲裁的,便进入仲裁程序;而当事人一方对仲裁裁决不服,还可以向人民法院提起诉讼。这个补充说明只是告诉我们,仲裁的效力高于调解,诉讼的效力高于仲裁,从而也说明诉讼是解决劳动争议的最终处理程序,并不是说劳动争议仲裁程序是诉讼的必经程序。

3. 从和谐社会和保护劳动者合法权益及节约司法资源的角度出发,人民法院也应当直接受理劳动争议案件

按现行的劳动争议仲裁程序为劳动争议案件的前置程序的处理方式,作为弱者的劳动者,在劳动争议发生后,首先要申请调解,然后仲裁再诉讼,这样一折腾,至少需要几个月的时间,甚至几年,明显不利于劳动者合法权益的保护。劳动者没有时间和精力与企业长期对簿公堂,也没有足够的金钱来陪伴企业打官司。其实,劳动争议案件并不像复杂的民事或经济纠纷,一般都较为简单,若无止境地摆弄几年,还白白地浪费了司法资源。这说明人民法院直接受理劳动争议案件是有利于社会和谐、有利于节约司法资源且有利于保护劳动者合法权益的。

(原载 2006 年 5 月 15 日《民主与法制时报》第 A15 版)

(十四)从最高人民法院司法解释看刑事案件 被害人的精神损害赔偿请求权

案例 1:文某在入室盗窃邹某财物的过程中被邹某发现,文某为达杀人灭口的目的,遂将邹某杀伤(文某当时以为已杀死,后经抢救虽捡回一条性命,但最终落下二级伤残的终身残废)后逃走。邹某在提起刑事附带民事诉讼赔偿过程中,除要求文某赔偿治疗费和伤残补助金等费用外,另要求文某支付其精神抚慰金人民币 10 万元。人民法院的判决仅支持了邹某亲属要求的治疗费和伤残补助金等费用,却驳回了邹某亲属精神抚慰金人民币 10 万元的请求。

案例 2:胡某因交通事故而受伤造成终身残疾(高位截瘫的二级伤残),在提起诉讼时除要求侵权人支付医药费、伤残补助金等费用外,还提出支付其精神抚慰金人民币 10 万元的请求。人民法院经审理后,判决侵权人除赔偿胡某医药费、伤残补助金等费用外,还判决侵权人向胡某支付精神抚慰金人民币 8 万元。

两个实例的对比,好像有些令人费解。其实,问题出在最高人民法院的司法解释中,让大家一同分析。

自 2001 年 3 月 10 日起施行的、同年 2 月 26 日最高人民法院审判委员会第 1161 次会议通过的法释《关于确定民事侵权精神损害赔偿责任若干问题的解

· 041 ·

释》〔2001〕第 7 号（以下简称法释〔2001〕第 7 号）规定"自然人在其生命、健康、身体、姓名、肖像、名誉、荣誉、人格尊严、人身自由等权益受到侵害时有权请求精神损害赔偿"。这不仅进一步贯彻落实了《中华人民共和国民法通则》的立法精神，而且为我国公民在受到不法侵害时有权提出精神损害赔偿提供了明确具体的法律依据。然而，在事隔不久的 2002 年 7 月 11 日，最高人民法院审判委员会第 1230 次会议又以批复的形式通过了《关于人民法院是否受理刑事案件被害人提起精神损害赔偿民事诉讼问题的批复》法释〔2002〕第 17 号（以下简称法释〔2002〕第 17 号），并于同年 7 月 20 日起施行。该批复明确规定"根据刑法第 36 条和刑事诉讼法第 77 条以及《关于刑事附带民事诉讼范围问题的规定》第 1 条第 2 款的规定，对于刑事案件被害人由于被告人的犯罪行为而遭受精神损失提起的附带民事诉讼，或者在该刑事案件审结以后，被害人另行提起精神损害民事诉讼的，人民法院不予受理"。依此规定，刑事案件的被害人既不能在刑事附带民事诉讼中提出精神损害赔偿请求，也不能以另行提起民事诉讼的方式获得精神损害赔偿。也就是说，如果公民因侵权行为人的犯罪行为造成他人人身损害所导致的精神损害是得不到法律的保护的，这样就形成了一个矛盾，公民处于不构成犯罪的危害程度较轻的侵权行为状态下，行为人要对其所造成他人的精神损害进行赔偿，而在构成犯罪的危害程度较严重的侵权行为情形下，被害人的精神损害赔偿请求也不受法律保护。构成犯罪的危害程度较严重的刑事违法犯罪的侵权行为，相对于不构成犯罪的危害程度较轻的民事侵权行为来讲，其对公民人格权利的侵害往往要严重得多，受害人在身体受到严重创伤的同时，其自身和亲属在精神上遭受的打击、承受的痛苦是民事违法行为远远不可及的。然而，法释〔2002〕第 17 号人为地规定将刑事被害人提起精神损害赔偿的请求权予以剥夺，说明刑事被害人连精神损害赔偿提起诉讼的权利也不复存在。客观事实告诉我们，越来越多的人身损害赔偿案件都将涉及这一问题，法释〔2002〕第 17 号又人为地限制了这些受害人要求获得精神损害赔偿的请求权，这只能说明法释〔2002〕第 17 号与我国宪法维护公民人格尊严的精神相左，有违正义与公平。因此，有必要对法释〔2002〕第 17 号进行客观和认真的审视，以明正义。

1. 法释〔2002〕第 17 号立法理由的分析

法律总是在不同的价值取向之间进行平衡，在特定条件下，会为了一个更高的目的而在冲突的价值目标之间进行取舍，这是为现代法制社会所接受的。

那么,法释〔2002〕第17号是否有特殊的正当理由来无视我国宪法规定的"中华人民共和国公民在法律面前一律平等"和公平观念呢?为此,有必要分析一下法释〔2002〕第17号规定的表述,其法律依据是:①《中华人民共和国刑法》(以下简称《刑法》)第36条"由于犯罪行为而使被害人遭受经济损失的,对犯罪分子除依法给予刑事处罚外,并应根据情况判处赔偿经济损失"。②《中华人民共和国刑事诉讼法》(以下简称《刑事诉讼法》)第77条"被害人由于被告人的犯罪行为而遭受物质损失的,在刑事诉讼过程中,有权提起附带民事诉讼"。③最高人民法院法释《关于刑事附带民事诉讼范围问题的规定》〔2000〕第47号(以下简称法释〔2000〕第47号)第1条第2款"对于被害人因犯罪行为遭受精神损失而提起附带民事诉讼的,人民法院不予受理"。对于上述规定,除了法释〔2000〕第47号规定人民法院不受理"被害人因犯罪行为遭受精神损失而提起附带民事诉讼"外,《刑法》第36条和《刑事诉讼法》第77条均没有类似的规定,何况法释〔2000〕第47号并不是法释〔2002〕第17号的立法根据,因为法释〔2000〕第47号的出台本身的立法根据就不充分(主要是该规定出台的根据也是《刑法》第36条、第37条、第64条和《刑事诉讼法》第77条,而这些条款并无被害人对于因犯罪行为遭受精神损害不得提起附带民事诉讼的内容);另外,法释〔2000〕第47号的法律效力层次并不比法释〔2002〕第17号高,其实都是最高人民法院同一层次的司法解释。这说明法释〔2002〕第17号的出台是没有法律依据的,其实质是最高人民法院自创的法律。有学者暗中道出了法释〔2002〕第17号出台的真实原因:①刑事案件中的被告人受到最严厉的刑事制裁后,在一定程度上体现了对被害人的一种精神抚慰。②人民法院如果受理因犯罪行为受到的精神损害赔偿请求,绝大多数刑事案件的被害人都会提起精神损害赔偿诉讼,涉及的范围太广,又加上精神损害赔偿的额度是无形的,甚至是相当大的,难以具体计算,这会影响刑事案件的审限导致不能及时结案,使简化诉讼程序成为摆设。③即使对被害人的精神损害赔偿诉讼予以受理并判决,也可能因刑事被告人的经济赔偿能力不济而造成精神损害赔偿附带民事判决难以执行。这不难看出,法释〔2002〕第17号的出台主要还是为了人民法院的审判工作而非其他。

2.关于法释〔2002〕第17号的违法性问题

现行的《刑法》和《刑事诉讼法》修订时,关于精神损害赔偿方面的民事基本法律规范尚不成熟与完善,故《刑法》和《刑事诉讼法》修订时对此也未做出明确规定。虽然涉及刑罚的二法对精神损害赔偿问题未明确,但并不意味着其持反对意见。事实上,涉及精神损害赔偿问题的争议不管是在法学界还是在社会上并没有因此而中断,而是愈来愈成为社会大众关心的主题。正因为人们对刑事诉讼中涉及的精神损害赔偿问题的争议在社会上产生强烈反响,也正是社会公众对刑事诉讼中关于附带民事诉讼是否仅限于直接的物质损失弄不清,才有了法释〔2000〕第47号规定的面世。而法释〔2000〕第47号产生的依据之一的《刑事诉讼法》第77条的规定的重心在于解决刑事附带民事诉讼的程序设置,属授权性规范,明确规定了受害人在刑事诉讼中提起附带民事诉讼的权利,对于精神损害赔偿的态度则是不明确的。法释〔2000〕第47号虽然在法律没有明确规定的前提下,明确规定为"对于被害人因犯罪行为遭受精神损失而提起附带民事诉讼的,人民法院不予受理"。排除的也只是在刑事附带民事诉讼中对精神损害赔偿问题在程序上的处理。这可以理解为附带民事诉讼设置的目的是为了简化诉讼程序,提高诉讼效率,减轻诉累,而排除该程序对精神损害赔偿的处理有助于达到此目的,单独的民事诉讼程序则不必存在此特殊考虑,没有必要排除精神损害赔偿问题的处理。对于被害人因犯罪行为遭受精神损失而提起附带民事诉讼的,人民法院不予受理。反过来,对于被害人因犯罪行为遭受精神损失而提起民事诉讼的,人民法院理所当然就该受理。

因此,法释〔2002〕第17号所依据的法律规范法释〔2000〕第47号最多也是明确反对在刑事附带民事诉讼中不解决精神损害赔偿问题,并没有对另行采取民事诉讼程序提起精神损害赔偿表明赞成还是反对态度,依法就不能作为法释〔2002〕第17号否定精神损害赔偿的法律依据。其实,附带民事诉讼本质上也是民事诉讼,只是程序上附属于刑事诉讼,在实体问题上仍然应当适用我国民法的规定。附带民事诉讼实质上是在刑事诉讼中附带解决由犯罪行为引起的损害赔偿的民事诉讼,其目的是为了简化诉讼程序,达到节约诉讼成本的效果,而不是削弱损害赔偿的力度。我国《中华人民共和国宪法》第33条规定"中华人民共和国公民在法律面前一律平等"。这一规定表明我国任何公民都应平等地享有精神损害赔偿的权利。法释〔2002〕第17号将刑事被害人精神损害赔偿请求权排斥在外,从而造成了厚此薄彼的现象。即同一性质的损害行为和损害事实,侵权的客体并无二异,而由民事违法行为造成损害情形的被害人有权获得精神损害赔偿,由刑事违法犯罪行为造成损害情形的刑事被害人却无权获得精神损害赔偿,明显有违我国"公民在法律面前一律平等"的宪法原则。

3. 法释〔2002〕第 17 号面世理由牵强附会

（1）刑事制裁在一定程度上体现了对被害人的一种精神抚慰问题

刑事制裁是最严厉的责任承责方式，确实让被害人满足了复仇需要，增添了安全感，在一定程度上恢复了被害人的心理平衡，似乎就实现了对被害人的精神抚慰，但实质上是否定了在民事诉讼中给予刑事被害人精神损害赔偿的必要性。按照国际通说，精神损害实质上就是"非财产损害"，其主要形态为：①精神上的痛苦、沮丧与恐惧等；②肉体与生理上的疼痛；③心理上的悲痛与折磨；④因身体器官等损害而导致生活享乐的丧失。因此，如果说刑事制裁让被害人满足了复仇需要，增添了安全感，在一定程度上恢复了被害人的心理平衡的主张有其合理之处外，被害人肉体上的痛苦和生活享乐的丧失却并不能因被害人知晓刑事被告受到刑罚而得到弥补。相反，赔偿金还可通过其使用价值来缓解肉体上的痛苦，从而获得新的生活享受。金钱虽然与精神损害没有直接关系，从逻辑上讲也不能填补精神损害，但可以通过购买所需的物质与乐趣来享受与满足其人身与精神需要，这也是国际上的通行做法。值得注意的是，有些被告人最终并没有被监禁或被剥夺生命而仅处以独立的罚金刑，这更加不能说被害人的心理安全感、复仇感得到了满足。其实，精神痛苦是个主观感受问题，主观地认为加害人被处以刑罚能消除这种主观感受只能是个推测。

总之，精神损害的内涵不限于精神痛苦，它的弥补与刑罚的承受没有直接的关系。用推测的方式认为被害人的精神损害可以通过对加害人处以刑罚来的抚慰，从而否定被害人的精神损害赔偿请求权不仅不公平，而且有违我国宪法保护人权、尊重人的尊严的立法精神。

（2）简化诉讼程序问题

法释〔2002〕第 17 号出台是为了简化诉讼程序、避免诉讼复杂化的考虑并没有事实根据和科学依据。现实生活中，造成他人精神损害的侵权行为千奇百怪、变化多样，同时，也衍生出诉讼复杂繁多的问题，但民事诉讼并没有因此而退却，并没有因此而不给予被害人的精神损害赔偿救济权利或救济。司法机关存在的前提就是为了解决社会纠纷、平息事端、保护合法和实现社会的公平公正。最高人民法院《关于执行〈中华人民共和国刑事诉讼法〉若干问题的解释》第 89 条规定，"附带民事诉讼应当在刑事案件立案以后第一审判决宣告以前提起，有权提起附带民事诉讼的人在第一审判决宣告以前没有提起的，不得再提起附带民事诉讼。但可以在刑事判决生效以后另行提起民事诉讼"。由此可见,法律是赋予了刑事案件的被害人在向加害人主张民事赔偿权利时的选择权的,即被害人既可以在刑事诉讼过程中提起附带民事诉讼,也可以在第一审刑事判决生效以后另行提起独立的民事诉讼。故法释〔2002〕第17号出台是为简化诉讼程序、避免诉讼复杂化的考虑是没有事实根据和科学依据的。

4. 法释〔2002〕第17号的规定有违国际惯例

刑事案件被害人的精神损害赔偿请求权,不论是大陆法系还是英美法系国家,均是以立法的方式来加以保护的。日本《刑事诉讼法》明确规定,对于刑事案件中涉及的民事损害赔偿,依民事诉讼程序解决。《德国民法典》第847条还列举了三项:侵害身体健康、剥夺自由和侵害妇女贞操,权利人亦可请求赔偿精神损失。英国不仅肯定了被害人的精神损害赔偿请求权,而且规定被害人可以提起独立的民事诉讼并适用普通法的规定。美国则是将刑事诉讼与民事诉讼分开,任何侵权行为导致的精神损害都可以请求赔偿。《奥地利民法典》第1331条规定,"由于犯罪、过失或故意行为而引起的财产损害的过错行为人,必须对因特别钟爱物受损的受害人感情痛苦进行损失赔偿"。《意大利刑法典》第185条规定,"根据民法,任何犯罪将导致赔偿之债。如果犯罪引起了物质的或非物质的损失,不法行为者或者根据民法的规定应对其行为负责的人予以损害赔偿"。第198条同时规定,"因犯罪而生的民事义务并不因犯罪与刑罚的消除而消除"。《瑞士债务法》第49条第2款规定,"人格关系受损害时,以其侵害情节及加害人重大过失者为限,得请求抚慰金。该规定实质为,精神损害赔偿以加害人有重大过错或犯有罪责为前提,如果加害人没有过错或仅有一般的过错,受害人就不能请求精神损害赔偿"。我国澳门地区刑法典第120条也规定,"犯罪所生损失及损害之赔偿,由民法规定之"。其实,在好多国家的刑法典中,也规定了因犯罪行为而引起的精神损害赔偿。可见,两大法系的立法例对因犯罪行为导致受害人的精神损害,均赋予了刑事案件受害人的赔偿请求权(包括财产损失与非财产损失)。这说明法释〔2002〕第17号的规定是有违国际惯例的。

5. 废除法释〔2002〕第17号,赋予刑事被害人精神损害赔偿请求权

在我国的司法实践中,刑事案件的被害人无论是在附带民事诉讼还是在另行提起民事诉讼过程中要求精神损害赔偿,人民法院均以法释〔2002〕第17号的规定为由不支持被害人对刑事被告人提起的精神损害赔偿请求权。为立法的理性化与科学化,笔者认为有必要尽快废除法释〔2002〕第17号的规定,用立法的方式赋予刑事被害人精神损害赔偿请求权,其理由如下。

（1）有违我国宪法关于法律相统一的原则

法释〔2002〕第17号的规定与民事法律规范之间,在精神损害赔偿这个问题上的相互矛盾和冲突,完全有违《中华人民共和国宪法》第5条关于法制统一性的原则。要维护法律的统一,必须从立法环节上着手,通过立法手段消除相互之间的矛盾,实现各部门法之间的高度统一,这样才能体现我国的宪法精神。

（2）会导致刑法和民法功能的混同

犯罪行为在民法上属侵权行为,被害人对于侵害人的侵权行为所产生的赔偿权及赔偿范围应该由民事法律规范确定,而刑法调整的是国家与犯罪行为之间的关系,刑事责任只是针对于犯罪行为一方,被害与加害人之间的权利义务关系只能采用民事责任的适用来实现,二者既不能混同也不能替代。一个行为既构成犯罪又构成民事侵权,就必须同时承担刑事责任和民事责任。构成侵权行为的犯罪行为导致的精神损害赔偿是平等主体之间的权利义务关系,当然只能适用民事法律规范。在作为私法的民事法律规范已确立了精神损害赔偿制度的前提下,刑事法律规范就没有理由主动地去干预或抵消民事法律规范。法释〔2002〕第17号的规定的出台恰好就扮演了导致刑法和民法功能混同的角色。

（3）法释〔2002〕第17号规定的出台实质上使民事法律规范中有关精神损害赔偿的规定成了摆设

法释〔2001〕第7号第1条规定:"自然人因下列人格权利遭受非法侵害,向人民法院起诉请求赔偿精神损害的,人民法院应当予以受理:①生命权、健康权、身体权;②姓名权、肖像权、名誉权、荣誉权;③人格尊严权、人身自由权。违反社会公共利益、社会公德侵害他人隐私或者其他人格权益,受害人以侵权为由向人民法院起诉请求赔偿精神损害的,人民法院应当依法予以受理。"侵权人的侵权行为既构成犯罪行为又构成民事侵权行为时,如果认为刑事受害人在民事诉讼程序中不能请求精神损失赔偿,法释〔2001〕第7号的规定就没有适用的空间,实际上成了摆设。另外,《中华人民共和国婚姻法》第46条规定,"有下列情形之一,导致离婚的,无过错方有权请求损害赔偿:①重婚的;②有配偶者与他人同居的;③实施家庭暴力的;④虐待、遗弃家庭成员的"。这里的损害赔偿不管是司法实务界还是理论界均认为是指精神损害赔偿(即非物质损害赔偿),且上述行为均有可能构成犯罪(如重婚、伤害、虐待与遗弃罪)。如果说上述类型情况下的侵权行为在构成犯罪时被害人无权请求精神损害赔偿,而不构成犯罪时则有权请求精神损害赔偿,那《中华人民共和国婚姻法》的这个条款设置又有何意义？

（4）法释〔2002〕第17号的规定有违法律逻辑性

法释〔2001〕第7号和《中华人民共和国婚姻法》第46条关于因民事侵权的受害人有精神损害赔偿请求权的规定均先于法释〔2002〕第17号，而事实上，精神损害赔偿本身以损害的程度严重与否为条件，损害的严重性与否又取决于侵害人的主观恶性、行为方式和行为后果的严重性等因素，上述因素所引起的行为往往是社会危害性较大且构成犯罪的行为，若法释〔2002〕第17号否定刑事受害人的精神损害赔偿请求权，就等于否定了先于法释〔2002〕第17号出台的法释〔2001〕第7号和《中华人民共和国婚姻法》第46条规定的承认刑事受害人的精神损害赔偿请求权，这种立法做法明显有违法律逻辑性。

（5）用立法的方式赋予刑事被害人的精神损害赔偿请求权

其实，《中华人民共和国民法通则》第120条本身确立了精神损害赔偿制度，只是比较抽象。2003年12月4日，最高人民法院审判委员会第1299次会议通过了《关于审理人身损害赔偿案件适用法律若干问题的解释》法释〔2003〕第20号（以下简称法释〔2003〕第20号，于2004年5月1日起实施），法释〔2003〕第20号第1条明确规定，"因生命、健康、身体遭受侵害，赔偿权利人起诉请求赔偿义务人赔偿财产损失和精神损害的，人民法院应予受理"。第36条第2款同时规定，"在本解释公布施行之前已经生效施行的司法解释，其内容与本解释不一致的，以本解释为准"。该解释虽没有正面触及与法释〔2002〕第17号的规定潜在的冲突，但根据法律适用"新法优于旧法"的规则，即意味着最高人民法院是间接地承认了刑事受害人的精神损害赔偿请求权的。不管是法释〔2001〕第17号还是法释〔2003〕第20号，其性质均为司法解释。因此，有必要修改和完善《中华人民共和国民法通则》第120条，从保护公民人格权益为基点，将原来规定的四项权利范围予以扩充，把法释〔2001〕第7号和法释〔2003〕第20号规定的生命、健康、人格尊严、人身自由等权利以及涉及具有强烈人身属性的隐私权、亲属权和与人身不可分的其他人格权等一概纳入立法范围，并将承责方式修改为停止侵害、恢复名誉、消除影响、赔礼道歉、赔偿物质损失和精神损失，从法律上来规定精神损害赔偿的性质。另外，在民法典中将精神损害赔偿的构成要件和条件予以界定，并适当放宽，能列举尽量列举。同时，还应在民法典中确定一个精神损害赔偿的相应幅度或一定的适用标准，以利于司法实践更具操作性，避免和防止司法人员的任意性。

（原载2006第5期《广东律师》）

（十五）论夫妻离婚股权分割的法律属性

《中华人民共和国公司法》（以下简称《公司法》）第72条规定：有限责任公司的股东之间可以相互转让其全部或者部分股权。股东向股东以外的人转让股权，应当经其他股东过半数同意。股东应就其股权转让事项书面通知其他股东征求同意，其他股东自接到书面通知之日起满30日未答复的，视为同意转让。其他股东半数以上不同意转让的，不同意的股东应当购买该转让的股权；不购买的，视为同意转让。经股东同意转让的股权，在同等条件下，其他股东有优先购买权。两个以上股东主张行使优先购买权的，协商确定各自的购买比例；协商不成的，按照转让时各自的出资比例行使优先购买权。公司章程对股权转让另有规定的，从其规定。《公司法》第76条规定：自然人股东死亡后，其合法继承人可以继承股东资格；但是，公司章程另有规定的除外。

上述规定比较全面地规定了股权转让与股东资格继承。但却对夫妻离婚股权分割后股权如何取得的问题留下了空白。如张男与文女离婚后自行分割股权后因文女无法取得股东资格而提起诉讼一案，就充分地说明了这一问题。

案例：张男与文女协议离婚，夫妻婚前曾以家庭财产投资与甲、乙、丙合伙开办一公司。离婚时张男与文女协商将公司股权一分为二，双方各持公司12.5%的股权。当文女拿着离婚协议书要求公司变更股东名册并到工商部门进行股东登记确认其股东身份时，遭到了公司股东甲、乙、丙的共同反对。文女随后诉诸人民法院，要求依法确认其股东身份。本案的关键是张男与文女自行分割股权的行为是否受法律保护。

持反对观点的人认为：张男与文女自行分割公司的股权，其实质是有限责任公司股东向股东以外的人转让出资的行为。按照《公司法》第72条关于公司股权转让的相关规定，对于有限责任公司的股份转让，应尊重全体股东的意思，如果公司章程对股权转让另有规定的，从其规定。而该公司章程没有规定允许将公司股权转让给配偶，其他股东又一致不同意，且愿意共同购买文女的12.5%

的股权,所以文女的诉求不应获得法律支持。另外,《中华人民共和国婚姻法》第17条规定婚姻关系存续期间取得的生产、经营收益为夫妻共同财产,因此,所谓"以夫妻一方名义持股所形成的股权共有关系"其实是指因股权产生的收益权的夫妻共有,而非股东权、股东资格的共有。由此可见,文女不是该股权的共同持股人,当然就不是公司的股东。文女相对于公司其他股东而言属于第三人,其要求取得公司的股权属于公司股东出资向外转让,不是共同认股的股权共有人对共同持股的分割,不能适用公司内部股东之间相互转让股权的规则。正因为文女系非股东身份,其与张男的股权分割行为性质就属于张男对外转让出资的性质。所以说文女要求确认其股东身份的诉求不应受法律保护。

持赞同观点的人认为:《公司法》第76条的规定表明在继承关系前提之下,原则上突破了有限责任公司人合性的特征,打破了公司股东股份向外转让时的限制性规则,限制了其他股东的优先购买的权利,但允许章程另有约定。其实,允许股东资格的继承是考虑到股权具有如同其他可继承的遗产的财产性特征,将具有财产性质的股权的继承作为一种法定转让关系对待,无需考虑股权所具有的身份性特征。因此,尽管夫妻间一人持股不能形成股权的共有,但如果比照上述股权的财产性特征,相对于夫妻离婚时所进行的共有财产分割更应该是不证自明地包括对财产性的股权的分割,且这种分割显然是一种法定而非意定的转让关系。同理,可以忽视股权所具有的身份性特征。所以,应当认同继承股权与夫妻离婚分割股权这两类主体或两类法律关系的同质性,将夫妻离婚分割股权的转让行为视为与股权继承相类似的法定转让关系,不适用意定转让的限制性规则,从而也不发生其他股东的优先购买权问题。

其实,夫妻离婚时对所持公司股权进行的分割,是基于特定身份关系发生的夫妻共同财产的分割,而非向公司以外的、不特定的第三人转让股权。正是这种股权变动的特殊性,《公司法》为保护有限责任公司的人合性而设计的优先购买权制度,在夫妻因离婚分割股权的情况下并不能适用。当公司股东之间的人合性保护与基于特定亲属关系而发生的股权分割和自由流动发生冲突时,法律更应优先考虑和保护后者的利益,这也是法律伦理性和人文主义的表现和必然选择。基于此,夫妻离婚对所持公司股权进行的分割与股东资格继承具有完全相同的法律属性。因此,依《公司法》第76条规定进行类推,对于继承而发生的股权变动,公司股东的优先购买权居次;那么,股东离婚时对股权进行的分割,公司其他股东的优先购买权同样居次,也不应享有优先购买权,股权受让人应当取得股东资格。

另外,夫妻离婚分割股权的特殊性还在于,夫妻之间未持股的一方是另一方持股股东股权的当然出资人。结合本案,文女是张男出资入股前的财产共有人,对于出资后的股权由张男持有的财产状态,文女是该股权的实际出资人,只是未能署名为公司股东而已。因此,虽然《公司法》对张男与文女离婚分割股权之类似情形未做出明确规定,但从文女系股权的出资人以及与股权持有人张男为夫妻关系这一特殊性考虑,结合法律的伦理性和人文性,应该保护文女要求确认其股东身份的这一特定诉讼请求。可见,持赞同观点的法律逻辑性的推理还是具有立法的超前性和符合立法潮流的。

综上所述,夫妻离婚对股权进行分割时,公司其他股东不应享有优先购买权,股权受让人可以取得股东资格。

(原载 2006 年第 6 期《广东律师》)

(十六)夫妻忠实义务的违反与侵权损害赔偿

《中华人民共和国婚姻法》(以下简称《婚姻法》)第 4 条规定:夫妻应当互相忠实,互相尊重;家庭成员间应当敬老爱幼,互相帮助,维护平等、和睦、文明的婚姻家庭关系。由于《婚姻法》没有规定夫妻一方违反忠实义务应否承担损害赔偿责任,最高人民法院《关于适用〈中华人民共和国婚姻法〉若干问题的解释(一)》(以下简称《〈婚姻法〉解释(一)》)第 3 条规定:"当事人仅以婚姻法第四条为依据提起诉讼的,人民法院不予受理;已经受理的,裁定驳回起诉。"这一规定事实上限制了夫妻婚姻关系存续期间的无过错配偶一方对违反夫妻忠实义务的配偶方主张侵权损害赔偿的权利。

其实,不管是从法律角度还是从伦理角度而言,夫妻忠实义务均是配偶权的一项重要权利与内容。虽然夫妻忠实义务有广义和狭义之分,但我们日常生活中所指的夫妻忠实义务一般是针对狭义而言,通常是指夫妻不为婚外之性交,在性生活上要互相尊重,互守贞操并保持性生活的专一性与排他性。然而,在现实生活中,由于夫妻一方违反忠实义务后无过错方主张侵权损害赔偿时无法获得司法救济,从而使夫妻间违反忠实义务的现象相当普遍,以至于呈现愈演愈烈的趋势。因此,作为法律工作者,为维护家庭稳定乃至社会和谐,有必要对此现象和问题进行分析探讨。

1. 最高人民法院《〈婚姻法〉解释(一)》第3条规定的理由

据有关学者考证,这样规定是因为:①夫妻忠实义务属于道德调整的范畴,法律不应该介入,特别是夫妻在婚姻关系存续期间;②我国法律规定的夫妻财产制是夫妻财产共同所有制,除夫妻之间对婚姻关系存续期间的财产有特别约定外(一般较少,因为我国传统的观念均认为夫妻在结婚时就对婚姻期间的财产进行约定难免会影响夫妻双方婚后的感情与生活),一般均采用夫妻财产共同所有制。在这种共同财产制且夫妻不离婚的情况下明确规定夫妻间的侵权予以损害赔偿没有实际意义,因为在这种财产制度下无论将夫妻共同财产判给夫妻任何一方都是白搭(同样是共同所有)。甚至认为即使规定夫妻间违反忠实义务无过错方有权向过错方主张侵权损害赔偿,在司法实践中也将无法对财产予以执行,其理由是难以厘清夫妻婚姻关系存续期间的共同财产到底哪些为过错方所有并可执行给无过错方。

认真分析最高人民法院《〈婚姻法〉解释(一)》第3条规定的内容,也不难看出其潜在的另一面,即不予受理并不等于不予赔偿或不应该赔偿,因为该规定只是不予受理,受理了也应驳回。因此,涉及该规定的两个理由就显得有些牵强,笔者也认为这两个理由有些不尽正确。

2. 最高人民法院《〈婚姻法〉解释(一)》第3条规定的不尽之处

(1)有违设立婚姻制度的宗旨和目的

依法学基础理论而言,设立婚姻制度就是为了限制和规范自然人的性冲动和异性间的感情冲动。而我国现行的《婚姻法》对违背夫妻忠实义务的行为是处于一种不干涉、不介入的无为态度,从而才有最高人民法院《〈婚姻法〉解释(一)》第3条规定的面世。夫妻忠实义务既是夫妻二人的感情问题与伦理道德问题,同时也是一种法律关系。在伦理完全丧失与道德的内在自觉约束失灵的情形下,充分发挥《婚姻法》的外在调整和约束作用便显得更为必要,从而引导人们的性爱与感情回归到合法婚姻的轨道。其实,在夫妻感情尚未完全破裂、婚姻关系尚有挽救可能的情形下,《婚姻法》理应为违反夫妻忠实义务的行为人设定承担相应的民事责任的条款,赋予无过错的配偶一定的救济权利,明确规定违反夫妻忠实义务的行为人承担相应的损害赔偿责任,从而起到挽救那些尚未走到尽头的婚姻关系的作用,维护家庭稳定与社会和谐。这既是设立婚姻制度的宗旨和目的,也是我国社会客观现实的必需。

(2)有违《中华人民共和国宪法》精神并与《中华人民共和国民法通则》(以下简称《民法通则》)不协调

《中华人民共和国宪法》第49条规定,"婚姻、家庭、母亲和儿童受国家的保护"。这一条款同时在《民法通则》第104条中得到体现。这说明关注和保障婚姻、家庭、妇女与儿童平等权利的原则和精神是符合《中华人民共和国宪法》精神的,这一精神应当体现在我国每一部根据《中华人民共和国宪法》制定的法律中,也是男女平等基本国策原则的要求。然而,《婚姻法》关于违反夫妻忠实义务的损害赔偿却只字未提。这不仅不符合《中华人民共和国宪法》精神,而且与《民法通则》不协调。

(3)有违伦理道德且不利于社会和谐

正因为法律放纵对违反夫妻忠实义务行为的追究,使得"包二奶"的现象司空见惯,有配偶者与他人同居、通奸或者婚外情层出不穷,嫖娼卖淫更是猖獗之极,导致涉及伦理道德所调整的人们的行为准则规范被否定。据上海市的调查,因婚外恋导致的离婚已占离婚案件的40%—50%,受害人(绝大多数为女性)要求严惩婚外恋的呼声很高。有资料显示,贪污受贿案件的案犯大都有情妇或情夫,社会恶性案件的发生多数都与家庭破裂有关,而且由此引发的故意杀人与故意伤害案件正呈上升趋势,不利于社会和谐并非空谈。

(4)有违国际惯例并有失国际信誉

复归家庭、爱情以忠诚为本的观念,被写进了《欧洲人权宪章》。在被称为世界上最浪漫的国家——法国的一项问卷调查结果显示,对此观念持肯定态度的人占87%。据《欧洲时报》1999年3月28日的报道,绝大部分夫妻赞同保留"夫妻一方与他人通奸,可作为判决离婚或赔偿的理由"的法律规定。我国已签署《消除对妇女一切形式歧视公约》、《行动纲领》等国际条约,就应该以实际行动来对待向国际做出的承诺。如果说《婚姻法》连违反夫妻忠实义务的行为不涉及,以致造成最高人民法院《〈婚姻法〉解释(一)》第3条规定为不予追究的趋势的话,笔者不说是有意纵容有配偶者与他人同居、通奸或者搞婚外情以至"包二奶"、"包三奶",我国就没有资格谈什么与国际接轨或国际惯例了,更不用说我国在国际上的信誉。

3. 最高人民法院《〈婚姻法〉解释（一）》第 3 条规定理由的分析

其实，《婚姻法》第 4 条规定的"夫妻应当互相忠实，互相尊重"的内容实质上是明确强调夫妻双方有相互忠实的法定义务。既然是法定义务，双方就必须遵守，如果违反，就是违法。违法的一方就应该付出相应的代价，即承担相应的民事责任。此说明最高人民法院《〈婚姻法〉解释（一）》第 3 条规定理由之一不成立。因此，最高人民法院《〈婚姻法〉解释（一）》第 3 条规定就有点违法之嫌。当然，最高人民法院这样规定也有它的难言之隐，其主要原因还在于类似案件判决有配偶的过错一方承担损害赔偿责任没有任何实际意义（理由是执行了还是夫妻双方共同财产），且难以执行（即难以厘清夫妻在婚姻关系存续期间财产的归属）。笔者对此观点不敢苟同（夫妻双方采用财产分别制的情形本章不做阐述）。首先要认识设立这种侵权损害赔偿的积极与现实意义。违反夫妻忠实义务的损害后果主要是对合法婚姻（一夫一妻制）的破坏，对配偶身份利益的损害。对无过错方造成精神上的创伤与痛苦，除了为恢复损害可能造成的财产损失外，最重要的是对配偶在配偶身份的纯正和感情专一精神上的损害。对精神损害的物质赔偿，由于精神与物质在性质上的迥异，故这种损害与赔偿之间是不能画等号的。设立精神损害赔偿制度的根本目的也不在于追求精神损害与物质赔偿的等量代换，而是通过物质上的赔偿，或多或少地给受害人一定的抚慰。所以，在无过错的配偶方不主张离婚而仅要求有过错的配偶方予以损害赔偿时，即使人民法院考虑到过错方的经济承受能力而确定较低的数额，但有过错的配偶方毕竟受到了法律的否定性评价，并为其违反夫妻忠实义务的行为承担了一定的不利后果。这有利于在尚有可能挽回的婚姻关系中，使过错方充分认识到自己的过错，重修旧好。这相对于无过错的配偶一方来说，除精神上获得了抚慰外，更重要的是达到了其提出请求的目的，更有利于维护家庭稳定而促进社会和谐。

4. 违反夫妻忠实义务损害赔偿应具备的条件

违反夫妻忠实义务损害赔偿应具备的条件有以下几点：①前提条件（违法行为），即配偶间必须存在违反夫妻忠实义务的行为，一般表现为通奸、姘居、婚外恋、重婚等等婚外性活动。②必要条件，必须是基于夫妻间无过错的一方提出请求，要求违反夫妻忠实义务的过错配偶给予损害赔偿。建立违反夫妻忠实义务行为的法律救济制度，目的是为无过错的一方提供维护其合法权益的途径，以防状告无门，但其是否愿意寻求法律救济完全取决于当事人的意思。③限度条件(即损害后果)，违反夫妻忠实义务的侵权行为必须达到一定程度，才能予以法律救济。这主要表现在对配偶身份利益的损害和对配偶造成精神上的创伤与痛苦。④因果关系，即无过错配偶身份利益的损害和精神上的创伤与痛苦，是因有过错配偶违反夫妻忠实义务的行为而造成。⑤主观条件(主观过错)，要求违反夫妻忠实义务的过错方必须是出于故意，即过错方明知自己的行为会侵害其配偶的合法权益却仍然实施的，无过错方才能获得法律救济的权利。其实，凡是实施婚外性行为的配偶，均属于不忠于婚姻、违反夫妻忠实义务故意的范畴。

综上所述，最高人民法院《〈婚姻法〉解释(一)》第3条规定确有不尽之处，应予修正。笔者认为，《婚姻法》有必要赋予无过错的配偶在婚姻关系存续期间对违反夫妻忠实义务的过错配偶主张侵权损害赔偿的权利，这既完善了《婚姻法》第4条关于夫妻忠实义务的规定，也不会造成对违反夫妻忠实义务行为的乱诉，因为对违反夫妻忠实义务的过错配偶是否主张侵权损害赔偿还取决于无过错的配偶的意思。同时也可以较好地协调私法的意思自治与公法介入之间的冲突，并有效地促进家庭稳定和保障社会和谐。

(原载 2007 年第 2 期《中国法学会》)

(十七)物业管理业相关规范问题初探

案例：深圳市 A 小区业主认为小区物业管理公司不仅有占用小区公共维修基金的嫌疑，而且公用场地(包括公用停车场地)对外出租收取的租金去向不明，多次选举代表与物业管理公司交涉，要求公开账目并进行清算，但物业管理公司一直以各种借口不予公开账目和进行清算。随后，全体业主一致同意成立小区业主委员会，但均遭小区物业管理公司种种刁难而无果，全体业主不得不将要求成立小区业主委员会的请求上报到当地街道办，以求得到当地街道办的支持，但在一年多的时间内也未获得任何消息，故 A 小区业主认为当地街道办有行政不作为的情形，故一纸诉状将当地街道办告上了法庭，从而引发出的一系列现实问题值得探索。

　　市场经济的步代加速了我国房地产业的发展,也使我国公民住房制度发生了巨大变化。居民购房的市场化,花园小区的建设和发展,催生了我国物业管理行业的发展。与此同时,购房者为保护自身合法权益,纷纷成立业主委员会。由此,作为业主权利代言人的业主委员会与物业管理公司的矛盾也日渐显现。据相关媒体消息,房地产业较发达的北京、广州、深圳等城市涉及物业管理被投诉的现象日益增多,居三大投诉之列。为了解决不断出现的物业管理纠纷,各地纷纷制定地方性法规以求自治,但物业管理行业仍然矛盾不断、局面混乱。

　　国务院 2003 年 9 月 1 日颁布实施的《物业管理条例》,对物业管理公司和业主委员会的权利义务进行了规范,解决了大量的物业管理纠纷,破解了物业管理行业的诸多难题,但实际生活中业主与物业管理公司的矛盾仍在不断涌现,《物业管理条例》似有难以适应房地产物业管理的情形。为此,笔者拟就物业管理行业具有典型的纠纷与焦点问题分析探讨。

　　国务院 2003 年 9 月 1 日颁布实施的《物业管理条例》,对物业管理行业人们关注的热点、难点问题基本上做了规定,如业主与物业的权利问题,通过招标选物业的问题,共用设施的收益业主是否该享有的问题;物业管理费的依质论价问题,公共维修资金不得挪用问题,物业管理合同设定物业行业服务内容问题,业主委员会的成立与业主大会的召开和议事规则问题,物业提前介入问题,业主公约问题等。客观地讲,《物业管理条例》的规定还是比较全面的,但由于缺乏具体的操作规范,又因开发商、物业公司及业主之间的利益冲突与文化素养差异,往往造成对《物业管理条例》的宗旨和原则的理解不一,导致《物业管理条例》难以贯彻实施。笔者认为,主要存在以下几个方面的问题。

1. 业主权利难以实现,业主委员会尴尬多

　　《物业管理条例》第 12 条规定,业主大会做出的诸如选聘或解雇物业管理公司的决定,须由物业管理区域内全体业主所持投票权 2/3 以上通过,并须与会业主所持投票权 1/2 以上通过。事实上,小区业主一般来自四面八方,入住时间各不相同,要召集起来进行投票也十分艰难,更不用说有的业主并不住在小区,只是将房屋出租,结果是出租户长期不在、承租户无投票资格(即业主不住房,租客无资格),从而导致能够参加业主代表的业主都难以达 1/2,更何况 2/3 以上通过的可能性。因此,开发商成为最大业主或业主委员会成员是常见的事实。其实,一些业主与物业管理公司的矛盾重重、冲突不断,均是因业主委

员会迟迟不能成立而造成。有资料显示,某小区自业主们入住时起就开始筹备组建业主委员会,结果是业主们东奔西跑近两年,业主委员会还是像空中楼阁、幻想中的画饼落实不下来,其原因主要是有决定权的一方(开发商或物业管理公司)压根儿就没打算成立什么业主委员会,因而造成筹备磋商的循环往复,时间去了,精力花了,业主委员会就是成立不了。据6月8日《广州日报》报道,广州市日前仅不到两成的小区有自己的业主委员会,其余八成多的小区业主委员会诞生之日仍遥遥无期。业主委员会"难产"也是因开发商与物业管理公司不支持、筹建经费缺乏及法规不配套所造成。

除了业主委员会成立艰难的尴尬外,责权倒置也构成了物业行为的一道尴尬"风景线"。从《物业管理条例》第6条的规定看,业主委员会是由物业小区内的产权人通过业主大会(即产权人大会)选举产生,代表该物业区域内的产权人实施物业管理的主体。业主委员会通过该物业区域内的全体业主(即产权人)的授权,全面负责整个小区财产的管理。事实上,成立业主委员会是为了有利于维护产权人、房屋使用人的合法权益,规范产权人、房屋使用人和开发建设单位或物业管理企业之间的委托代理关系,同时也便于物业管理市场的形成和规范。但是,《物业管理条例》规定的维修保证金却由物业管理公司管理,物业管理公司对小区的代管权实际上造成了业主委员会与物业管理公司的"主仆颠倒"。从现实中业主委员会的本质上看,业主委员会只是所有业主的有限授权代理人。

另外,涉及业主委员会的束缚太多。例如,业主委员会筹备组的发起问题,若有与业主利益直接或能相对立的组织参与,维护业主利益就是一句空话从而无法保证,相当一部分小区没有或无法成立业主管理委员会就不足为奇了;关于投票权的规定问题,如果开发商(大业主)的销售面积不超过整个小区的50%,小业主根本上就没有发言权(事实上剥夺了小业主的话语权);关于业主委员会主任的身份问题,如果可以由业主直接委托代理人代理物业管理事务,代理人就会有比业主更加充足的时间及更专业的物业管理知识和法律知识,更有利于保护业主的利益,因此,要有合适的主任人选,仅在业主委员会中产生主任就显见范围太窄了;关于业主的范围问题,若仅承认房屋所有权人为业主的话(即排除事实上的承租户为业主),一旦房屋所有权人与承租人产生矛盾而消极行使业主权利,那事实上的承租人应享有的(即从出租人处转承而得的权利)业主权利就形同虚设;还如业主的选择权问题,现阶段所有的小区按规定都必须聘请物业管理公司来进行管理,其实怎么管理却是业主自己的事,业主完全可以自由选择绿化、保洁、安保、维修等不同的公司分别管理。

2.《物业管理条例》有些规定为物业管理公司侵权开了方便之门,业主权利受物业管理公司的侵害现象多

(1)挪用公共维修基金的情况多

公共维修基金占房款的2%,任何一个小区的公共维修基金少则几千万,有的达几亿元。在业主委员会未成立之前,这些钱一般都由物业管理公司代管,这是小区物业管理的基本做法,这种做法不仅没有法律依据,而且连文件依据也没有。有的房子本身就有质量问题,属于开发商应该出资维修的范围,而不应从公共维修基金中开支(如深圳宝安一小区詹先生所购房屋维修问题就属于类似情形)。有的开发商还随意将公共维修基金挪作他用或投资新项目,以损害业主利益来获取自身利益。

(2)侵占公用场地获利损害业主利益的情况多

作为小区配套的地面停车场是业主所共有的,除去业主应该支付的占地费和日常管理费外,地面停车场的收入结余应归小区全体业主共有,但事实上没有哪一个小区的业主获得过这笔收益,全部被物业公司侵占。公民买房,不仅买了室内自己使用的面积和公摊面积,还包括整个小区规划范围内所有的配套设施和附属设施,如广场、道路、绿地、停车场和水电设施等,只要没有专属产权人的,都属于小区业主房产的一部分。而众多物业管理公司在未经授权或同意的情况下,私自出租这些场地和设施,并将出租收益占为己有,严重侵害了业主们的利益。

(3)阻挠业主成立业主委员会的现象多

许多小区业主想成立业主委员会始终成立不了,主要是由于物业管理公司方方面面的阻碍和层层阻挠而难以成立;有的成立了也不管用,其原因是物业管理公司想尽办法剥夺业主委员会的权利,并从中挑拨业主与业主委员会的关系,使业主委员会有其名无其实,其目的是为了达到驾空业主委员会好从中渔利。显而易见,开发商和物业管理公司即是业主委员会成立过程中的绊脚石。

(4)强制收费、乱收费的情形多

有的物业管理公司巧立名目乱收费,多收费少服务,收费标准不公开;有的还以押金或罚款等不正当方式和手段强制业主服从管理,导致原本可消化的一般矛盾更加激化;还有的物业管理公司不依法办事,强行收取并侵吞所谓的装修押金。更有甚者,在业主装修房子之初不闻不问,待业主装修到一定程序时便想方设法找理由扣罚业主的装修押金。

（5）服务协议显失公平多

《物业管理条例》规定建设单位与业主签订的买卖合同,应当包含前期物业服务合同约定的内容,如房地产开发项目在规划、设计、施工即项目运作的初级阶段,就应该聘请物业管理企业,明确双方的权利义务。该规定是确保业主购房时就有物业服务相配套,但开发商在与购房者签订房屋买卖合同时,利用业主入住心切的心理,签购房合同不提物业管理的事,一旦购房者签订购房合同并交付定金或支付首期购房款后,再要求业主签订物业服务合同。即使业主发现物业管理服务协议中有不合理、不公平的地方,若要求解除购房合同就要承担违约责任,而不能要求返还定金。如果拒绝签物业服务合同,开发商就会以未办理完相关手续为由阻止业主进场装修或居住。弱势的业主往往会不得已与开发商签订显失公平的物业服务合同。

3. 业主委员会一方自身尚存问题,物业管理部门也认为有一肚子苦水,有难无处诉

（1）业主一方尚存的问题

业主一方尚存的问题有:①缺乏主人翁意识,参与热情不高。有的业主为了及时进场装修早日入住,随意签订物业管理公司已经拟好的格式合同,待入住后发现物业服务合同与己不利时,又以拒交物业管理费的简单方式与物业管理公司对垒,最终形成的纠纷既不能保护自身利益,实质上也损害了全体业主的利益。②有的业主麻木不仁,不是自己的事(即使与其有关但是全体业主的事)或认为麻烦的事便躲在一边,不愿多管自认为的"闲事",一旦通过其他业主努力争取到一定利益时也沾光自喜,耍小聪明自鸣得意。③前期业主委员会的产生无章可循。大多数小区业主进住之初想成立业主委员会,但却不知如何发起,且发起人所需经费也无办法筹集。

（2）物业管理部门的苦衷

物业管理部门也有一肚子苦水要倒:①本是开发商遗留的问题,业主只能找物业管理公司解决,解释得不满意就认为是物业管理公司故意推卸责任。②业主的要求并不是千篇一律,各有所求,要求服务的内容各异,但对各自相对应的服务内容的服务费用却推三阻四,不愿支付。收费困难直接影响物业公司生存。③保安不是保镖,小区难免发生凶案、失窃案等刑事犯罪案件,业主不找保险公司却找物业公司要求高额赔偿,物业公司有苦难言。为了生存和服务,物业公司想尽了办法收费,效果还是不理想,不得已只得采取一些断电断水等强制措施收费,结果是与业主矛盾更加激化,有的甚至产生暴力冲突,业主欠交物业管理费的现象严重。由此可见,业委会与物业管理公司都有一本难念的经。

4.物业管理服务合同可操作性的法律规范设想

物业管理公司一方面对业主提供有偿服务,另一方面也是对购房后的一种售后服务。因此,物业服务合同理所当然应当遵循《中华人民共和国合同法》(以下简称《合同法》)总则相关规定。由于《物业管理条例》对物业管理方面的规定较抽象,在实践中不便于操作,有必要颁布相对应的实施办法或细则,将条例中未做具体规定的内容和难于操作的条款予以细化和明确,以利于物业管理实践。或者对现行的《合同法》做进一步完善,在《合同法》分则中将物业管理服务合同设专章进行规范,也有利于《物业管理条例》的实施和物业管理服务合同的实际操作与运用。事实上,规范物业管理服务合同,加强《物业管理条例》的可操作性是物业管理行为的当务之急。为此,笔者认为对物业管理服务合同可从合同的主体、客体、内容、合同义务的履行、违约责任的承担等方面做出明确规定,这样才有利于物业管理服务合同的实际操作。

(1)合同的主体方面

根据《物业管理条例》第四章的规定,物业管理服务合同一方是具有物业管理资格的、依法成立的物业管理公司,另一方是房屋产权人和长期居住在小区房屋的承租人,由于物业管理服务合同既是有偿合同又是双务合同,严格地框定物业管理服务合同的主体更有利于物业服务行业的规范化运作。其优势有:①可避免开发商随意成立物业管理公司;②可使物业管理公司受到工商行政管理部门的有效监督,不随意挪用公共维修基金;③可有效地防止物业管理公司随意侵害业主的权利,当业主的权利被物业管理公司侵害的情形发生时,业主可以依据工商登记查询其相关情况及时采取有效措施,杜绝物业管理公司与业主发生矛盾后一走了之的情形发生;④可让小区承租户充分参与,真正行使准业主的权利和承担准业主的义务,如前所述,物业管理服务合同是一种有偿服务合同,故只有在小区内居住并与物业管理公司发生物业有偿服务的相对人才有权对合同的权利义务的承认或者提出异议;⑤还可避免开发商直接作为业主左右业主委员会的产生或影响业主委员会自身权力的行使。

(2)合同的客观方面

根据《合同法》原理,应当将物业管理服务合同双方约定的服务内容所指向的物和行为,作为物业管理服务合同的客体。具体包括:保卫安全、保洁、房屋维修、小区内公共物业的维护等事项以及物业管理服务合同的其他服务行为与业主按约定的时间和数额缴纳物业管理服务费的行为等。这类行为可依双方当事人的意思自治原则在遵守诚实信用原则的基础上视其为有效,使合同出现矛盾时能有针对性的化解。

(3)合同内容方面

主要包括:①业主入住房屋的面积、楼层与结构;②交房入住期限和手续的办理及双方权利义务;③物业管理服务的内容、质量和服务费用;④代收代缴收费的服务项目、维修维护基金的管理使用问题;⑤违约责任的承担与争议的解决方式等。根据具体情况,双方还可以约定"业主入住指南"、"业主公约"、"内部治安管理规定"、"装修申请表"及"装饰装修细则"等内容。

(4)合同义务的履行方面

《合同法》对合同义务的履行有明确的规定,针对物业管理服务合同而言,业主应对格式合同尽最大注意,以防止格式合同的误导。如果合同是违背业主方的真实意思签订的,协议修改不能达成一致意见时,也不能简单地以签订合同后不履行、不缴费为由作为抗辩,以致丧失法律上的胜诉权。除此之外,双方都应严格按合同约定履行。

(5)合同违约责任的承担方面

在违约责任一项中,物业管理公司一般对己方违约责任的承担设定较宽,多数都按实际损失进行赔偿或支付违约金,且违约金承担的标准明显与业主承担违约金的标准不对等,若业主一旦违约承担违约金的标准往往高出物业公司的多少倍,明显有违法律规定。虽然《合同法》对此已有较全面的规定,一旦业主不注意其与物业公司签订了合同,物业公司就会以业主自愿来抗辩。因此,业主在签订物业管理服务合同时应仔细审核,及时提出异议。

总之,合同的内容可以由双方协商约定,但有些事项应在法律中明确规定为宜,如物业管理费用应包含和对应哪些管理项目及服务质量要求;如对于明显不利于制定合同相对方的条款,应规定合同制定方负有告知义务,否则该条款无效;如代扣代缴费用问题,应明确规定项目和收取费用额的标准,物业公司要增加必须要有文件依据或由双方协议补充;还如物业公司的保安措施、安全措施和维护公共物业的标准也应有具体规定。除此之外,业主是否购买人身、财产意外损害保险问题;物业管理公司无过错、小区发生刑事犯罪案件时,物业管理公司对受损业主是否应承担赔偿责任或补偿责任问题;物业管理公司未尽保安、保洁等义务的,是否该承担责任及如何承担责任的问题等双方均可在合同中具体约定。

(原载 2007 年第 2 期《深圳法学》)

（十八）浅析有限责任公司股权的强制执行

　　股权,是指对"股"直接管理并排除他人干涉的权利,其实质是一种能以股份或出资额计算出经济价值的权利。有限责任公司股权的强制执行,是指人民法院根据债权人的申请,依据已经生效的法律文书,对作为被执行人的有限责任公司的股东在其公司所持有的股权或出资依法定程序强制转让给债权人或第三人的情形。根据最高人民法院《关于执行工作若干问题的规定(试行)》法释〔1998〕第 15 号(以下简称《执行规定》)第 53 条:"对被执行人在有限责任公司、其他法人企业中的投资权益或股权,人民法院可以采取冻结措施。冻结投资权益或股权的,应当通知有关企业不得办理被冻结投资权益或股权的转移手续,不得向被执行人支付股息或红利。被冻结的投资权益或股权,被执行人不得自行转让"的规定,虽然人民法院可以依法冻结作为被执行人的有限责任公司股东的股权,但与此冻结相关的诸如股权冻结的前提条件、执行程序与实际操作问题仍不明确、不具体,因此,笔者认为有必要对此予以探讨。

1. 有限责任公司股东股权执行的前提条件

　　虽然《执行规定》第 53 条规定对被执行人在有限责任公司、其他法人企业中的投资权益或股权,人民法院可以采取冻结措施,但在何种情况下才能采取这样的措施呢? 笔者认为,作为被执行人有限责任公司的股东如果在人民法院的执行过程中有货币、有价证券、房产、土地使用权、知识产权或有价值的实物和股权时,不宜先行冻结其股权,理应先执行该被执行人的有形财产和知识产权中的财产权利,而不能先执行或同时执行股权,其理由是前者操作起来既简单快捷又易行方便,而后者执行起来却比较复杂且司法成本也高,一旦操作不当还有可能侵害相关人的合法权益。因此,人民法院因案件本身需要执行有限责任公司股东的股权时,首先要了解其是否有可供执行的其他财产诸如货币、有价证券、房产、土地使用权、知识产权或有价值的实物,在确认上述情形确实不存在时,方可执行其股权。

2. 有限责任公司股东股权执行中的程序

关于有限责任公司股东股权的执行程序,具体操作方式如下。

(1)股权冻结

根据《执行规定》第 53 条第 2 款"冻结投资权益或股权的,应当通知有关企业不得办理被冻结投资权益或股权的转移手续,不得向被执行人支付股息或红利。被冻结的投资权益或股权,被执行人不得自行转让"的规定,人民法院对作为被执行人的有限责任公司股东的股权进行冻结时,首先要审查作为债权人向人民法院申请强制执行的生效法律文书是否有给付内容,同时应要求申请人提供被执行人作为有限责任公司股东持有公司股权证明文件(如该有限责任公司的工商登记注册资料、出资证明书或有限责任公司的章程)。另外,人民法院应对申请人提供的材料做形式上的审查后确认被执行人确实持有公司股权时,应依法做出冻结被执行人在该公司相应股权的民事裁定书,并将民事裁定书送达被执行人。同时,人民法院应向所在公司发出协助执行通知书,告知其不得自行办理被冻结股权的转让或转移手续,不得向被执行人支付股息与红利。

(2)关于对案外人执行异议的处理。

根据《中华人民共和国民事诉讼法》第 208 条的规定,执行过程中,案外人对执行标的提出异议的,执行员应当按照法定程序审查,股权被冻结后,人民法院应向社会发出公告,说明股权冻结的原因与情况,告知异议人在法定的时间内向人民法院提出书面异议,否则,人民法院将对该被冻结的股权继续执行。

(3)向被执行人持股公司的股东征求书面意见

根据《执行规定》第 54 条第 2 款的规定,对被执行人在有限责任公司中被冻结的投资权益或股权,人民法院应根据《中华人民共和国公司法》以下简称《公司法》的规定征求其他股东的意见,在征得全体股东过半数同意后,再依法予以拍卖、变卖或以其他方式转让。不同意转让的股东,应当购买该转让的投资权益或股权,不同意购买的,视为同意转让并不影响执行。据此,人民法院在依法冻结被执行人在有限责任公司的股权后,应向该公司其他股东发出书面通知,就股权转让事宜征求意见,并要求其他股东在接到书面通知后 30 日内做出是否同意转让股权的意思表示,同时告知其他股东享有优先购买权。

（4）对被冻结的股权进行协商和评估

人民法院裁定股权转让,可以组织申请人与被执行人双方协商,确定被执行股权的转让价格等事宜。如果协商不成,应以评估的方式来确定被冻结股权的价值。人民法院应当委托有法定资格的资产评估机构对股权价值进行评估,然后做出评估报告。为了保证评估结论的客观公正,人民法院应依法要求该被执行人的有限责任公司向评估机构提供资产负债表、损益表等相关资料,以配合评估机构对该有限责任公司现存的债权债务、固定资产、原材料与成品以及公司的经营状况进行全面的清查,从而做出该有限责任公司股权的实际价值。

（5）以拍卖、变卖或以其他转让方式实现股权的强制转让

依《执行规定》第54条第2、3款规定,实现股权的强制转让有四种方式,具体表现为:①拍卖。亦称竞买,是指人民法院委托有法定拍卖资格的拍卖企业依照《中华人民共和国拍卖法》的规定,进行公开竞价来确定拍卖标的价值的买卖方式。拍卖时,拍卖的保留价应以评估机构确定的股权价值数额作参考,同时应通知未放弃优先购买权的其他股东作为竞买人参加竞买。拍卖时,第一次拍卖最高应价未达到保留价时,应进行第二次拍卖,每次拍卖的保留价应当不低于上一次保留价的90%,最多只能进行三次拍卖。②变卖。即出卖财物换取现金。变卖被冻结的股权时,人民法院经征得申请人与被申请人双方同意,可以对该冻结的股权进行变卖。变卖的前提是必须经拍卖程序并拍卖不成功,变卖的方式是在人民法院的主持下,由申请人与被执行人双方协商一个可供变卖的价格系数,在人民法院的监督下,任何一方均可进行变卖,但变卖所得的款项必须经人民法院核定后方可交于申请人。③抵债。即债务人或第三人向债权人提供不动产等权利(如股权)清偿其债务。抵债同样是在拍卖不成功时,人民法院经申请人与被执行人协商同意或在拍卖不成功时人民法院经债权人同意,可以将被冻结的股权抵给申请人。但是,股权不同于其他不动产或财物,人民法院在抵债前应当事先征求被冻结股权有限责任公司其他股东的意见并得到其他全体股东的同意后方可进行抵债。④被执行人自行转让。在拍卖被冻结的股权不成功时,人民法院可以依法由被执行人自行转让,对于被执行人自行转让被冻结的股权的,人民法院应当履行监督职责,依法监督被执行人按照公平合理的价格在指定的期限内进行,并有效控制被执行人自行转让所得的价款,以利于依法保护申请人的合法权益。

（6）依法办理有关手续

强制股权转让时, 人民法院应及时向有关单位及公司出具协助执行通知

书,公司应将受让方的姓名、名称以及住所记载于股东名册,同时受让方应持拍卖成交证明书或相应的变卖、抵债和转让证明以及人民法院的协助执行通知书到工商行政管理部门依法办理有关股东与股权变更手续。

3. 有限责任公司股东股权强制执行中的实际操作问题

对于有限责任公司股东股权强制执行的具体操作程序,由于我国目前的相关规定并不完善,实际操作中应注意的问题有以下几点。

(1)股权冻结程序中的问题

股权冻结,即为人民法院依据申请执行人的申请,做出冻结被执行人在有限责任公司中股权的民事裁定书,并将该民事裁定书送达给相关公司,责令其不得办理该被冻结的股权转让手续。由于《执行规定》对此没有明确规定,加上《公司法》以及相应的司法解释也无相对应的规定,使得各地法院司法实践操作做法不一。

1)送达对象不明确。依《执行规定》第53条第2款"冻结股权的,应当通知有关企业不得办理转移手续"的规定,冻结股权通知的是"有关企业",但这个"有关企业"太笼统太抽象,其范围并不明确。如《国家工商行政管理局〈关于协助人民法院执行冻结或强制转让股权问题的答复〉》第1条就规定,"人民法院要求登记主管机关协助冻结股权的,登记主管机关应当协助执行"。而人民法院在冻结股权强制执行的司法实践中,冻结股权强制执行的民事裁定书一般只送达工商行政管部门和被冻结股权的公司,根本就没有送达给有关联的主管机关(这个有关联的主管机关是指审批主管机关),因为根据《公司法》、《中华人民共和国证券法》、《中华人民共和国保险法》和《中华人民共和国外资企业法》的相关规定,对于保险公司、证券公司以及三资企业等,就明确规定这类公司的设立、变更、股权的转让等行为必须经过有关主管部门审批。据此,人民法院依法冻结股权强制执行的协助通知书理当送达给相应的主管部门——审批机关,以避免人民法院在冻结公司股权后,审批机关又下文同意被冻结的股权进行转让的现象发生。

2)人民法院向被冻结股权的公司送达协助执行通知书时应要求公司提供相应的股东名册。其理由是:①股东名册是有限责任公司的内部登记资料,记载了公司股东的基本情况。《公司法》第31条就规定"有限责任公司应当置备股东名册,记载下列事项:①股东的姓名或者名称及住所;②股东的出资额;③出资证明书编号"。第36条同时规定"股东依法转让其出资后,由公司将受让人的姓名或者名称、住所以及受让的出资额记载于股东名册"。显而易见,股东名册是可以确定股东的基本情况并确认股东股权份额的。但由于股东名册是由公司置备并存于公司内部，一旦被执行人的股东知悉人民法院要冻结其股权时，很容易串通公司暗地里变造股东名册，将被执行人名义上排除在公司之外，或私自变卖股权以脱逃法律的强制执行。②《担保法》第78条第3款规定："以有限责任公司的股份出质的，适用公司法股份转让的有关规定，质押合同自股份出质记载于股东名册之日起生效。"这说明有限责任公司的股权质押是不对外进行公示的。因此，作为被执行的的股东如若知悉其股权即将被强制执行时，极易与公司之间串通进行虚假质押，其后果必然导致该被执行人股东的股权无法强制执行。

（2）其他股东的优先购买权问题

《执行规定》第54条第2款规定："对被执行人在有限责任公司中被冻结的投资权益或股权，人民法院可以依据《公司法》第35条、第36条的规定，征得全体股东过半数同意后，予以拍卖、变卖或以其他方式转让。不同意转让的股东，应当购买该转让的投资权益或股权；不购买的，视为同意转让，不影响执行。《公司法》第35条第3款规定："经股东同意转让的出资，在同等条件下，其他股东对该出资有优先购买权。"这些规定旨在保护公司其他股东的优先购买权，但由于缺少相应的程序性的规定，以致人民法院在实际操作过程中各显神通，有的要求其他股东在拍卖、变卖或以其他方式转让股权前就决定是否行使优先购买权，不行使就视为其放弃。上述做法实际上有违立法本意，根本体现不了"同等条件"下优先购买的法律内涵，也不可能充分地保护申请人、被执行人、其他股东以外的竞买人的合法权益。因为股权是一种动态的财产权益，它受公司效益优劣和市场前景好坏等因素的波动而波动，如果在强制执行过程中不经拍卖程序就将要执行的股权在公司内部股东范围内转让，必然不能体现被强制执行股权的实际市场价值，其理由是股权价格定高了就会损害受让该股权的其他股东的权益，定低了则要损害被执行人股东的合法权益。因此，关键是要把握好"同等条件"这个主题。笔者认为，应将被执行人应拍卖的股权置于市场竞买的环境中，让市场来决定拟拍卖股权的价格或价值，这个价值或价格就是其他股东优先购买权的基础和前提条件。为保护申请人、被执行人、其他股东以外的竞买人的合法权益，"同等条件"人民法院以拍卖方式强制转让股权时，应提前书面或其他能够确认签收的特别通知方式，通知公司的其他股东——优先购买权人必须在拍卖活动时到场。在拍卖过程中，以最高应价的价格为优先购买权人优先购买价，但在最高应价时优先购买权人不做优先购买的意思表示的，则视为其放弃该优先购买权,该股权由最高应价人买受。如果有多个股东主张优先购买权的,则要看公司章程对此是否有约定,有约定按约定办,无约定的可由其自行协商。协商不成时,则按主张优先购买权各股东在转让股权时各自出资比例享受或行使优先购买权。经特别通知未到场的优先购买权人视为自动放弃优先购买权。

(3)工商登记时的股东名称记载与公司股东名册记载不一致问题的处理

人民法院在对有限责任公司的股权进行强制执行时,一般是以有限责任公司在工商部门的登记档案为依据来确定被执行人在有限责任公司中的股东地位及股权份额的,但事实上,有限责任公司在工商部门登记档案中的股东名称登记和股东股份与公司自存的股东名册中的记载不一致的情形相当普遍,有的是股权转让未能及时到工商行政管理部门办理变更登记,有的是股东退股或公司吸收新股东也没有到工商行政管理部门办理变更登记,还有的股东为规避法律进行隐名投资、借名投资等等。如何确定有限责任公司股东资格是股权强制执行程序中一个不可回避的问题。《中华人民共和国公司登记管理条例》第23条规定,"公司变更登记事项,应当向原公司登记机关申请变更登记。未经核准变更登记,公司不得擅自改变登记事项"。由此可见,人民法院在强制执行有限责任公司股东股权确定有限责任公司该被执行股东资格时,应以有限期责任公司在工商行政管理部门的登记资料为准。这是因为:①有限责任公司在工商行政管理部门的工商登记从法律上讲对社会具有公示公信效力,善意的第三人有权信赖公司登记机关的登记文件,即使该登记有瑕疵,善意的第三人也无权否认该登记记载的真实性,同样有权要求该登记记载的股东承担相应责任。②公司股东名册是公司的内部文件,公司以外的第三人无从知道股东名册的登记事实与内容,故这种股东名册只能约束相关联的当事人而不能以此对抗善意的第三人,也就是说当争议发生在公司内部时,股东名册的记载有效;若公司股东与善意的第三人发生争议时,则该股东名册对该善意的第三人无约束力。③由于股东名册为公司内部资料,不能排除其股东串通伪造的可能。④根据合同相对性原则,隐名投资、借名投资或股权转让协议,虽从签订之日起对双方就产生法律效力,但只能约束签约的双方当事人而不能对抗其他第三人。因此,为了维护交易的安全和社会稳定,依法保护善意第三人的合法权益,人民法院在强制执行有限责任公司股东股权,确定有限责任公司该被执行股东的资格时,应以有限责任公司在工商行政管理部门的登记资料为依据。

(原载2007年总第18期《深圳律师》)

（十九）浅析《中华人民共和国仲裁法》第9条第2款的立法瑕疵

《中华人民共和国仲裁法》（以下简称《仲裁法》）第9条第2款规定，裁决被人民法院依法裁定撤销或者不予执行的，当事人就该纠纷可以根据双方重新达成的仲裁协议申请仲裁，也可以向人民法院起诉。正是《仲裁法》这样的规定，以致在学界出现仲裁裁决被人民法院撤销后，当事人在仲裁协议赋予仲裁员或者仲裁庭解决纠纷的使命已经结束，仲裁程序已经完成，除非当事人重新达成新的仲裁协议，才能依据该仲裁协议启动新的仲裁程序的观点。由此可以推定，仲裁裁决一旦被人民法院撤销后，当事人之间先前要求以仲裁方式解决纠纷的仲裁协议也就自然失效，相当的后续救济途径是"或裁或审"。

笔者认为，仲裁裁决被撤销后，并不当然地意味着原仲裁协议失效或无效。其理由是人民法院对仲裁裁决行使撤销权时，除仲裁裁决是因双方当事人选择仲裁管辖时的仲裁协议的无效而导致仲裁裁决被撤销情形外，其他原因而导致仲裁裁决被撤销的案件并不能使双方当事人最初的仲裁协议必然无效或失效。因此，当事人申请重新仲裁的依据仍然是双方当事人最初的仲裁协议，而非重新达成的新的仲裁协议，故仲裁裁决被撤销后的后续救济途径应是发回原仲裁庭重审。

1. 对国内仲裁裁决不宜采取不予执行方式进行监督

国内仲裁裁决的不予执行的渊源为1958年的《纽约公约》。该公约第5条规定，"拒绝承认和执行仲裁裁决"。该规定的本意是由于司法权的独立，一个国家或地区不宜直接对他国的仲裁裁决行使撤销权而宜采用温和、间接否定他国仲裁裁决在本国效力的方式。从《纽约公约》的执行情形来看，这种温和处理他国仲裁裁决的方式对缓和国家与地区之间的法律冲突是比较恰当的。但若将该制度照搬或全盘移植于国内仲裁裁决的执行中则弊大于利。理由有：①不予执行仅适用于一国法院对他国的仲裁裁决的司法审查而非如我国《仲裁法》

第9条第2款规定的对本国仲裁裁决的监督,从当今国际常设仲裁机构的仲裁规则的具体规定及实践运作形式来看,一国的涉外民事仲裁裁决一旦做出除具有既判力外,还具有法定的执行力和程序上的终结力。显而易见,《仲裁法》第9条第2款规定的对本国仲裁裁决的监督方式,与国际上涉外民事仲裁裁决一裁终局的基本原则相悖。②依我国现行民事法律规范,有权撤销仲裁裁决的法院为中级法院,而不予执行的执行权则由基层人民法院行使,依《仲裁法》第9条第2款规定的对本国仲裁裁决的监督方式而言,该监督方式因属于"不予执行"范畴理当由基层人民法院来行使,这就造成基层人民法院的权力还大于中级人民法院的权力的现象(即基层人民法院享有的是不予执行权,中级法院只是享有撤销权),从我国法律对法院设置及各级人民法院的权力分配而言,显现不对称。③《中华人民共和国民事诉讼法》规定的关于不予执行国内仲裁裁决从形式上讲,仅仅是否定错误仲裁裁决的执行效力,实质上却是否定了仲裁裁决的全部效力,事实上是一种变相撤销。纵观国际惯例,一国司法机关对本国的仲裁裁决拥有当然的最终监督权,人民法院采用撤销国内仲裁裁决这种方式就足以解决"不予执行"存在的问题,故而完全没有必要以"不予执行"这种遮遮掩掩的方式来否认国内仲裁裁决的效力。④就国际态势而言,绝大多数国家或地区,特别是以仲裁方式解决纠纷较为发达的国家和地区(如美国、英国、德国等),其仲裁法或民事法典都只规定了对仲裁裁决的"撤销"制度而没有"不予执行"制度。

综上所述,依《仲裁法》第9条第2款规定的对本国仲裁裁决的监督方式既与国际不接轨,且在程序上的设置又将导致立法不统一,还会造成人民法院之间司法权力适用的混乱,明显不可取。

2. 仲裁协议本身体现的是当事人意思自治原则,仲裁裁决的撤销不应是原仲裁协议无效或失效的法定情形

从仲裁法理学而言,一个仲裁协议有效与否,既要看仲裁协议所具备的形式(一般为书面),也要看仲裁协议双方主体是否适格(是否具有行为能力),还要看仲裁协议的内容是否合法(自愿与合法)。一般而言,仲裁协议的无效可以导致仲裁裁决的被撤销,但仲裁裁决的被撤销并不必然导致仲裁协议的无效或失效,更何况仲裁协议的效力在仲裁案件受理阶段就已明确。另外,从仲裁协议的有效、无效与失效之间的相互关系看,仲裁协议的有效是仲裁协议生效的前提条件,而仲裁协议的失效是与仲裁协议的生效相对应的概念。仲裁协议的失效是指仲裁协议已经本来生效并已产生法律规定的效力(如排除诉讼、授予仲裁员处理纠纷的权力与愿意接受仲裁规则等),但上述效力可能因某种原因而丧失(如《瑞典仲裁法》规定的"仲裁协议中选任的仲裁员死亡或被解除职务时仲裁协议失效")。由此可见,仲裁裁决的撤销并不是仲裁协议的失效或无效的原因,或说是法定的情形之一。国际上两大法系绝大多数国家仲裁法或民诉法中均没有诸如"仲裁裁决被撤销,原仲裁协议无效或失效"或类似的荒唐规定。相反,仲裁裁决被撤销后原仲裁协议并不当然失效或无效却有明确规定,如《德国民诉法》第1059条第3款规定:"如无任何相反的因素,裁决的撤销应导致仲裁协议就争议事项而言重新有效。"这就是说仲裁裁决的撤销,只是否定了仲裁程序中不合法的部分,在当事人双方没有做特别约定的情况下,原仲裁协议就重新有效。再说,仲裁裁决的被撤销,只是对仲裁裁决结果的否定,而不是否定了双方当事人就争议事项请求仲裁的协议。如果说仲裁裁决被撤销后原仲裁协议就失效或无效,或者说不允许双方当事人达成新的仲裁协议,这实际上是以撤销仲裁裁决的形式而间接地撤销了双方当事人最初达成的仲裁协议,这明显与当事人意思自治原则相悖。

综上,既然仲裁协议没有溯及力,《仲裁法》第9条第2款规定当事人在仲裁裁决被人民法院撤销后根据双方重新达成的仲裁协议申请仲裁就显得十分牵强。

3. 仲裁裁决被撤销后当事人可以向人民法院起诉漏洞更大

在一方当事人向仲裁机关申请仲裁后,仲裁庭只能在申请人申请仲裁的范围内予以裁决。此时,若相对方提出反请求必须在仲裁法或仲裁规则规定的时限内向同一仲裁机构提出,反之就丧失提出反请求的权利。如果说没有提出反请求的当事人在仲裁裁决被撤销后,反过来在人民法院起诉仲裁申请人,法院受理并做出判决(现实中已存在类似情形),既有怂恿未经过仲裁程序的当事人滥用诉权之嫌,又增加已提出仲裁申请并已经过仲裁的相对方当事人(即仲裁申请人)的诉累。这不仅不符合我国民事诉讼确定的公平与效率原则,而且这样的规定在立法技术上也有明显的瑕疵。

既然人民法院撤销仲裁裁决,并不意味着原仲裁协议的当然失效或无效,则仲裁裁决的被撤销也就不应改变仲裁双方当事人要求仲裁的意愿,原来的仲裁协议并不因仲裁裁决的被撤销而失去效力或无效。如果说立法要强行规定请求仲裁的当事人原来的仲裁协议在仲裁裁决被撤销后自然失效或无效,实际上是在拒绝或改变仲裁当事人最先要求仲裁的意愿,同时也干预了当事人要求仲裁的意愿,明显有违当事人意思自治原则。从世界大多数国家的仲裁法或民诉法关于法院撤销仲裁裁决的情形看,绝大部分是仲裁机构本身的疏忽而产生的程序上的不当,并非当事人双方的原因所造成。因此,仲裁协议应当是在当事人双方协商同意的前提下才失效。若因仲裁裁决被撤销而剥夺当事人双方协商同意的仲裁自治权,强令仲裁协议失效,然后期望双方当事人重新达成仲裁协议来申请仲裁,无异于"缘木求鱼"。因为在此情形下双方再重新达成新的仲裁协议的情形极其罕见,大多数当事人基本上另走"诉讼途径",这就与当事人最初约定仲裁程序、快速解决纠纷的意愿相违背。故《仲裁法》第9条第2款规定的救济手段不仅不能达到预期效果,反而还增加了当事人的成本与诉累,有违经济与效率的诉讼原则。

综上所述,《仲裁法》第9条第2款规定的对仲裁裁决采用不予执行的方式以及仲裁裁决被撤销后"或裁或审"的后续救济措施存在明显的瑕疵,建议立法机关尽早予以完善。

(原载 2009 年第 1 期《深圳律师》)

(二十)简议《中华人民共和国物权法》
第 74 条规定与车位车库权争议

案情:深圳某小区开发商(法定代表人詹某)在开发该小区房地产期间曾向宋某某借款人民币 200 万元,约定以该小区 50 个地下停车位作为借款抵押,若到期不能偿还借款人民币 200 万元, 则以该小区 50 个地下停车位抵偿。后该小区开发商未能如期还款,故宋某某向该房地产所在地的深圳市罗湖区人民法院提起诉讼,同时请求人民法院查封了该小区开发商抵偿给宋某某的该小区 50 个地下停车位。本案在执行过程中,该小区全体业主以小区停车位的使用权应为小区全体业主所有或小区停车位应优先满足小区业主需要为由提出执行异议,深圳市罗湖区人民法院经过执行听证程序虽然依事实和相关法律规定驳回了该小区业主的执行异议请求,但该案关于小区停车位权利所引发的争议值得法律工作者的思考。

《中华人民共和国物权法》(以下简称《物权法》)第74条规定,"建筑区划内,规划用于停放汽车的车位、车库应当首先满足业主的需要。建筑区划内,规划用于停放汽车的车位、车库的归属,由当事人通过出售、附赠或者出租等方式约定。占用业主共有的道路或者其他场所用于停放汽车的车位,属于业主共有"。

该规定的出台对于解决日益增多的车位、车库的争议显然具有重大的意义,但由于车位、车库争议类型的复杂性与多样性及法律规定不够具体的原因,导致在此类争议的处理结果上的不确定性。因此,有必要对此类争议的处理进行理性的分析,因为它具有不争的现实意义。

1. "应当首先满足业主的需要"应如何理解

《物权法》)第74条第1款规定,建筑区划内,规划用于停放汽车的车位、车库应当首先满足业主的需要。由于至今还没有相应的配套规定来加以明确的情况下,如何理解"应当首先满足业主的需要",是处理车位、车库的争议的一个现实问题。如阐先生在2006年初购买了A小区112平方米的商品房一套,2009年夏天购车后发现A小区的车位与车库已售完,其中的几个车位、车库被A小区的开发商出售给了相邻B小区的业主。为此,阐先生以A小区开发商违反《物权法》"应当首先满足业主的需要"的规定为由向当地人民法院提起诉讼,要求确认A小区开发商出售给B小区业主车位、车库的行为因违反《物权法》的规定无效。

从《物权法》第74条规定的文义来看,小区的车位、车库是可以作为独立的财产权利看待并成为交易的客体的,此种交易不仅可以发生在开发商与业主之间,还可以发生在开发商与业主以外的其他人之间,只不过当开发商与业主以外的其他人之间进行交易时应当受限于"首先满足业主的需要"这一法律规定,当开发商的行为违反该法律强制性规定时,应当认定无效。对此,实践中的认识应当是可以统一的,不便于统一认识的在于"首先"的内涵。那么,何谓"应当首先满足业主的需要"呢? 笔者认为,是指应在一定的时间期限内(指业主需要车位、车库与开发商商定的期限)首先满足业主停车自用的需要,而不应包括业主除停车自用之外的需要(如经营需要)或无商定期限的需要。

"首先"一词,理应含有优先的意思,即应当优先考虑满足业主的需要,但"首先"不等同于优先。法律上所强调的优先通常是指同等条件下的优先,如果认为"首先满足业主的需要"就是"优先满足业主的需要",则意味着只要业主以外的其他人能够支付比业主更高的价款便可以获得小区的车位、车库权利,同时也意味着业主因此而失去获得车位、车库的权利。虽然《物权法》赋予了车位、车库独立的财产权利的特性,但小区车位、车库的设置无一不是用于配套小区建筑物的,政府部门在对小区建设项目审批时,通常也是将小区停车位与小区规模与规划统一来进行考虑的,小区车位、车库必须服务、服从于小区业主的需要,这是小区车位、车库存在的价值的所在。在汽车拥有量迅速增加、停车位相对日益紧缺的今天,业主选择购买小区住宅,车位、车库是一项重要因素,车位、车库也是影响开发商商品房的销售情况、销售价格的重要因素。如果仅仅因为其他人能支付比业主更高的价款即能获取车位、车库的所有权,而导致业主无法获得期待中的利益,显然是不符合小区建设车位、车库的目的的,也不符合立法中对业主权益的保护。因此,该款中的"首先",不仅应当具有同等条件下优先的含义,而且还应当具有不同条件下也要优先的含义。

"首先"一词,还表现出一种顺序关系。这种顺序关系应当如何保护?是无条件地保护业主单方利益还是限条件地保护业主与开发商双方的利益?实践中,一种观点认为,只要业主有需要,就应当获得满足,而不应当加上任何限定,即认为应无条件地保护业主单方利益;另一种观点认为,开发商的利益也应当受到保护,业主的"首先"权应当受到适度的限制(主要指时间),即限条件地保护业主和开发商的双方利益。如果无限期的"首先",开发商的利益也会受到损害。两种观点比较而言,笔者赞同第二种观点。理由在于:

1)车位、车库虽为小区的配套设施,主要目的是为小区业主的需要服务,但是如果过度放大业主的"首先"权,则意味着开发商对于车位、车库所享有的权利无法行使。比如前面提到的阐先生的案件,他是在购房三年后才购车并提出购买停车位的要求,如果第一种观点成立,则意味着开发商在三年之内均不得对空闲的车位做出处理,若业主在购房五年或八年后购车,岂不是开发商在五年或八年后也不得对空闲的车位做出处理吗?如此一来,开发商依法对车位、车库所享有的权利不就是纸上的权利、是永无兑现之期的权利么!这显然不是《物权法》第74条所要体现的立法精神。尽管开发商在建造房屋时应当建车位、车库,但修建车位、车库的开发成本是由开发商投入的,开发商的利益如无法得到保障,最终影响到的不仅是开发商利益的实现,城市建设的无序,更是公平信念的灭失。因此,对业主的"首先"权应当加以适度的限制。

2)如何限条件的保护业主和开发商双方利益的实现?笔者认为,开发商首先应当明确以书面通知全体业主对是否需要车位、车库做出表态,让业主在一个合理的期限内做出明确的意思表示,期限届满对购买不做肯定表示的,其权利归于消灭,业主不得再以《物权法》第74条的规定来行使首先权为由否定开发商与其他买受人之间建立的车位、车库买卖关系。这个合理期限可以根据《中华人民共和国合同法》(以下简称《合同法》)中关于合理期限的理解来确定,即在合同履行过程中,当事人以一种平常的心来对待或处理事情所需要的时间,法律允许当事人自行把握,也允许法官自由裁量。这个合理的期限究竟设定多久为宜呢!笔者认为可依据《合同法》第230条"出租人出卖租赁房屋的,应当在出卖之前的合理期限内通知承租人,承租人享有以同等条件优先购买的权利"。中承租人对承租房屋享有优先购买权中的合理期限来界定比较合适,对业主的通知设定回复期限是为了保证业主有足够的时间思考其是否行使"首先权"或"优先权",若开发商未履行通知义务,或虽通知但不是书面,或虽书面通知但未给业主适宜的或商定的思考时间,而使业主丧失了购买车位、车库的机会,使其无法行使"首先权"或"优先权",则业主可以其权益受侵害为由诉请保护。

我国司法界依据最高人民法院的司法解释和国务院的相关法规,对《合同法》第230条中的优先购买权的合理期限一律理解为固定的三个月。另外,开发商应在何时履行通知义务较为合适?有以下两种观点:①开发商应在与业主订立购房合同时就应明确通知,其理由是业主购房后若异地工作或者出国,无法联系而使其丧失了权利的行使机会,势必会产生纠纷。为避免类似纠纷的发生,应在订立购房合同时通知较为妥当。②开发商应在小区商品房全部售完后的一定期限(7天或10天)内履行通知义务,因为既然是"首先满足业主的需要",必定是全体业主的需要,在房屋未出售完毕之前,开发商不能随意将车位、车库处置给小区业主以外的他人,同时也便于业主有较充裕时间考虑是否需要。笔者认为前一种意见更为妥当,既然法律赋予了业主获得小区停车位、车库的权利,开发商就应当在第一时间内书面告知业主有权获得小区停车位、车库的权利,业主也应当及时行使。按后一种观点由开发商在小区商品房全部售完后的一定期限内履行通知义务而论,若有的业主购房是为了投资(如购房后进行出租),在购房并将其所购房屋出租,开发商对此类情形的业主要行使通知义务的权利显然相当困难。另外,对于要求车位、车库但又不愿支付合理对价的业主,在开发商给出的合理期限内双方仍不能达成一致意见的,业主再行主张"首先"权,则不应予以支持。

2. 车位、车库是否应随房转让

针对生活中私家车日益增多而停车位越来越紧张且价格不断上涨的现实，使得后业主与前业主之间因首先权的满足而发生争议的纠纷也不断呈现。《物权法》第74条对此问题并没有做出明确的规定，人民法院对此类案件应当如何处理呢？

案例：吴先生在A小区购房一套、车位一个，次年在毗邻的B小区又购房一套，然后将A小区的房屋转让给了蒋先生，因吴先生在B小区购房时未能购到停车位，故未将A小区所购的车位随房转让。由于A小区车位异常紧张，A小区的业主周先生多次找吴先生商量要求吴先生转让车位未果，便向当地人民法院起诉要求吴先生腾出车位。

关于以上案例有三种观点：①小区车位是作为小区建筑物区分所有权的配套设施而出现的，车位建设的目的在于为小区建筑物区分所有权服务。因此，在考虑小区业主与业主以外的他人利益关系时，应当根据小区车位存在的目的性做出处理，即吴先生应将车位转让给周先生。②小区车位与建筑物区分所有权的客体系从物与主物的关系，主物转移，从物也应随之转移，吴先生在转让房屋时应将车位同时转让给蒋先生，在蒋先生明确表示放弃的前提下，吴先生可以继续拥有车位而无需将车位腾出。③从《物权法》第74条规定的内容来看，主要是调整开发商与业主关于车位、车库的交易行为，而非调整业主与业主之间或业主与他人之间对于车位、车库的交易行为。该条虽然规定了"应当首先满足业主的需要"，但同时也承认小区车位可以作为独立交易的客体，由此可见，该规定为小区业主对车位、车库的自主交易行为提供了法律依据。

笔者倾向于第三种观点，所谓建筑物区分所有权，是指根据建筑物的使用功能，将一栋建筑物从结构上区分为由各个所有人独自使用的专用部分和由多个所有人共同使用的共用部分，由共有和单独所有构成的。专有部分通常是各个区分所有人单独享有的所有权的客体。共有部分是指区分所有人所拥有的单独所有部分以外的建筑物其他共有部分，主要包括建筑物的基本构造部分（如基础、柱、梁、墙等），共用部分及附属物（如楼梯、庭院、电梯、上下水设施等）。事实上，小区车位也是建筑物区分所有权制度中的重要财产。被规划用于停放汽车的车位、车库的专有权或共有权由当事人通过出售、附赠或者出租等方式约定，只有当车位占用了业主共有的道路或者是其他公共场所时，才视该车位归属于业主共同共有。否则，其归属权属于开发商自己。

无论怎样,法律赋予了小区车位、车库独立的财产地位,明确其可以成为市场交易的客体,故小区业主以外的人对小区车位享有权利也就无法律上的障碍。在小区车位、车库归属问题的处理上,《物权法》考虑到开发商所具有的天然优势地位,并对其加以适度的限制,这体现了法律对于市场的干预,但对于平等的自然人之间民事关系如何调整,完全属于私人事务,市场规则是最好的调节机制,基于意思自治的原则,法律应当相信当事人会做出最佳的选择,因此不宜再对其加以干涉。小区车位固然可以被认为是小区建筑物的有机组成部分,但根据主物与从物关系法律原理,房屋与车位之间并非主从关系,因为没有车位并不当然导致房屋功能的丧失和业主购买房屋并非必须以配备车位或车库为前提。客观上而言,小区车位与房屋是可以被看作两个独立的财产形态的,故以物的主从理论来推理业主转让房屋时,应一并转让小区车位的观点显然难以成立。

3. 如何约定车位、车库的归属

《物权法》第74条第2款规定:"建筑区划内,规划用于停放汽车的车位、车库的归属,由当事人通过出售、附赠或者出租等方式约定。"该规定明确告诉我们,车位、车库的归属是可以通过约定取得的。第3款同时规定:"占有业主共有的道路或者其他场所用于停放汽车的车位,属于业主共有。"这也明确了基于占有共有部分而形成的车位,属于业主共有。对于业主共有的,能不能成为约定归属的对象并没有明确做出规定。这里有一个值得关注的问题,就是只规定了车位而没有提到车库,而前两款中均是将车位与车库并列提及。这似乎告诉人们车位与车库存在区别,但同时也含有对"其他场所"外延加以确定的含义,主要表现在:①"其他场所"不应属于规划用于停放汽车的场所;②"其他场所"应当是同时具有停车以外其他功能的场所;③"其他场所"应为不宜建筑车库的场所。由于《物权法》第76条规定了"有关共有和共同管理权利的其他重大事项由业主共同决定"。第78条规定了"业主大会或者业主委员会的决定,对业主具有约束力"。因此,对于占用共有部分用于停放汽车的车位,经业主依法定程序共同决定的情况下,可以将其使用权约定为某一特定的业主享有,但是这里的约定并非是对所有权的约定,而应该是对车位使用权的约定,原因在于道路和其他场所通常是有其他的公用功能为主要功能的。由此可见,能适用约定所有权归属的车位、车库应是指"建筑区划内,规划用于停放汽车的车位、车库"。

事实上,由于《物权法》的疏漏,笔者认为实践中容易产生争议的问题还有:

1）车位、车库的开发成本如果已摊入到房屋销售价款之中，是否仍然可以作为开发商与业主约定归属的对象？对于车位、车库的开发成本是否已经摊入到房屋销售价格之中，法律并没有做出区分，这就意味着即使开发成本已摊入房屋销售价款中的车位、车库仍然可以作为约定归属的对象。《物权法》在草案阶段，不少人认为应当加以区分，认为对于开发成本摊入到房屋销售价格之中的车位、车库，应当认定为业主共有，这体现了一个"谁投资、谁受益"的原则，开发商不应在车位、车库上重复受益，否则加重了业主的负担，鼓励了不公平的交易行为。《物权法》最终没有采纳这一观点，而是规定不论是否已将开发成本摊入房屋销售价格，均可作为约定归属的对象。这实际上是一种充分尊重市场规律、相信当事人意思自治的做法。

2）对于归属没有约定或者约定不明时如何确定其归属？当对车位、车库的归属没有约定或者约定不明时，如何处理，《物权法》并没有做出规定，这是《物权法》立法的一个缺憾。法律的功能在于定纷止争，留下这一块空白，必定会成为以后发生争议的诱因。关于这一问题《物权法》草案第 76 条曾规定："会所、车库的归属，有约定的，按照约定；没有约定或者约定不明确的，除建设单位等能够证明其享有所有权，属于业主共有。"但最终通过的《物权法》并没有上述类似的规定，以至于人民法院在处理此类纠纷时应如何做出裁判观点各一，主要有以下两种观点：①没有约定或者约定不明，应当推定为业主共有，开发商都是精明的商人且处于优势地位，总是要追求利益的最大化，销售房屋的行为均是通过格式条款来进行，基于此，没有约定或者约定不明，就应当推定开发商放弃了此项权利，同时根据格式条款解释规则，在没有约定或者约定不明的情况下，应当做出对提供格式条款一方不利的解释；②没有约定或者约定不明，不能得出开发商放弃权利的结论，法律的最大价值在于体现公平，判断当事人民事权利的是否丧失，依据只有两条：A.法律的直接规定，如法律关于除斥期间的规定；B.权利人明确的意思表示，因此在开发商主张享有车位、车库的所有权且能提供证据对此加以证明的情况下，应当确认开发商权利的存在。笔者认为第二种观点更接近社会实际，除非开发商不能证明对车库、车位享有所有权或者明确表示放弃，不能以约定不明或者没有约定为由推定车位、车库为业主共同共有。

3）如何确定车位、车库的出售或者出租价格？尽管小区的建设规划中基本上都考虑了车位与车库的需求，但小区规划车位、车库的建设数量与实际的需求还存在一定的差距，因为市民汽车的拥有量正与日俱增。因此，现实生活中曾呈现出车位紧张、车位与车库一位难求的局面。开发商则利用法律对此的空白,不断抬高车位、车库的价格,以致好多业主买得起车,却买不起停车位,从而损害了业主本该享受的权益。在当前法律没有做出配套规定的情况下,人民法院处理此类争议应本着公平原则,对开发商的价格行为予以适度干预,依法确认车位、车库出售的单位面积价格不能高于本小区房屋的单位面积价格,出租的价格不能高于本小区同面积房租的价格。当然,人民法院也可商请政府主管部门通过政策杠杆对此进行调控,会更有利于构建和谐小区,妥善化解此类纠纷。

4)约定归属应当以何种方式进行?由于法律对以何种方式进行约定并没有做出规定。故归属的约定应当由谁提出?约定应采用何种方式?这些都是值得关注的问题。由于法律和客观现实均给予了开发商优势的地位,故开发商在交易关系中比业主更熟悉交易的各个环节。根据权利派生义务法则,归属的约定应当由开发商以明示(书面)的方式提出,否则,不能认为业主放弃了就归属进行约定的权利,更不能因此而认定业主丧失了"首先"权;至于约定应采用的方式,笔者认为应分别单个进行,因为业主均为独立的个体,每一业主均拥有自己独立的利益所在,有自己独立的交易观念,业主与业主之间意思表示不能相互替代,在单个业主未做出明确放弃表示或者可以推定放弃的情况下,不能认为业主丧失了约定归属的权利。

从以上分析可以看出,车位、车库的归属与利用直接关系到业主的利益,关系到和谐小区的建设。作为建筑物区分所有权制度中的一项重要内容,在已有法律规定的基础上,立法部门应当尽快出台实施细则之类的规定予以配套完善。面对一方面争议大量出现,另一方面法律规定又失之具体的情况下,如何正确处理此类纠纷,是值得广大司法实务者在实践中运用法律原则与司法智慧来加以研究和探讨的。

(原载 2010 年第 2 期《广东律师》)

(二十一)小产权房租赁合同中的法律风险

小产权房,又称"农民房",它并不是一个法律上的概念,只是人们在社会实践中形成的一种约定俗成的称谓。所谓"小产权房"是指农民未缴纳土地出让金等费用,在自家宅基地或农村集体土地上建设的房屋。其房产证少数为国家房产部门颁发,大多数产权证不是由国家房管部门颁发,而是由当地的乡、镇或街道政府、村民委员会或村民小组或某公司颁发。有的连当地的乡政府、村民委员会或村民小组颁发的产权证也没有,其仅仅是某一村民自建的没有任何产权证的房屋。

由于市场经济的飞跃发展和产业结构变化节奏的加快,大量农村劳动力都涌向城市成为农民工,特别是经济比较发达的深圳,其农民工的数量甚至超过当地常居人口。而农民工在城市的地位又十分低微,收入不高且生活艰辛,为节省开支能攒点钱回家过年,想租住商品房一类的房屋可以说是不切实际。正是基于这样的现实,使得租赁价格相对低廉的小产权房屋的出租就成了农民工的唯一选择。

房屋租赁关系是我国经济关系的一部分,其健康稳定的发展是保障我国经济建设可持续性发展的一个重要方面。纵观现实生活中小产权房的房屋租赁,租赁双方一般对房屋租赁合同的约定内容,往往侧重于租赁物的交付使用及租赁期限、租金的多少以及租金的支付时间等问题,对于小产权房而不符法定的房屋出租条件以及该小产权房是否经过竣工验收和消防验收合格等事宜则未能引起重视,而这些未能引起租赁双方重视的相关问题又恰恰是小产权房屋租赁合同中存在较大风险的问题,一旦引起纠纷,不但不容易处理,还有可能导致租赁双方陷入旷日持久的诉讼。故笔者认为有必要对此做些触及。

1. 因未能依法取得房屋所有权证的法律风险

案例:文某某夫妇将其原有的三层房屋拆除后重建成15层的楼房,因该15层的楼房是未获相关行政管理部门审批同意而建,故其拥有的房屋所有权证仍然是原三层房屋的所有权证。某公司于2010年5月与文某某夫妇签订租赁合同一份,约定由某公司承租文某某夫妇该房屋的第八层作为公司办公用房,同时约定了租期、租金的支付时间与数额以及未经出租方同意承租方不得转租与违约责任等条款。合同签订后,某公司一边准备公司筹建的申报资料一边装修房屋,待房屋装修完毕到工商部门申报并递交公司成立登记的资料时,因没有房屋租赁证而未能通过工商登记遂引发纠纷。

《中华人民共和国房地产管理法》(以下简称《房地产管理法》)第53条规定,"房屋租赁,是指房屋所有权人作为出租人将其房屋出租给承租人使用,由承租人向出租人支付租金的行为"。第61条规定,"在依法取得的房地产开发用地上建成房屋的,应当凭土地使用权证书向县级以上地方人民政府房产管理部门申请登记,由县级以上地方人民政府房产管理部门核实并颁发房屋所有权证书"。《城市房屋权属登记管理办法》第5条也规定,"房屋权属证书是权利人依法拥有房屋所有权并对房屋行使占有、使用、收益和处分权利的唯一合法凭证。依法登记的房屋权利受国家法律保护"。

上述法律规定表明,房屋出租,出租人必须是拥有该出租房屋所有权证书并依法享有对该出租房屋行使占有、使用、收益和处分权利的权利人。但现实生活中处于城市中的小产权房,由于其自身的特殊性大多数属于违法建筑,故不可能依照《城市房屋权属登记管理办法》的相关规定到当地人民政府房产管理部门申请登记并获得通过,也就无从获得房屋所有权证书。而《房地产管理法》第53条又明确规定"房屋租赁,是指房屋所有权人作为出租人将其房屋出租给承租人使用,由承租人向出租人支付租金的行为"。故此,没有获得房屋所有权证书的小产权房对外出租,我国法律是不予认可的。更何况《城市房屋租赁管理办法》第6条明确规定"未依法取得房屋所有权证的房屋不得出租"。《城市房屋租赁管理办法》第13条还规定,"房屋租赁实行登记备案制度。签订、变更、终止租赁合同的,当事人应当向房屋所在地直辖市、市、县人民政府房地产管理部门登记备案"。第17条同时规定,"房屋租赁证是租赁行为合法有效的凭证。租用房屋从事生产、经营活动的,房屋租赁证作为经营场所合法的凭证。租用房屋用于居住的,房屋租赁证可作为公安部门办理户口登记的凭证之一"。

很显然,未能依法取得房屋所有权证的小产权房在出租过程中,不仅办不到房屋租赁证,而且也不能作为承租人从事生产、经营活动和用于居住的合法场所。因此,未能依法取得房屋所有权证的小产权房的租赁行为是不受我国法律所保护的,一旦引起纠纷,必然导致租赁合同无效,其法律风险显而易见。

2. 未经消防验收合格的法律风险

案例:蔡某某三人将其自建的晖X大厦(有历史遗留违法建筑申报材料)经与承租方周某某、吕某某协商出租给周某某、吕某某开办商场,双方签订的租赁合同约定了租期、租金支付与违约责任等。在签订租赁合同后,承租方便进场装修。由于当地公安消防部门认为该出租标的物——晖X大厦违反了《中华人民共和国消防法》(以下简称《消防法》)第11条的规定,遂对其下达了《责令限期整改通知书》。由此,租赁双方引发了租赁合同效力的争议。

该出租标的物系按照国家工程建筑消防技术标准进行消防设计的,其3层以上的商住楼已通过消防安全验收,但1—3层的消防安全验收需待其商业功能确定后,由业主或出租方向公安消防部门申报消防安全验收。然本案的出租方蔡某某三人在与周某某、吕某某签订租赁合同前并未向公安消防部门申报该大厦1—3楼层的消防安全验收。《消防法》第13条规定,"依法应当进行消防验收的建设工程,未经消防验收或者消防验收不合格的,禁止投入使用;其他建设工程经依法抽查不合格的,应当停止使用"。

《消防法》第15条还规定,"公众聚集场所在投入使用、营业前,建设单位或者使用单位应当向场所所在地的县级以上地方人民政府公安机关消防机构申请消防安全检查。公安机关消防机构应当自受理申请之日起十个工作日内,根据消防技术标准和管理规定,对该场所进行消防安全检查。未经消防安全检查或者经检查不符合消防安全要求的,不得投入使用、营业"。

最高人民法院《关于未经消防验收合格而订立的房屋租赁合同如何认定其效力的函复》〔2003〕民一他字第11号(以下简称"〔2003〕民一他字第11号")也规定,"关于房屋租赁合同未经消防验收或者经消防验收不合格,是否应认定房屋租赁合同无效的问题,应根据不同情况分别对待:第一,出租《中华人民共和国消防法》第十条规定的必须经过公安消防机构验收的房屋,未经验收或者验收不合格的,应当认定租赁合同无效。第二,租赁合同涉及的房屋不属于法律规定必须经过公安消防机构验收的,人民法院不应当以该房屋未经消防验收合格为由而认定合同无效。第三,租赁房屋用于开设经营宾馆、饭店、商场等公众聚集场所的,向当地公安消防机构申报消防安全检查的义务人为该企业的开办经营者,但租赁标的物经消防安全验收合格,不是认定房屋租赁合同效力的必要条件"。

依上述法律规定与司法解释而言,虽然小产权房并不是必须经过消防验收的房屋,但小产权房的出租除租用者为自身居住之外的用于开设经营宾馆、饭店、商场等公众聚集场所的,承租人就必须向当地公安消防机构申报消防安全检查并经当地公安消防机构经消防安全验收合格,方可承租经营。依〔2003〕民一他字第11号的规定,租赁标的物的小产权房虽然经消防安全验收合格不是认定房屋租赁合同效力的必要条件,但由于小产权房属于违法建筑性质而未能取得房屋所有权证,故当地公安消防机构在对承租小产权房开设经营宾馆、饭店、商场等公众聚集场所进行消防安全验收时,为杜绝安全隐患,必然要对小产权房的消防安全同时进行消防验收,一旦小产权房的消防安全验收不合格时,承租方因不能达到其经营宾馆、饭店、商场的目的,继续履行租赁合同只能说是空中楼阁。因此,小产权房未经消防验收合格的法律风险不容忽视。

3. 因属于违法建筑而未经竣工验收的法律风险

案例:深圳市某村委欲在村委的一片空地上(占地面积约1 800平方米)建造一栋工业厂房,经多次申报而未能获批。2003年8月,村委会经集体讨论后决定自建,该工业厂房于当年11月完工并投入使用,事实上是将该工业厂房租赁给了某电子公司作生产用房。租赁期限为十年,若遇政府强制性拆迁等不可抗力因素,双方各自享有政府拆迁补偿50%的权利。2005年深圳市因农村城市化,该1 800平方米的工业厂房土地要转为国有,双方因而产生租赁合同效力的争议。

《中华人民共和国建筑法》第61条规定,"交付竣工验收的建筑工程,必须符合规定的建筑工程质量标准,有完整的工程技术经济资料和经签署的工程保修书,并具备国家规定的其他竣工条件。建筑工程竣工经验收合格后,方可交付使用;未经验收或者验收不合格的,不得交付使用"。最高人民法院《关于审理城镇房屋租赁合同纠纷案件具体应用法律若干问题的解释》法释〔2009〕第11号第2条规定,"出租人就未取得建设工程规划许可证或者未按照建设工程规划许可证的规定建设的房屋,与承租人订立的租赁合同无效。但在一审法庭辩论终结前取得建设工程规划许可证或者经主管部门批准建设的,人民法院应当认定有效"。而现实生活中用于出租的小产权房,大多数属于违法建筑是未经竣工验收合格的、不得交付使用的房屋。有的虽有建设工程规划许可证,但未能依建设工程规划许可证建房,而是超建(超层或超面积)以致不能进行竣工验收;有的则根本没有建设工程规划许可证而是违建与偷建,根本就不可能进行竣工验收。故此,依《城市房屋租赁管理办法》第6条"属于违法建筑的房屋不得出租"的规定,结合《中华人民共和国民法通则》第58条和《合同法》第52条的规定,这类小产权房因为属于违法建筑而未经竣工验收,其租赁合同依法自始无效。既然类似租赁合同依法自始无效,该租赁合同的法律风险当然就同时并存。

综合以上分析,小产权房租赁合同中的法律风险切不可小视。

(原载2011年第4期《中国法学会》)

（二十二）限购令下委托购房的法律风险

委托代理购房（也叫隐名购房或借名购房），是指房屋的实际出资人（或实际购房人，下同）借用受托购房人（或房屋登记人，下同）名义购房，并以受托购房人名义登记房屋所有权的行为。当然，委托购房并非仅限于限购令下的委托购房形式，还有如实际购房人因不具备城市户口的在岗职工身份，不能享受住房公积金贷款，又贪图便宜欲享受优惠而委托他人购房；再如因不具备购买经济适用房条件而委托具备购买经济适用房申请条件的人购买经济适用房等形式，但本书仅对限购令下委托购房的法律风险做些探讨。

1. 委托购房的成因

住宅，是人们生活消费的必需品。由于房价的持续走高，国家为了让更多的人能买得起房，避免两极进一步分化。为了打击投资，抑制房价上涨过快，减少房地产市场的泡沫。国家相继出台了限购令政策。正因为国家限购令政策的颁布，房地产市场上委托代理购房的现象便应运而生。

《国务院办公厅关于进一步做好房地产市场调控工作有关问题的通知》规定，对已拥有1套住房的当地户籍居民家庭、能够提供当地一定年限纳税证明或社会保险缴纳证明的非当地户籍居民家庭，限购1套住房（含新建商品住房和二手住房）；对已拥有2套及以上住房的当地户籍居民家庭、拥有1套及以上住房的非当地户籍居民家庭、无法提供一定年限当地纳税证明或社会保险缴纳证明的非当地户籍居民家庭，要暂停在本行政区域内向其售房。正因为该限购令的出台，一些购房者（主要是炒房者）因不符合限购令的条件而被限购，故而采取偷梁换柱的方式委托他人代为购房。

2. 委托购房的特征

（1）隐名

被代理人无论出于何种原因，客观上要求代理人以其名义与他人签订购房协议。代理人不得向相对人披露被代理人身份，这是委托购房的核心特征。

（2）代理人因委托关系而享有代理权

无权代理原则上不对代理人发生效力,但被代理人追认或法律另有规定的除外。限购令下委托购房(代理)不存在代理。第三人或相对人在不知道被代理者(实际购房人)与受托购房人(或代理人)存在代理关系的情况下,无理由推定代理权,即隐名的代理权不能被第三人或相对人推定。

(3)代理人需在代理权限范围内实施代理行为

依《中华人民共和国民法通则》(以下简称《民法通则》)和《中华人民共和国合同法》(以下简称《合同法》)的相关规定,受托人应按照委托人的指示处理受委托的事务,代理人擅自超出其代理权而从事的行为属于无权代理。

(4)代理主体宽泛

委托购房不仅可以发生在自然人之间,也可以发生在法人之间或法人与自然人之间。

(5)意志以外的情形

当法律规定的特殊情况出现时,第三人或相对人和被代理人都可以分别行使自己的选择权和介入权。

3. 委托购房与房产物权登记制度的法律冲突

按照物权登记公示原则,通过登记,将不动产的设立、转移、变更向社会公开,使公众了解某项不动产上形成的物权状态。房屋作为不动产进行登记,体现的是物权强大的排他性,直接关系到第三人的利益和交易安全,不允许当事人通过合同自由创设物权,只要公示的房屋没有变动,第三人便可视该物权的变动没有发生。登记可以防止一房多卖等欺诈行为。但委托购房,房屋登记公示的是代理人的物权,在此阶段发生任何基于委托购房产生的权属纠纷,只能通过诉讼确权后,才可能实现物权变更登记。否则,在没有完成变更登记行为之前,第三人从登记机关那里善意取得该房屋并进行变更登记的行为受法律保护,而实际出资人只能得到委托购房的债权。例如某先生打算在与某女士结婚前购买房子以备婚后使用,由于某先生的户籍不在房屋所在地,便以某女士之母吴某的名义,由某先生全部出资购得一套房产,购房合同和房产登记证书上的权利人均为吴某。数年后某先生与某女士因感情不合离婚,某先生要求变更房产登记被吴某拒绝。吴某随即将该房产卖给汤先生,并到房地产登记部门办理了房产过户手续。某先生得知后对吴某和汤先生提起诉讼。人民法院经审理,认为汤先生对涉案房屋有关信息的知悉情况仅限于对吴某购房合同及房产登记的了解,认定汤先生为善意第三人,汤先生与吴某签订的购房合同合法有效,最终根据某先生购房时的付款凭证的证据,判决吴某按转让该房屋的市场价将卖房款给付某先生。

4. 委托购房合同的效力问题

在委托购房的背后,实际出资人会与受托购房人签订相应的委托代理合同,以保证自己日后能够取得所购房屋的权利,该合同的有效性对实际出资人是否能够取得该房屋或者最大化的保护自身的利益至关重要。对于双方在幕后签订的委托代理合同的有效性与否需要做具体分析。

(1)委托购买一般商品房

该委托购房代理合同一般应当认定为有效合同。意思自治是我国合同法的一项项基本原则,任何人有权依据《合同法》有关委托代理方面的规定,委托他人代理一定民事法律行为,其中当然包括代理买卖房屋。如果委托购房不存在恶意规避法律或者政策的行为,双方当事人自愿签署的委托购房代理合同依法有效,应具有法律效力,实际出资人可以依双方签订的委托购房代理合同,要求受托购房人将所购房屋过户到自己名下。如若委托他人购房是为了规避法律或国家限购令政策而炒房,则此类委托购房代理合同因违法而无效。

(2)委托购买经济适用房等特殊房屋的合同效力

对于该类合同的效力,我国司法理论界与实务界均有不同的认识,表现为:①该类合同为无效合同,理由是双方当事人,尤其是实际出资人存在恶意规避法律或国家政策的行为,属于《合同法》中关于违反法律规定或以合法形式掩盖非法目的的无效合同情形,其签订的委托购房代理合同的标的是购买某种特定的购房资格,而非房屋本身,应当认定无效。②《合同法》明确规定违反国家法律法规强制性规定的合同才属无效,而关于经济适用房上市交易的相关规定不属于法律,亦不属于法规,从维护市场交易秩序的角度出发,该类合同不应判归无效,合同双方如果能够按照规定补缴税款或相关费用,合同仍应属有效。因两种观点均具有一定的合理性,导致基层法院在裁判此类案件时陷入两难困境。

"委托购房"者,一定要认清所购房屋的性质,如果是拆迁房、安置房、经济适用房等有政策限制交易条件的房产,最好不要购买,以免一旦发生纠纷,造成最后房财两空。

5. 委托购房的法律风险

实际出资人出于不同的目的而委托购房,尽管从表面上达到了某种目的,但委托购房行为存在诸多法律风险是显而易见的,很容易产生法律纠纷,笔者建议委托购房双方应审慎把握。

(1)实际出资人可能发生的法律风险

1)受托购房人反悔。若因房价上涨或其他因素,受托购房人意欲反悔,想将受托购买的房屋据为己有,无论委托购房代理合同有效与否,实际出资人如无法证明双方之间存在委托购房代理关系和其实际支付购房款的事实,那么实际出资人想要取得该房屋产权或得到购房款不是一般的困难,甚至可能会钱房两空。在委托购房代理合同无效的情况下,即使实际出资人能够证明双方之间存在委托购房代理合同关系和其实际支付购房款的事实,实际出资人也无法取得房屋产权,只能要求返还购房款,且不能获得因房价上涨带来的相应收益。

2)受托购房人对外负有债务。如果受托购房人对外负有债务到期不能清偿,债权人可以要求法院查封并拍卖该受委托代理购买的房屋,这必然导致实际出资人的利益受损。尽管房屋被拍卖并清偿债务后,实际出资人有权向受托购房人追偿,但受托购房人是否有偿债能力则无法估量,有可能导致实际出资人的受偿权难以实现。

3)受托购房人出现意外。如果受托购房人意外死亡,受托购房人的继承人依法有权继承该房屋。此时,由于委托购房代理合同的一方(受托购房人)已经死亡,实际出资人将难以证明委托购房代理合同的真实性,从而导致该房屋将由受托购房人的继承人继承而发生纠纷。

4)受托购房人配偶权。如果委托购房代理合同行为发生在受托购房人结婚后,若受托购房人与其配偶发生离婚纠纷,该房屋极有可能被受托购房人的配偶作为夫妻双方共同财产来进行分割。

5)受托购房人恶意处分房屋。一旦受托购房人心生邪念,他会不经实际出资人同意将房屋卖掉,因对外公示的物权是属于受托购房人所有,即使委托购房代理合同有效,也不能对抗善意第三人,善意的第三人将取得合法产权,已过户交易的房产将无法追回。司法实践中,实际出资人虽然可以通过控制房产证、房地产买卖合同、付款手续等原始证据的方式来避免或减少风险,但实际上不可能绝对避免。因为受托购房人产生邪念恶意处分房屋的话,完全可以通过登报公告或声明等方式,使实际出资人持有的原始资料或证据作废,从而达到恶意处分房屋的目的。

6)受托购房人故意不配合。若实际出资人因房地产市场行情发生变化或出现其他原因欲转让该房产得不到受托购房人的配合,或者受托购房人编造各种理由故意不配合,实际出资人的转让行为则无法实现,因为该房产的转让必须经受托购房人出面签署相应文书方能完成。

7)受托购房人怠于行使权利。如果该房屋产生房屋质量或物业管理纠纷,而受托购房人又怠于行使权利或故意不行使权利,则实际出资人欲维权将十分艰难。

(2)受托购房人可能发生的法律风险

1)如果实际出资人不及时还贷,受托购房人就要承担还贷责任,还有可能因无法还贷导致不良信用记录。从而必将影响受托购房人今后购房、办理银行贷款或信用卡、出国签证等权利的实际实现。

2)因规避限购令委托代理购买的房屋一般都无法过户,故形成特殊的景观是,房产证上是受托购房人的大名,而房屋却由实际出资人占有或管理,如果实际出资人不诚信,房主应承担的责任受托购房人是躲不开的。更为麻烦的是,当受托购房人经济条件成熟欲购买房屋时,却因已有了一套实际上不属于自己的房屋登记在自己名下而被限购,如哑巴吃黄连——有苦难言。

笔者认为,委托购房的法律风险不可小觑。司法实践中,委托购房涉及相当复杂的法律关系;受托购房人与实际出资人之间的委托法律关系;受托购房人与实际出资人之间的房屋转让法律关系;受托购房人与第三人之间的房屋转让或抵押法律关系;实际出资人、受托购房人与登记机关的行政确认法律关系等,都是委托购房代理合同中有可能发生的法律风险。因此,受托购房人与实际出资人在委托购房代理合同的履行过程中均不得掉以轻心。

(原载 2011 年第 6 期《广东法学》,后转载 2012 年 9 月 10 日《上海法治报》B7 版)

(二十三)一审民事判决书未生效期间
续封请求权探究

查封、扣押、冻结(以下统称"查封")是人民法院在审理和执行工作中广泛使用的极为重要的执行措施,是人民法院在审理和执行案件过程中,为保障生效裁判文书得以执行,根据债权人申请而经常适用的一项强制性措施。为便于人民法院在审理和执行工作中适用查封措施的规范化与实际操作,我国法律与司法解释均做出了相关规定。《中华人民共和国民事诉讼法》(以下简称《民事诉讼法》) 第 92 条规定,"人民法院对于可能因当事人一方的行为或者其他原因,使判决不能执行或者难以执行的案件,可以根据对方当事人的申请,做出财产保全的裁定;当事人没有提出申请的,人民法院在必要时也可以裁定采取财产保全措施"。

最高人民法院《关于适用〈中华人民共和国民事诉讼法〉若干问题的意见》(以下简称《法发[92]第 22 号若干意见》)第 101 条规定,"人民法院对不动产和特定的动产(如车辆、船舶等)进行财产保全,可以采用扣押有关财产权证照并通知有关产权登记部门不予办理该项财产的转移手续的财产保全措施;必要时,也可以查封或扣押该项财产"。

最高人民法院《关于人民法院民事执行中查封、扣押、冻结财产的规定》(法释〔2004〕第 15 号(以下简称《查封规定》)第 29 条第 2 款规定,"申请执行人申请延长期限的,人民法院应当在查封、扣押、冻结期限届满前办理续行查封、扣押、冻结手续,续行期限不得超过前款规定期限的二分之一"。

第 30 条规定,"查封、扣押、冻结期限届满,人民法院未办理延期手续的,查封、扣押、冻结的效力消灭。查封、扣押、冻结的财产已经被执行拍卖、变卖或者抵债的,查封、扣押、冻结的效力消灭"。

第 32 条规定,"财产保全裁定和先予执行裁定的执行适用本规定"。

《民事诉讼法》与最高人民法院司法解释关于"查封"的规定,在一定程度上解决了审理和执行中若干查封的实际操作,避免了查封中的不规范性和随意性。但纵观"查封"的现行规定,发现仍然不能适应司法实践的需要,且在实践中难以规范统一。因此,就如何规范查封措施,在具体的查封与执行实践中显得尤为重要。笔者所遇到的案例就给法律工作者出了一道难题。

案例:邓某某欠郭某某一笔人民币为叁拾陆万柒仟捌佰零玖元(￥:367 809元)的货款。2009 年 11 月 25 日,双方经协商签订了一份还款协议,需方(邓某某,下同)所欠供方(郭某某,下同)货款人民币叁拾陆万柒仟捌佰零玖元(￥:367 809 元),双方一致同意去掉尾数柒仟捌佰零玖元(￥:7 809 元),余款叁拾陆万元(￥:360 000 元)分批还清,每月还供方陆万元(￥:60 000 元),分两次付,每次付叁万元(￥:30 000 元),直至付清。协议签订后至 2010 年 1 月 21 日,需方分三次共向供方还款人民币捌万元(￥:80 000 元),以后便一直未付。同年

3月24日,供方委托律师向需方发出一份"催款函",要求需方在收到该"催款函"后三个工作日内与供方联系并协商还款事宜,否则会采用法律途径要求需方一次性付清全部欠款。然需方在收到该"催款函"后置之不理,供方于同年8月17日向某区人民法院起诉,要求需方立即支付下欠的货款及延期付款利息。

某区人民法院受理本案后,在供方提供担保的情形下于2010年8月21日查封了需方一辆价值30万元人民币的车辆,查封期限为一年,从2010年8月29日至2011年8月28日。2011年1月7日,某区人民法院做出民事判决,判决被告(需方)于本判决生效之日起十日内向原告(供方)支付货款贰拾捌万元(￥:280 000元)及逾期付款利息(利息按中国人民银行公布的同期同类贷款利率计算,从2010年2月1日起至2010年8月1日止)。

当某区人民法院向被告(需方)送达该民事判决书时,却发现其下落不明,故在送达该民事判决书于原告(供方)时,依《民事诉讼法》第84条公告送达的规定,于2011年3月1日将该"公告"委托原告(供方)刊登于《人民法院报》,然后将"公告"样报交给某区人民法院。

原告(供方)收到某区人民法院该民事判决书与应送达给被告(需方)的该民事判决书和登报公告后,却没有将该"公告"刊登于《人民法院报》或任何报刊,直至2011年8月28日查封期限即将届满的2011年8月20日,原告(供方)向某区人民法院提出续封申请,要求某区人民法院续封需方价值30万元人民币的车辆。某区人民法院收到原告(供方)的续封申请后,对是否应该采取续封措施产生了不同意见,主要包括以下三种意见:

1)查封是临时性的执行措施,实质在于限制被执行人对执行标的物的处分权,是为今后拍卖和变卖做准备的,而本案原告(供方)在收到某区人民法院的该民事判决书的登报公告后,却没有将该"公告"刊登于《人民法院报》或任何报刊,致使该民事判决书至其申请续封时也没有生效。既然该民事判决书没有生效,依法就不能进入执行程序。既然进入不了执行程序,当然就不存在拍卖和变卖处理该查封财产的程序了,就没有再进行续封的必要。

2)查封是人民法院在审理与执行程序中一个极其严肃的司法活动,是对不履行生效法律文书的相对人所采取的一种限制和制裁。而本案原告(供方)在收到某区人民法院的该民事判决书的登报公告后,既没有将该"公告"刊登于《人民法院报》或任何报刊使该民事判决书生效,也没有向上一级人民法院提起上诉以表明不服一审判决,这证明本案原告(供方)放弃了其债权,某区人民法院没有义务为其采取续封措施，这也体现了私权利领域当事人意思自治的原则，人民法院不能越俎代庖。因为查封的启动还是执行的开展，甚至执行的放弃，始终都是当事人自由处分的权利。

3）《查封规定》第29条第2款规定，"申请执行人申请延长期限的，人民法院应当在查封、扣押、冻结期限届满前办理续行查封、扣押、冻结手续，续行期限不得超过前款规定期限的二分之一"。本案原告（供方）在续封期届满前向某区人民法院提出续封申请，证明其具有续封的愿望，在法律没有明文禁止的情形下，某区人民法院应当采取续封措施。

笔者倾向于最后一种观点，依《中华人民共和国宪法》第33条"任何公民享有宪法和法律规定的权利"的规定和《查封规定》第29条第2款规定，"只要当事人提出了续封申请，人民法院就有义务实施查封措施"。理由如下：

1）申请续封是当事人意思自治的权利，也是法律赋予给当事人的法定权利，任何人无权剥夺。只要当事人提供了续封担保并提出续封申请，人民法院就应当无条件地采取续封措施。

2）在当事人申请续封提供了担保的情形下，若人民法院依当事人申请而采取查封措施出现错误，其责任也在于当事人而不在于人民法院。故人民法院也没有理由不采取续封措施。

3）即使当事人没有将该送达"公告"刊登于《人民法院报》或任何报刊，也不能必然地推论出放弃了其债权，因为人民法院委托当事人将"公告"刊登于报刊一般是没有期限限制的，也就是说没有必须在什么时间内刊载于某报刊的限制，故本案原告（供方）事实上没有将该"公告"刊登于《人民法院报》或任何报刊，也不能必然得出其放弃债权的结论。

4）依《民事诉讼法》第84条"受送达人下落不明，或者用本节规定的其他方式无法送达的，公告送达自发出公告之日起，经过六十日，即视为送达。公告送达，应当在案卷中记明原因和经过"的规定，公告送达应当是人民法院的当然义务而并非当事人的当然义务，故即使当事人没有将"公告"刊登于报刊，某区人民法院也有采取补救措施的责任，更何况《民事诉讼法》第220条规定和赋予了人民法院可以对债务人的财产进行查封的职权。

5）人民法院所有的"公告"一般都有"自本公告发出之日起六十日内到本院某某某领取民事判决书，逾期即视为送达"的内容，而本案的该"公告"至本案原告（供方）申请续封时止，也还没有刊登于任何报刊上，这证明本案的民事判决书还没有达到"逾期即视为送达"的成立条件。这相对于本案被告（需方）来讲,本案的民事判决书仍然没有生效,还处在一种生效与否的或然性当中。因此,为体现法律的公平与正义,为提高执法效率,依法、及时保障当事人权益,最大程度促进物的流转使用,某区人民法院仍然有必要接受本案原告(供方)的续封申请,在迅速采取续封措施的基础上,有必要督促原告(供方)在一定期限内将"公告"刊登于《人民法院报》或任何报刊,或由某区人民法院直接将"公告"刊登于《人民法院报》或任何报刊,以体现法律文书的严肃性、威严性与强制性。

这只是笔者的独家见解,是否符合立法宗旨或利于司法实践,请各位同仁参与讨论并指正或发表高见。

总之,查封措施,作为人民法院履行审判、执行职责的一种重要手段保障,体现了国家的强制力,无疑在实施中牵涉到社会的各个方面,不仅有当事人的参与,还会涉及第三人的利益以及协助执行部门的相关责任。因此,查封措施的实施,必须坚持严格依照法律规定的程序进行,做到严谨、规范适用。在此,笔者希望最高人民法院在调查论证的基础上,有必要对类似续封的程序问题与实际操作问题做出明确规定并予以细化和规范化。

(原载 2012 年第 17 期《大观周刊》杂志)

(二十四)试析一审民事判决书公告送达

民事判决书是人民法院依照法定程序受理民事案件后,根据相对应的证据能够证明的事实和相关法律规定,按照法定要求和格式,针对当事人的诉讼请求而制作的具有法律效力的文书。然司法实践中的公告送达方式因其各异,导致人民法院不能及时送达诉讼文书或送达错误,既损害了另一方当事人的合法权益,也牵扯了人民法院大量的时间和精力。公告送达因涉及法律文书的生效与否,故送达程序与审判程序同等重要。人民法院在送达法律文书时应力争做到精、细、准,并可采用在互联网络上设置公告专页的方式来进行公告送达。

民事判决书是人民法院依照法定程序受理民事案件后,根据相对应的证据能够证明的事实和相关法律规定,按照法定要求和格式,针对当事人的诉讼请求而制作的具有法律效力的文书。人民法院的一审民事判决书采用的格式中,尾部均有一段交待诉权的话:"如不服本判决,可在判决书送达之日起十五日内,向本院递交上诉状,……"。对此的通常理解是:不管当事人是否上诉,民事判决书在送达之日起十五日内均不生效。这个十五日时间一般称作上诉期,上诉期届满,如双方当事人不上诉,则该民事判决书开始生效;如有一方上诉,则该民事判决书的效力需待二审裁判后才能确定,处于一种待生效状态。由此,一审民事判决书的生效就涉及送达问题了。

《中华人民共和国民事诉讼法》(以下简称《民事诉讼法》)第141条规定,"最高人民法院的判决、裁定,以及依法不准上诉或者超过上诉期没有上诉的判决、裁定,是发生法律效力的判决、裁定。这就是说一审判决书的生效日期是上诉期间届满之日的次日"。

最高人民法院《关于适用〈中华人民共和国民事诉讼法〉若干问题的意见》法发(92)第22号(以下简称《民诉法意见》)第165条规定,"一审判决书和可以上诉的裁定书不能同时送达双方当事人的,上诉期从各自收到判决书、裁定书的次日起计算"。

从上述规定可以看出,一审判决书的生效日期是上诉期间届满之日的次日。判决书如不能同时送达双方当事人的,应以后收到判决书的当事人的上诉期届满的次日为判决书的生效日期。这也就是说先收到判决书、裁定书的当事人的上诉期届满后,其判决书、裁定书并未生效,只是该当事人已丧失上诉权,不能提出上诉了,因为后收的当事人仍有权提起上诉,待等到后收到判决书、裁定书的当事人的上诉期届满后,一审判决书、裁定书才生效。

笔者所遇到的一起案件,就是因为送达问题而涉及一审判决书未能生效的典型的案例。

案例:2011年1月7日,某区人民法院对一起欠款纠纷案件做出民事判决,判决被告(需方邓某某,下同)于本判决生效之日起十日内向原告(供方郭某某,下同)支付贷款贰拾捌万元(¥:280 000元)及逾期付款利息(利息按中国人民银行公布的同期同类贷款利率计算,从2010年2月1日起至2010年8月1日止)。

当某区人民法院向被告送达该民事判决书时,却发现其下落不明,故在2011年1月14日送达该民事判决书于原告时,依《民事诉讼法》第84条公告送达的规定,同时将应送达于被告的"公告"交原告并嘱其刊登于《人民法院报》,然后将"公告"样报交回于某区人民法院。

原告收到某区人民法院该民事判决书与应送达给被告的该民事判决书和登报"公告"后,认为该民事判决书有些不合情理便没有将该"公告"刊登于《人民法院报》或任何报刊，直至 2011 年 10 月 18 日查封期限即将届满的前 10 天（2011 年 10 月 8 日），原告向某区人民法院提出续封申请，要求某区人民法院续封被告价值 30 万元人民币的车辆时，某区人民法院方知原告收到该民事判决书与应送达给被告的该民事判决书和登报"公告"后，既没有依法将该"公告"刊登于《人民法院报》或任何报刊，也没有提起上诉，更没有申请强制执行，从而形成该民事判决书对原告而言已经生效，对被告而言依法尚未生效的待生效情形。由于某区人民法院承办该案的法官已调离法院工作岗位，故对原告的续封申请。某区人民法院认为不管应否对被告价值 30 万元人民币的车辆进行续封，首先要将涉案民事判决书送达被告，然后才能决定续封事宜。

要将涉案民事判决书送达被告，遂产生如下争议：

1）涉案民事判决书必须要送达被告，是继续要求原告将该"公告"刊登于《人民法院报》或任何报刊来送达，还是应当由某区人民法院来直接公告送达？

2）如果说仍然要求原告继续将应送达于被告的"公告"刊登于报刊对被告进行送达，原告若仍然采取婉拒方式怎么办？

3）如果由某区人民法院依法公告送达，而应当送达于被告的该民事判决书由于原告的失误至今事实上未能送达，依《民事诉讼法》第 135 条（普通程序审限）或第 146 条（简易程序审限）关于审限的规定，至今未送达于被告的涉案民事判决书因超过法定审限的责任谁负？对此应如何处理？

4）"公告"送达与续封措施应当分别实施还是应当同时进行？《民诉法意见》第 88 条明确规定，"公告送达，可以在法院的公告栏、受送达人原住所地张贴公告，也可以在报纸上刊登公告；对公告送达方式有特殊要求的，应按要求的方式进行公告。公告期满，即视为送达"。上述规定表明，除对公告送达方式有特殊要求的以外，既可以在法院的公告栏张贴公告以示送达，也可以在受送达人原住所地张贴公告以表明送达，还可以在报纸上以刊登公告形式来实施送达。这其中，并没有人民法院委托或依赖于当事人公告送达的规定。依此，对涉及争议的第一、二个问题就排除在外迎刃而解了，因为在现行的法律法规中，并没有人民法院委托或依赖于当事人公告送达的相关规定。

关于超审限的责任和如何处理问题？笔者认为，本案中某区人民法院的责任是显而易见的。虽说原告收到某区人民法院该民事判决书与应送达给被告的该民事判决书和登报"公告"后，认为该民事判决书有些不合情理便没有将该"公告"刊登于《人民法院报》或任何报刊存在着一定的责任，但这个责任的引起也是因某区人民法院的委托或交待而造成的，责任的根源仍然在某区人民法院。因此,某区人民法院有责任采取一定的补救措施,以尽对被告送达民事判决书的义务。笔者认为,某区人民法院可以在程序上依《民事诉讼法》第135条的规定,以报请本院院长或上级人民法院批准的方式来延长审限,然后再依《民诉法意见》第88条规定的公告送达方式,来对被告实施送达。这样既达到了保护和尊重法律文书严肃性的目的,也起到了不损害当事人利益的实际效果。

至于"公告"送达与续封措施应当分别实施还是应当同时进行?笔者认为这要取决于某区人民法院的实际操作。《民事诉讼法》第92条规定,"人民法院对于可能因当事人一方的行为或者其他原因,使判决不能执行或者难以执行的案件,可以根据对方当事人的申请,做出财产保全的裁定;当事人没有提出申请的,人民法院在必要时也可以裁定采取财产保全措施"。这说明采取财产保全措施的目的是为了判决的顺利执行。而公告送达的目的也是为了使民事判决书生效,然后顺利地进入执行程序。故此,"公告"送达与续封措施应当分别实施还是应当同时进行没有争议的必要,谁先谁后或同时进行均不违反现行法律规定,只能以某区人民法院在实际操作中视情而定。

上述案情告诉人们,本案产生的争议都是因送达问题而引发的。民事诉讼中的送达,是指人民法院依照法定的程序和方式,将诉讼文书送交给当事人的和其他诉讼参与人的行为。诉讼文书一经送达便会产生一定的法律后果。它是人民法院审理民事案件的重要法律程序,送达质量的好坏直接影响案件的质量。

既然一审判决书的生效涉及送达问题,则证明民事判决书的送达程序也是非常重要的。因此,人民法院理应当将民事判决书的送达程序,特别是公告送达程序等同于审判程序一样重要,力争做到精、细、准。

然而司法实践中的公告送达方式,各地人民法院做法不一,有的只在法院公告栏内张贴,有的在受送达人的住所处张贴,有的自选地方随意张贴,有的直接登报公告送达,还有的将公告委托或交于一方当事人登报送达(如本案)。总之,各地人民法院在公告送达的程序上和方式上均存在不规范现象。有必要统一公告送达程序,确保公告送达的合法有效。笔者认为,不管是何种公告送达,必须具备以下三个要件:①须有送达人员与了解案情的案外人的谈话笔录;②须在受送达人的住所地、人民法院公告栏内张贴或将送达公告刊载于某报刊;③必须由审理该案的某人民法院的承办法官或书记员具体实施。其实,随着互联网络的发展和普及,互联网络已成为人们日常生活中关注的中心,人民法院还可以利用互联网络在人民法院网或相关互联网络上设置公告专页,专门向当事人送达民事判决书等法律文书,这样即降低了当事人的诉讼成本又减少了公告送达中的人为拖延环节,同时还能起到与报纸异曲同工的作用。更何况互联网的传播速度快且费用又低廉。笔者认为,在不久的将来,它必将成为提高人民法院审判效率的、有效的、法定的送达方式。

笔者力图阐述民事判决书的送达问题,以期能引起同行们的共鸣,来共同探讨人民法院公告送达法律文书的程序与方式。

(原载 2012 年总第 39 期《深圳律师》)

二、以案说法篇

（一）审计事务所不能成为变更执行义务主体

案例：1993年3月5日，A县审计事务所接受B镇商业土产贸易公司（以下简称B公司）的申请为其验证公司注册资本，指派注册会计师梁某负责审验。梁某依法进行了审核，根据B公司开办单位B镇工业站的证明以及某建设银行办事处为B公司出具的"商业土产贸易公司在我行开户，存款余额为人民币伍拾万元整"资金证明，审验B公司注册资金为人民币40万元。1995年B公司因与C单位业务上的关系涉讼败诉，继而B公司全体经营人员携款潜逃，造成人民法院无法执行局面。

事后，C单位依最高人民法院《关于适用中华人民共和国民事诉讼法若干问题的意见》（以下简称《意见》）第272条规定，要求人民法院追加A县审计事务所为被执行人。人民法院在审查C单位申请时，产生了意见分歧，主要有以下两种意见：

1）A县审计事务所的验资数额与某建行办事处的资金证明数额不符，有虚假成分，故根据《中华人民共和国企业法人登记管理条例施行细则》第67条规定和最高人民法院《关于会计师事务所为企业出具虚假验资证明应如何处理的复函》精神，可追加A县审计事务所为本案被执行义务主体（即被执行人）。

2）A县审计事务所出具的验资报告并不虚假，应予采信。另外，验资事情发生在1993年3月，在此之前，法律并无像A县审计事务所这样的职能机构因工作失误或虚假（何况A县审计事务所并不存在上述情况）应承担赔偿责任的明文规定。所以，按照法律有明文规定的依规定办的原则，A县审计事务所不应被追加为本案的被执行义务主体。

关于以上案例,笔者有以下几点想法。

1. 就法律适用而言,A县审计事务所不可能成为变更执行义务主体

在我国,执行义务主体的变更被称为执行承受,根据《民事诉讼法》第213条的规定及有关司法解释,执行承受有以下几种情况:①作为被执行人的法人或者其他组织分立、合并及其撤销后的执行承受;②作为被执行人的法人或者其他组织名称变更后的执行承受;③作为被执行人的公民死亡后因继承而引起的执行承受;④其他组织履行不能而产生的执行承受。

依照上述法律规定及司法解释,可以看出,A县审计事务所既非B镇B公司分立、合并及其撤销后的执行承受人,也非该公司名称变更后的既有主体,更与公民死亡后因继承而引起的执行承受无关。那么,第四种情形是否适用呢?即C单位的主张能否成立呢?最高人民法院《意见》第272条对此是这样规定的:"其他组织在执行中不能履行法律文书确定的义务的,人民法院可以裁定执行对该其他组织依法承担义务的法人或者公民个人的财产。"本条的立法原意在于明确法人或者公民对其所出资设立的其他组织(如分支机构、合伙等)在履行不能时应承担的连带责任。然而该案中,B公司不属于根据《意见》第40条规定的其他组织,且A县审计事务所也并非是与B公司有投资关系而对B公司承担义务的法人或公民。所以,C单位不能援引《意见》第272条申请变更执行义务的主体,而A县审计事务所也不可能是B公司的执行承受人。

2. 就法律程序而言,A县审计事务所不可能被"追加"为被执行人

因为这个"追加"在程序法的法理及现有司法程序中都是讲不通的。所谓被执行人,即根据法律文书负有义务,被人民法院通知履行义务的人。所谓"追加",在民事诉讼中一般指法院通知未涉诉的当事人参加诉讼。从法理上讲,任何未经过法定程序确定其权利义务的人都不应成为强制执行的对象。从民事诉讼程序上讲,执行的首要条件是有已生效的法律文书作依据。因此,任何人未经法定程序及其有效的法律文书予以确认其权利义务,不能成为被执行人。而在执行程序中,"追加"被执行人更是毫无依据。故本案第一种意见事实的认定即使是正确的,其结论也是错误的。

3. 就本案事实而言,A县审计事务所不应对B公司的债务承担连带赔偿责任

1)A县审计事务所没有出具虚假验资证明的故意。因为在现有法律、法规

（如《公司注册资本登记管理暂行规定》、《全国人大常委会关于惩治违反公司法犯罪的决定》）以及第一种意见所引用的司法解释中对验资机构、评估机构的违法行为乃至犯罪行为的规定均体现为一种故意行为，这是上述机构承担民事责任及刑事责任的必要前提，但本案中没有证据表明 A 县审计事务所故意作假。

2）在不能证明 A 县审计事务所有无出具虚假验资证明的故意时，应以其是否依照合法的程序进行验资作为判断的标准，所以本案在事实认定上的关键就在于建行办事处为 B 公司出具的 50 万元余额存款证明能否作为验资依据。这里的确存在第二种意见所坚持的法律的溯及力的问题。虽然 1994 年以后，许多地方都对企业注册的入资审验问题加强了法律约束，但在 1994 年之前，一般只要有上级主管单位的证明及其拨款后银行出具的一份资金证明即可，即使企业注册后又抽逃资金，也不能因此来否定上述验资程序的合法性。

可见，A 县审计事务所是不应承担赔偿责任的，第二种意见虽然在思路上是可以肯定的，然而它以"当时没有对验资机构因验资失误应承担赔偿责任的明文规定"为依据却又是不正确的。

综上所述，A 县审计事务所既不能成为本案的被执行人，也不应对公司债务承担赔偿责任。

（原载 1997 年 3 月 5 日《中国律师报》）

（二）是危害公共安全还是故意杀人

案例：胡某因出谋划策，伙同他人实施抢劫被公安机关抓获，自认为罪大恶极，为了逃避法律的制裁，几次企图自杀未成。此后在公安机关将胡某押往看守所的途中，遇一辆东风汽车迎面驶来，在二车相距约 20 米处，胡某突然从座位上跃起扑向司机，用右手抓住方向盘并用力向左方打，由于押送民警和司机采取了紧急措施，才使两车没有相撞。胡某在供述其行为动机时称："不撞车我就死不了，撞车我死了，车上的人也都跟着死。我死了就不管他们的死活了。"

胡某的行为显然已构成犯罪，但应定何罪为宜，办案人员有以下两种意见：

1）胡某的行为构成以其他危险方法危害公共安全罪。其理由是：胡某明知自己的行为会造成车毁人亡的结果,却故意乱打方向盘,符合我国现行刑法规定的危害公共安全罪的特征,即故意或过失地危害不特定的多数人的生命、健康、重大公私财产安全。虽然胡某的行为由于受到及时的制止,避免了危害结果的发生,但其行为对不特定的多数人的人身安全和公私财产安全构成严重威胁,因此对胡某的行为应定以其他危险方法危害公共安全罪。

2)胡某的行为构成故意杀人罪(未遂)。从主观方面看,胡某的行为是故意的,且属间接故意。从表面现象看,胡某行为的动机只是想要自杀,但是他明知由于自己的行为不仅可能造成二车的相撞毁损,更为严重的是可能造成二车上所有人员的伤亡后果,还是积极实施撞车行为,按胡某自己的话说,"我死了就不管他们的死活了"。可见胡某对他人的死亡结果持放任态度,其在主观方面具有杀人的间接故意。另外,从客体方面看,胡某的行为所侵犯的客体不是公共安全,而是他人的生命权。因为胡某的行为在主客观方面有着特定的指向对象,即本车及车上所载人员(包括他自己)的人身安全。虽然撞车行为也可能造成其他车辆及人员的毁损和伤亡结果,但在客观方面,其可能造成的实际危害结果的范围还是有局限的(即特定的本车和相撞车辆上的特定人员),而非不特定的多数人的人身及财产安全。所以,胡某行为的性质属于间接故意杀人,应以故意杀人(未遂)对其定罪量刑。

(原载 1997 年 4 月 22 日《检察日报》)

(三)小孩砸伤路人,代为看管者应否赔偿

案例:一日,王某上街买菜时把自己年仅 4 岁的男孩刘央托付给邻居李某照看,不料刘央在玩耍时将一小玻璃瓶从三楼窗口扔下,恰巧落在行人张某的头上,将张某砸伤,张某为此花去医药费等费用共计人民币 2 500 余元。在张某医药费承担的问题上王某与李某相互推诿。

王某认为,自己身为刘央的法定监护人,对刘央砸伤张某理所当然地要承担监护人应承担的赔偿责任,但是,在刘央砸伤张某时,他的监护责任已依法转移到了李某,正是由于李某监护不力,存在一定过错,因此该赔偿责任理应由李

某承担。

李某则认为,自己既不是刘央的法定监护人,也不是刘央的特定监护人,王某托付其照看刘央属于义务性质,难道说做了好事还要赔钱?他坚持不赔。

人民法院审理时,也出现了两种观点:①持李某观点的人认为,王某托付李某照看刘央,并未支付相应对价,显然有悖于《中华人民共和国民法通则》(以下简称《民法通则》)的公平、等价、有偿原则精神,因此,李某不应承担赔偿责任。②持王某观点的人则认为,李某既然受托照看刘央,则应尽代理监护责任,代理人不履行代理职责而给被代理人造成损害的,应当承担民事责任。

对于上述两种观点,笔者均不敢苟同。针对本案,首先必须弄清王某与李某之间所形成的关系。刘央4岁显然是无民事行为能力的未成年人,他的法定监护人王某上街买菜将刘央托付于李某看管,这就意味着将自己的监护责任委托给了李某,李某是受委托人,尽管当时王某是口头委托,但这种委托并不违反法律规定,同时也得到李某的默认和认可。根据《民法通则》第133条和最高人民法院《关于贯彻执行〈中华人民共和国民法通则〉若干问题的意见(试行)》第22条的规定,"无民事行为能力人、限制民事行为能力人造成他人损害的,由监护人承担民事责任。监护人尽了监护职责的,可以适当减轻他的民事责任"。"监护人可以将监护职责部分或者全部委托给他人,因被监护人的侵权行为需要承担民事责任的,应当由监护人承担,但另有约定的除外;被委托人确有过错的,负连带责任。"从案情中可以看出,本案中的王某(法定监护人)与李某(被委托人)之间并没有约定,且李某对刘央致张某损害无故意过错,因此,对于赔偿受害人张某损失的责任应由刘央的法定监护人王某承担。但是,从案情中还可以看出,由于李某在看管刘央的过程中存有疏忽大意,才造成了刘央将玻璃瓶从三楼窗口扔下砸伤张某的损害结果,对此,李某有不可推卸的责任。再从民事违法行为和损害事实之间的因果关系来看,张某受损害决定性作用的原因是李某未尽到看管职责(不作为)的行为所造成。李某看管刘央不周的过失责任明显,所以,李某对此亦承担连带责任。

（原载1997年4月22日《湖北法制报》）

（四）谁来承担这起案件的责任

案例：1994年7月7日，某粮贸公司经其主管部门棉花原种场同意并报县工商局批准成立，注册资金为692万元，法定代表人张某，经营期间自1994年6月27日至1998年6月27日止。1995年3月2日，工商局经审核认为其资金发生变化，于同年4月8日报请主管局长同意办理注销登记，但至今也未见到办理注销登记的正式手续。1995年2月27日，某粮贸公司在未经棉花原种场同意的情况下，自行向工商局申请办理变更注册登记，将公司变更，同时变更法定代表人。次日，工商局在只收到公司申请书和营业执照后，便自行签字变更，但至今也不见办理变更的正式手续及颁发给变更后公司的营业执照。1995年3月25日，棉花原种场发现公司的招牌变更，遂发文将某粮贸公司撤销，同时撤销了更名后的公司，且将该文送至工商局，工商局收件后未置可否。1995年5月17日，变更后的公司以自己名义与某县粮油购销站签订了一份玉米购销合同。合同约定购销站6月上旬交玉米600吨给公司，价格为1680元/吨，先款后货。同日，购销站遂送317.07吨玉米给公司，公司即付款24万元。当天，双方签订了结算协议，约定公司在10日内将余额286336.2元按时付清。1995年6月1日，购销站与变更后的公司就玉米购销事宜签订补充协议书，约定原协议一律作废，购销站所供玉米降价为1640元/吨，由变更后的公司实销代付货款。当日变更后的公司又付给购销站8万元货款，余款在同年6月6日结算。1996年5月11日，购销站以变更后的公司为第一被告、棉花原种场为第二被告向公司所在地人民法院提起诉讼，要求两被告立即清偿所欠货款及利息计189280.4元，并赔偿经济损失。

人民法院受理此案后，公开开庭审理了此案，由于变更后的公司已倒闭关门，未能通知其参与诉讼。法院经审理后认为，原告购销站与被告变更后的公司签订的协议有效，补充结算协议是对原协议的补充，也应为有效。被告变更后的公司长期不还清货款应承担主要责任。被告棉花原种场应承担连带责任。判决被告变更后的公司赔偿经济损失36711元，共计214063.2元，限判决发生法律效力之日起10日内付清。

一审宣判后,棉花原种场认为不应承担连带责任,遂提起上诉。对于此案,笔者认为,有两个关键问题值得注意。

1. 棉花原种场签发撤销公司的文件后的责任承担问题

一审中是以棉花原种场的撤销文件来认定棉花原种场承担连带责任的。笔者认为在棉花原种场撤销公司之前,应负连带责任,公司撤销后则不应负任何责任了。变更后的公司于棉花原种场撤销文件下发后近两个月时间与购销站做生意,其欠款与棉花原种场没有什么牵连,棉花原种场则不应承担责任,变更后的公司继续打着被撤销公司的招牌做生意,具有诈骗性质,应由其自己承担责任。

2. 工商局不依法办理变更事项,公司行为的法律后果由谁承担

公司在向工商局申请变更公司时,仅仅向工商局提供了公司的申请书和营业执照,连起码的原主管单位同意变更的文件都没有,主管单位同意变更法定代表人的文件也没有,工商局就办理了签字变更手续,这当然是不合法的。《中华人民共和国企业法人登记管理条例施行细则》第40条规定,"企业法人根据《条例》第17条规定,申请变更登记时,应提交下列文件、证件:(一)法定代表人签署的变更登记申请书;(二)原主管部门审查同意的文件;(三)其他有关文件、证件"。《中华人民共和国公司登记管理条例》同时规定,"公司变更名称、变更法定代表人,应当自变更决议或者决定做出之日起30日内申请变更登记,公司变更注册资本的,应当提交具有法定资格的验资机构出具的验资证明"。依照上述法律规定,纵观本案实际,笔者认为:工商局办理变更手续的行为无效,属于滥用职权的行为,公司披上合法的外衣后从事经济行为的责任应由工商局承担,工商局应承担行政赔偿责任。

(原载1997年8月8日《湖北法制报》)

(五)劳动争议案件人民法院可直接受理吗

案例:1996年6月,陈某、刘某、朱某3人合伙承包了A公司下设的B宾馆,同时以 A 公司名义录用李某、胡某等 28 名服务员,要求每名服务员交培训费 300 元、服装费 1 000 元,培训三个月后上岗。1997 年 7 月,陈某、刘某、朱某 3 人为承包问题产生分歧,致承包合同无法继续履行并导致终止。同年 8 月,张某承包了 B 宾馆,无故解雇了李某、胡某等 28 名服务员,全体服务员在几经交涉无果的情况下,遂于 1997 年 9 月以 A 公司、B 宾馆违约要求继续履行劳动合同为由向 C 市人民法院提起诉讼。

人民法院受理此案后,审判人员对此案属劳动争议无异议,但在劳动争议案件的处理程序上产生了两种分歧意见:

1)劳动争议仲裁程序是法定的必经程序。《中华人民共和国劳动法》第 79 条规定,"劳动争议发生后,当事人可以向本单位劳动争议调解委员会申请调解;调解不成,当事人一方要求仲裁的,可以向劳动争议仲裁委员会申请仲裁。当事人一方也可以直接向劳动争议仲裁委员会申请仲裁。对仲裁裁决不服的,可以向人民法院提起诉讼"。持该观点的人认为,该条规定的是对劳动争议处理程序的具体规定,对直接申请仲裁做了明确说明,而对于直接起诉就没有明确规定,法条中"仲裁裁决不服"是向人民法院起诉的前置条件。因此,李某、胡某等 28 名服务员不能直接向人民法院起诉,应经过法定的仲裁程序。否则,人民法院应裁定驳回其起诉。

2)劳动争议仲裁程序不是法定的必经程序。其理由为,李某、胡某等 28 名服务员可以不经劳动争议仲裁程序而直接向人民法院起诉。其依据是《中华人民共和国劳动法》第 77 条第 1 款的规定,"用人单位与劳动者发生劳动争议,当事人可以依法申请调解、仲裁、提起诉讼,也可以协商解决"。该条就明确说明了解决劳动争议的两类方法:①自行协商解决;②通过调解、仲裁、诉讼解决。该法条将调解、仲裁、提起诉讼同时并列,说明三者可以任其选择,即当事人可以直接选择调解,可以直接选择仲裁,也可以直接选择诉讼。应当说,三者的受案范围是一致的,即凡是可以申请调解的劳动争议,当事人可以自行申请仲裁或提起诉讼。至于调解、仲裁、提起诉讼三者之间的相互关系问题,《中华人民共和国劳动法》第 79 条则做了具体补充,列出了三者之间的相互关系,即调解不成,当事人一方要求仲裁的,则进入仲裁程序;而当事人一方对仲裁裁决不服,还可以向人民法院提起诉讼。这个补充说明告诉我们,仲裁的效力高于调解,诉讼的效力高于仲裁,从而说明诉讼是解决劳动争议的最终处理程序。所以,李某、胡某等 28 名服务员直接向人民法院提起诉讼并无不妥。

笔者认为,第二种观点同第一种观点相比,在审判实践中扩大了劳动争议的受案范围,完善了劳动争议的救济程序,有效地保护了广大劳动者的合法权益,有利于社会安定,符合立法者的本意。第一种观点对《中华人民共和国劳动法》第79条的理解比较片面,依此观点而言,劳动争议当事人在劳动争议发生后还必须先向本单位劳动争议调解委员会申请调解,显见其与立法者本意相悖。第二种观点在劳动争议的处理程序上总体把握,认为《中华人民共和国劳动法》第77条第1款列出的是发生劳动争议的三种处理方式,第79条是补充解释,理顺了调解、仲裁和诉讼的相互关系,是比较全面而客观的理解。

(原载 1997 年 12 月 12 日《湖北法制报》)

(六)零头的奥秘

案例:刘某,女25岁,系某市人民医院门诊收费处收银员。从1997年11月至1998年8月的10个月期间,利用其收银不找病员零头钱(如三分、五分、一角、二角等)的机会多收应找给病员的零头钱计8 300余元据为己有。

案发后,被公安机关抓获,对刘某的定性,有以下四种不同意见:

1)刘某的行为构成贪污罪。其理由是:刘某身为国家工作人员,利用职权非法多收取的款项,其所有权应属于国家。因为,病员只会认为其零头钱由医院收取再上缴国家。所以,刘某利用职务之便侵吞的是公款,且数额巨大,其行为应构成贪污罪。

2)刘某的行为属于侵占罪的范畴。持此种观点的人认为,刘某利用职务之便多收取的款项应上交某市人民医院,故其多收取的款项的所有权应属于某市人民医院,刘某明知多收取的款项应交单位而非法占为己有,其行为符合侵占罪的特征。

3)刘某的行为应定为诈骗罪。该观点认为,刘某非法占有的款项不管应归谁所有,都属于一种诈骗行为。对于国家和单位而言,刘某的非法占有,采取的是隐瞒真相、虚构事实(没有多收)的方法来达到非法占有的款项为目的的;对于病员而言,毫无疑问是采取了同样的手段,(即虚构事实、隐瞒真相,称没有零钱找)来骗取钱财,虽然刘某每次骗取的数额不大,但因其连续作案的数额已达巨大,故应以诈骗罪定罪科刑。

4)刘某的行为不构成犯罪,认为是新刑法实施过程中出现的新情况。虽然刘某的行为具有一定的社会危害性,性质上也确实类似于上述罪行,但根据新刑法"罪刑法定原则"综合分析,刘某的行为刑法没有规定其为犯罪,即法无明文规定不为罪,法无明文规定不处罚。正因为刘某的行为新刑法没有明文规定,所以只能认定其所非法占有的款项为不当得利,然后依照我国民法关于适用不当得利的有关规定来予以追缴。

(原载 1998 年第 12 期《中国律师》)

(七)货物丢失该咋赔

案例:1998 年 11 月 2 日,汉川市城关镇鲍家坡个体户陈文利在北京购得 66 122 元的皮服后,到北京贝乐托运站办理铁路货物托运手续,到站为湖北省的孝感站。同年 11 月 3—4 日陈文利多次到孝感火车站提货,但均被告知货未到。11 月 5 日下午,陈文利打电话到孝感火车站查询,得知一位叫陈双喜的送货人已送货到汉川,约 1 小时后陈双喜又电话告知陈文利其货未到。同年 11 月 6 日上午 10 时许,陈双喜在未告知陈文利货已到的情况下将货送到了汉川。货到后,陈文利经当场清点发现货物短少,于是与陈双喜一同返回孝感火车站经复称,货物短少 40 公斤,价值为 27 793 元。陈文利于是到孝感火车站公安派出所报案。后经多次协调赔偿事宜未果,陈文利不得已将武汉铁路分局作为被告诉之公堂。

1. 庭　辩

1999 年 7 月 15 日,武汉铁路运输法院受理了此案。法庭上,双方代理人唇枪舌剑,各执一词。原告认为,货物短少是由于承运人的故意或重大过失所造成的,理由是:①该批货物在河南省郑州站停留时间长达 68 小时,河南省郑州站明知包装有异状(即破口,且不是"#"字型包装,不是机器缝口),竟不做任何处理并继续发运。②湖北省孝感站行李员及搬运工在卸完货后到拉货回行李房的过程中,有一段时间原告的货物处于无人看管状态,可能由此导致货物损失,这一行为若非故意也难脱重大过失之责。③湖北省孝感站行李员胡爱珍在陈双喜没有领货凭证的情况下,擅自将货交付给他,是明显的违规行为,原告的货物短少,被告无法说明与此没有必然联系。因此,被告应赔偿原告实际经济损失 27 793 元。

被告辩称,原告货物短少 40 公斤是事实,但原告要求赔偿实际损失 27 793元的请求不能成立。理由是:①原告托运时未声明货物价格,其自称托运货物价值 66 122 元、损失 27 793 元是没有合同依据的,原告以没有任何印鉴的进货单企图证明货物的价值是没有法律效力的。②原告的货物没有办理保价运输,且又举不出任何证据证实承运人的行为构成了故意或重大过失,不具备按实际损失赔偿的法定条件,根据《中华人民共和国铁路法》第 17 条和《铁路旅客及行李包裹运输规程》第 57 条的规定,本案只适用限额赔偿,即只能赔偿 600 元。

2. 审 查

法院经审理查明 1998 年 11 月 2 日,原告在北京将一批服装交由北京贝乐托运站办理铁路货物托运。包裹票上记载:托运人贝乐托运站,收货人陈文利,品名服装,包装种类编织袋,件数 4 件,实际重量 185 公斤,运费 270.1 元。该批服装既未保价,亦未声明价格,发货时外包装为编织袋、机器封口、打包。货物于 1998 年 11 月 3 日运到河南省郑州站中转,11 月 5 日由 557 次列车装出并于11 月 6 日凌晨 5 时多到达湖北省孝感火车站。车站行李员胡爱珍及搬运工陈山清卸货时发现有一件包装破口一寸左右,遂要求列车行李员韩某签认,当时4 件包装均为塑料绳人工封口。随后二人同另一搬运工郑必峰将货拉回行李房过秤,发现货物比记载的少了 40 公斤。称货过程中孝感车站公安民警高保堂也前往查看过。当日早上 7 点多钟,在车站替人送货的陈双喜到行李房提取该批货物,自称与收货人陈文利很熟,是受其委托提货,并把陈文利留给他的该批货物的发站、票号、件数、品名、重量等告诉了行李员胡爱珍。于是,胡爱珍就将货交给了他,随后又于 8 点 30 分发电报给郑州站行李房查询货物短少情况,并编制了货运记录。陈双喜同司机上午 9 时多将货运到汉川交给收货人陈文利时,陈文利称货少了,于是当日 11 时左右又将货拉回孝感车站核实,发现货物确实短少 40 公斤,遂要求车站赔偿短少服装实际损失 27 793 元,但被告只同意限额赔偿 600 元。

3. 判　　决

法院认为,铁路运输企业作为承运人与托运人、收货人之间的铁路货物运输合同关系成立后,承运人就应当将货物准确、安全、及时地运达到站并交付给收货人。承运人对承运的货物、包裹、行李自接受承运时起到交付时止发生的丢失、短少、变质、污染或损坏,应当承担赔偿责任。但本案原告的货物在托运时没有办理保价运输,且又不能证明货物的短少是由于承运人的故意或重大过失所造成,因此原告要求按短少部分货物的实际价值全部赔偿的请求不能成立。根据《中华人民共和国铁路法》和铁道部《旅客运输规程》的有关规定,判决如下:

1) 被告武汉铁路分局赔偿原告陈文利货物损失 600 元(即每公斤 15 元),退短少部分铁路运费 58.4 元,两项共计 658.4 元,于判决生效后 10 日内付清。

2) 驳回原告其他诉讼请求。本案诉讼费 1 122 元,由原告承担 600 元,被告承担 522 元。

对此判决,原告陈文利不服,已于同年 8 月 9 日向郑州市铁路运输中级法院提起上诉。郑州市铁路运输中级法院经审理后认为,被上诉人武汉铁路分局,其在接受上诉人陈文利办理托运手续后的承运货物过程中,负有将上诉人陈文利办理托运手续后的承运货物安全送达货物托运目的地的责任,但由于被上诉人武汉铁路分局的工作失误,从而造成上诉人陈文利托运货物的丢失,理应承担承运货物丢失的 70%的赔偿责任。最终判决被上诉人武汉铁路分局向上诉人陈文利赔偿经济损失人民币 19 455.1 元。一场托运人与铁老大因托运货物的赔偿纠纷最终落下帷幕。

(原载 1999 年 9 月 15 日《湖北法制报》)

(八)对未成年犯罪嫌疑人采用保证金方式取保候审不妥

案例:2000 年 4 月 10 日,邓某(1986 年 8 月出生)在汉川市马口镇街上闲逛时,与刘、李俩青年发生口角并打斗,致邓某轻微伤。同年 4 月 18 日,邓某邀周、张二人带上凶器在马口镇街上欲行报复,四处寻找刘、李未果。下午15时左右,邓某三人在汉川市第二中学操场上恰遇刘、李又发生殴斗,李某被邓某用匕首刺成重伤(轻度)。

事发后,公安部门将邓某抓获,查知其出生年月为1984年8月,满14周岁但未满16周岁,故对其刑事拘留。在向人民检察院报批的过程中,邓某父母认为邓某出生年月为1986年8月,不满14周岁(后经公安部门查证属实),不应受刑事处罚,同时提出取保候审申请。鉴于此,因公安部门暂未查实邓某出生年月,同意取保候审,但在取保候审的方式上意见各异。

公安部门认为,邓某之父虽系国家干部,可以作为保证人,但为惩罚犯罪和教育与挽救邓某,促其认识自己行为后果的严重性,采用保证金方式取保候审有利于邓某的思想改造,何况刑事诉讼法有明文规定,司法机关可以责令犯罪嫌疑人交纳保证金。因此,对邓某采用保证金方式取保候审并不为错。

邓某家属认为,对邓某不宜采用保证金方式取保候审,其理由为:邓某本身无收入来源,依靠父母抚养,没有能力交保证金。而其父身为国家在职干部,有能力履行保证人义务,故不宜采用保证金方式取保候审。

笔者认为,对邓某采用保证金方式取保候审不妥:①邓某系未成年犯罪嫌疑人,其自我控制力和约束力相对于成年人来讲较弱,容易受社会上各种不良因素的影响和干扰。故责令邓某交纳保证金,让其在取保候审期间自我约束、自我制约是不符合实际的,反而更容易重新危害社会。②对未成年犯罪嫌疑人邓某采用保证金方式取保候审,会影响对其进行法制教育。由于未成年犯罪嫌疑人心理发育还不成熟,文化知识水平较差,对社会上各种现象的认识不深。如果对其采用保证金方式取保候审,容易使其产生犯罪轻松感,会形成一种犯罪不要紧,只要交钱就可免刑或获得人身自由的思想意识,将金钱与法律等同,不利于对其进行挽救教育。③对邓某采用保证金方式取保候审缺乏针对性。因为一般的未成年犯罪嫌疑人都没有独立的经济基础,其生活来源也往往依靠父母或监护人。那么,对未成年犯罪嫌疑人采用保证金方式取保候审在实践中难以实施。④对邓某采用保证金方式取保候审没有法律依据。《中华人民共和国刑事诉讼法》(以下简称《刑事诉讼法》)第53条规定,"人民法院、人民检察院和公安机关决定对犯罪嫌疑人、被告人取保候审,应当责令犯罪嫌疑人、被告人提出保证人或者交纳保证金"。根据立法原意,可以看出:①犯罪嫌疑人、被告人均可取保候审;②取保候审的保证方式应是先提出保证人,其次才是交纳保证金。而交纳保证金的前提是犯罪嫌疑人、被告人必须具备交纳保证金的能力，故《刑事诉讼法》没有规定未成年犯罪嫌疑人以保证金方式取保候审。所以，对邓某采用保证金方式取保候审既不妥，也没有法律依据。

（原载 2000 年 10 月 16 日《湖北法制报》）

（九）约定履约地不是约定管辖

1. 原告以协议约定起诉

1997 年 5 月 22 日，东风汽车公司教培部校办产业公司（以下简称产业公司）与汉川市农业机械公司（以下简称农机公司）签订了一份"神宇"牌农用汽车联销协议（实为代销）。协议约定，产业公司委托农机公司为湖北省孝感地区"神宇"牌农用汽车的总代理，由农机公司代为销售产业公司的"神宇"牌农用汽车，售后每台车给农机公司 1 500 元代销费，农机公司须在农用汽车售后一周内向产业公司承付已售货款。此外，协议还约定了车辆保管、广告宣传、车辆价格、售后服务等事项。另外，协议第 6 条约定，此协议的履约地为湖北省十堰市。

协议签订后，双方履约正常。由于农机公司在 1998 年 3 月自作主张赊销一台农用汽车款未收回（价值 4.88 万元），产业公司故以农机公司为被告，以协议第 6 条"履约地为湖北省十堰市"的约定为由，于 1999 年 5 月 5 日向产业公司所在地的十堰市张湾区人民法院提起诉讼。

2. 庭审缘于简易程序

1999 年 6 月 3 日，十堰市张湾区人民法院及产业公司一行人风尘仆仆赶到农机公司（包括产业公司的诉讼代理人），在未送达起诉状副本和未送达开庭传票的情况下即刻在农机公司会议室开庭。庭审中，农机公司诉讼代理人当庭口头答辩：①庭审违反法定程序。根据《中华人民共和国民事诉讼法》（以下简称《民事诉讼法》）第 113 条规定，农机公司依法享有 15 天答辩期限，而十堰市张湾区人民法院当天送达传票和起诉状副本后当天开庭，显然有违法定程序。②十堰市张湾区人民法院依法不享有本案管辖权。虽然产业公司与农机公司在协议中约定履约地为十堰市,但履约地并不等于合同履行地,更何况本案本身系代销合同,事实上的履行地在汉川市。所以,根据最高人民法院关于适用《民事诉讼法》的有关规定,应将案件移送至对本案有管辖权的汉川市人民法院审理。而产业公司诉讼代理人则认为:本案事实清楚,权利义务关系明确,且争议额不大,应适用简易程序。因此,农机公司不存在享有 15 天的答辩期,法官宣布暂时休庭。

3. 终审还其本来面目

1999 年 6 月 25 日,十堰市张湾区人民法院裁定:虽然被告所在地在汉川市,但原、被告所签合同明确约定"履约地为十堰市",为此,本院享有管辖权。依照《民事诉讼法》及最高人民法院《关于在确定经济纠纷案件管辖中如何确定购销合同履行地的规定》的有关规定,裁定如下:驳回汉川市农机公司对本案管辖权提出的异议。

农机公司自然不服,于同年 7 月 16 日向十堰市中级人民法院提出上诉,农机公司认为:①双方在合同第 1 条中已明确约定农机公司为代销行为;②合同第 2 条为送货制,客观事实也正是如此,至于合同第 6 条中约定履约地为十堰市,但不能视为双方约定为发生纠纷的管辖条款。这是因为:A 履约地与履行地依现代汉语词典的解释并不是一回事,履行地指自己认可和实际履行的地点,履约地则指约定履行的地点,而约定履行的地点是可以变更的。B 本纠纷系代销法律关系,农机公司是以产业公司的名义进行的销售活动,且代销活动中财产所有权的性质并未改变,故不能适用最高人民法院《关于在确定经济纠纷案件管辖中如何确定购销合同履行地的规定》。C 最高人民法院《关于适用〈中华人民共和国民事诉讼法〉若干问题的意见》(以下简称《意见》)第 23 条规定,"民事诉讼法第 25 条规定的书面合同中的协议,是指合同中的协议管辖条款或者诉讼前达成的选择管辖的协议"。而双方在合同中第 6 条约定"履约地为十堰市",并不是双方协议的管辖条款。《意见》第 24 条还规定,"合同双方当事人选择管辖的协议不明确或者选择《民事诉讼法》第 25 条规定的人民法院中的两个以上人民法院管辖的,选择管辖的协议无效,依照《民事诉讼法》第 24 条的规定确定管辖"。综合分析,本案只能依照最高人民法院《意见》第 24 条的规定来确定管辖,然后依照《民事诉讼法》第 24 条"因合同纠纷提起的诉讼,由被告住所地或者合同履行地人民法院管辖"的规定确定管辖。因此,充分说明十堰市张湾区人民法院裁定错误,其适用最高人民法院《关于在确定经济纠纷案件管辖中如何确定购销合同履行地的规定》却忽略了该规定第3条"当事人在合同中对履行地点、交货地点未作约定或者约定不明确的,或者虽有约定但未实际交付货物……均不依履行地确定管辖权"的规定。再者,本案为代销法律关系,农机公司享有的仅仅是代理权,只能以产业公司的名义进行民事活动,或者与产业公司共同进行民事活动,也就是说农机公司不能享有市场经营主体的特定权利,所以不能与购销混为一谈。

最高人民法院在1993年5月6日《全国经济审判工作座谈会纪要》中明文规定,凡是法律有明确规定的,要严格依法办。故本案依照最高人民法院《意见》第23条和第24条以及法发〔1996〕第28号第3条的规定,只能适用《民事诉讼法》第24条的规定,将本案移送至有管辖权的汉川市人民法院审理。

同年8月25日,十堰市中级人民法院经审理后认为,本案系代销合同纠纷案件,合同履行地在汉川市,原裁定适用最高人民法院《关于在确定经济纠纷案件管辖中如何确定购销合同履行地的规定》,实属不当。故裁定:①撤销十堰市张湾区人民法院〔1999〕张经初字第96号民事裁定;②本案移送汉川市人民法院处理。

至此,一起管辖权争议终于落下了帷幕。

(原载1999年10月11日《湖北法制报》)

(十)房上石棉瓦"惹祸",房主须应负赔偿责任

案例:李少杰万万没有想到,湖北省孝感市中级人民法院会驳回上诉,维持原判。这个令她无法接受的现实已确凿无误地摆在面前,已经有了一丝慰藉的心又涌起波涛,那令人撕心裂腑的一刻又闪现在眼前……

那是1999年2月22日(农历正月初七)清晨,春风和煦。李少杰与丈夫邹德勇携子邹礼文(10岁),应邀前往居住于工商银行湖北省汉川市马口镇中心储蓄所宿舍的同学周尚红家作客。一路上,三人有说有笑。刚踏进周尚红家门,一同应邀的同学黄正红及其女儿黄珍(6岁)已先期到达。一切都在友好、愉快地节目气氛中进行着。午餐后,大家有说有笑地玩起了扑克牌,小朋友们

也自然而然地在一起看电视,看小人书或捉迷藏,邹学礼还时不时到邹德勇、李少杰跟前撒撒娇,由于周尚红女儿周瑞(4岁)午睡后吵闹不休,邹礼文与黄珍则到室外玩耍。下午5时许,邹礼文与黄珍在工行宿舍楼三楼平台上玩耍时,邹礼文到平台外缘"U"字型缺口处的石棉瓦上捡砖头,因石棉瓦年久失修腐乱而断裂,致其被摔至一楼水泥地面上,李少杰夫妇闻声后即刻将其送到汉川市第二人民医院和武汉同济医院抢救治疗,但终因回天无术,邹礼文经抢救无效于当天死亡。

事发后,李少杰怀着悲痛的心情找到房主——工商银行湖北省汉川市马口镇中心储蓄所,该所负责人一会儿称过几天商量后再回信,一会儿又称自己不是房主,真正的房主是工商银行湖北省汉川市支行。为此,李少杰委托律师又找了法定的房主——工商银行湖北省汉川市支行,然而,工商银行湖北省汉川市支行负责人就是不表态。1999年5月22日,湖北于勤律师事务所致函工商银行湖北省汉川市支行,希望其接函后3天内速与律师事务所接洽,协商赔偿事宜,但工商银行湖北省汉川市支行收函后杳无音信,恰如黄鹤一去不复返。为了讨说法,使10岁的爱子在九泉之下能安息,李少杰夫妇不得已以原告身份拿起法律武器,一纸诉状将工商银行湖北省汉川市支行推上了被告席。

李少杰夫妇认为,爱子邹礼文遇害虽然自己未尽到监护责任,但被告工商银行湖北省汉川市支行违反国家物业管理法规,对物业疏于管理,不尽法定的管理义务,是导致损害后果发生的根本原因,应承担主要责任。两原告由于爱子遇害,不仅无法安心工作,而且其精神上所遭受的打击的损失更是无法估量。被告理应承担医药费、交通费、丧葬费、精神损失费等共计6万余元的责任。

被告工商银行湖北省汉川市支行则认为,原告之子邹礼文是攀过高约1米的楼顶女儿墙脱离安全区而踩在石棉瓦上掉下一楼死亡的。两原告要求被告承担民事责任无法律上的规定。两原告未尽监护之责,应承担本案的全部责任,要求驳回两原告的诉讼请求。

对于被告的答辩,原告代理人认为,根据《城市居民住宅安全防范设施建设管理规定》的有关规定,城市居民安全防范设施必须具备防撬、防揣、防攀缘、防跨越、防爬入等安全防范功能。而被告的储蓄所宿舍楼其设施为民用住宅,其顶部护墙却不符合法律规定的防攀缘、防跨越、防爬入的安全防范功能,而且连设计图纸上都根本不存在的石棉瓦不知怎么也安装于主体工程上。明知不允许却偏要安装,其责任不是十分明显么?正因为被告的违法不作为,从而才导致两原告之子死亡的后果,当然应承担因其过错行为造成的损害赔偿责任。根据《城市公有房屋管理规定》的有关规定,被告应对自己拥有所有权和负有管理权的房屋及其附属设施定期检查、修缮,以保证其正常使用和安全,而被告却随意在其屋顶非法铺设石棉瓦后,又不定期检查和修缮,没有尽到保证石棉瓦的正常使用和安全的责任,故依据《城市公有房屋管理规定》的有关规定,被告因违法不作为造成两原告之子邹礼文从临时搭盖的石棉瓦上坠落后死亡的严重后果,依法负有不可推卸的赔偿责任。

被告方代理人坚持认为己方无责任,其理由是房屋建筑符合法律规定,石棉瓦的放置并不存在不安全因素,事故的造成是邹礼文自身故意行为所致,被告无任何过错,当然不应承担赔偿责任。

由于被告始终认为其无责任,导致法庭难以调解。1999年8月18日,汉川市人民法院经认真审理后认为,被告违反物业管理的有关规定,对物业疏于管理,对邹礼文的死亡应承担一定的民事责任。两原告没有尽到监护之责,对邹礼文的死亡则应承担主要民事责任。故依据《中华人民共和国民法通则》的有关规定,参照《城市居民住宅安全防范设施建设管理规定》和《城市公有房屋管理规定》的有关规定,判决被告承担损害后果30%即6 056.16元的赔偿责任。

一起因石棉瓦坠落致人死亡的案件终于有了结果,但一审判决两原告并不满意。

在法定的上诉期内,李少杰不服一审判决,向孝感市中级人民法院提起上诉。

孝感市中级人民法院组成合议庭经审理后,于1999年10月19日做出驳回上诉、维持原判的判决。

对于二审结果,李少杰还是产生一种不公平感觉,认为法律的天平发生了倾斜,因此,直到2000年1月初,她才申请汉川市人民法院执行该案。

(原载 2000 年 1 月 24 日《湖北法制报》)

(十一)做好事失左手,责任谁负

基本案情:1999年8月24日上午10时许,家住汉川市马口镇英山村的村民林新桥受堂哥林新阶的委托,到马口镇张良碧锯板厂为其将两棵树加工成木板。随后,林新桥邀约堂姐夫汪新桥(同村)用其驴拉板车一同前往马口锯板。

到达马口镇张良碧锯板厂时,张良碧正在吃饭,见汪新桥二人拖树来加工,吩咐他们先卸树,然后锯板。张良碧让汪新桥、林新桥将一棵大树抬上航车(一种锯板机),便推闸锯板。因另一棵小弯树不便在航车上加工,张良碧便启动简易吊锯,并点头示意喊人帮忙。这时,刚帮忙抬了大树上航车的汪新桥见状,即上前帮张良碧抬起小弯树的另一头,然后抬上吊锯旁的台板便于加工,因小弯树表面较滑,汪新桥未抬稳而脱手,致其左手被正在运行中的吊锯锯伤。

事故发生后,张良碧即刻将汪新桥送至汉川市第二人民医院抢救治疗。经住院治疗20天,共用去医疗费用3 886.80元,张良碧支付1 556.90元后拒付。汪新桥出院后曾多次找张良碧商讨赔偿事宜,遭张良碧拒绝。汪新桥经法医鉴定为6级伤残。在多次索赔无果的情况下,汪新桥于1999年12月16日向汉川市人民法院提起诉讼,要求被告张良碧赔偿原告汪新桥医疗费、误工费、护理费、伤残生活补助费、被抚养人生活补助费、残具费、精神损害费68 819.90元。

汉川市人民法院民事审判庭经审理后认为,被告张良碧明知吊锯加工木材具有一定的危险性,却允许原告汪新桥进入加工场地,且在原告帮其抬树加工时亦未加以阻止,对原告身体受到损害应承担一定责任。

原告明知吊锯操作有一定的危险性,却仍然在加工场地逗留,并在被告未明确让其帮忙的情况下,自作主张帮被告抬树,对自身身体受到损害亦应承担一定的责任。

另外,原告为他人帮忙拖木材到被告处加工,该木材的所有人是受益人,对原告遭受的损害亦应承担一定的补偿责任。由于原告未向受益人主张权利,受益人应负的民事责任由原告自行承担。原告要求赔偿精神损害费无法律依据,法院不予支持。根据《中华人民共和国民法通则》第119条的规定,遂判决原告的经济损失共计49 406.80元。其中包括医疗费3 886.80元;住院伙食补助费300元;伤残补助费21 600元;被抚养人生活补助费18 360元;交通费70元;误工费120元;护理费120元;残具费4 950元。由被告张良碧赔偿19 762.72元,扣除已支付的1 556.90元,下欠18 205.82元,于该判决生效之日起10日内付清,其余损失由原告自行承担。

(原载2000年5月17日《湖北法制报》)

（十二）患者住院时财物被偷走——责任该谁负

1. 患者住院，财物被盗

2001 年春节前夕，孝感市中级人民法院做出的终审判决，使我市一起财物被盗赔偿案终于有了结果。这事还得从头说起。

案例：1997 年 5 月 16 日，汉川市环球房地产开发公司的裴军安因背部创伤入住汉川市人民医院外 3 科 9 病室接受治疗。该院病室的门既未安装门锁，也未安装插销。1997 年 5 月 18 日凌晨 5 时许，裴军安随身携带的手提包被盗，陪护人殷某惊醒后随即呼救并追赶小偷。在同一楼办案的城关派出所民警闻讯，亦即刻追小偷而未果。随后，警察当场询问了裴军安的被盗情况，并告知应以书面材料向公安部门报案。同年 5 月 20 日，裴军安书面向派出所报案其被盗物品有手机、金戒指和现金等物，当时价值计 10 302 元，同时提供了相关购物发票单据。后来公安机关经侦查未能破案。

2. 一审判决，院方无责

1999 年 5 月 8 日，裴军安在找汉川市人民医院索赔无果的情况下，向汉川市人民法院提起诉讼，要求汉川市人民医院赔偿其财物被盗损失 10 302 元。

汉川市人民法院经审理后认为，裴军安所提供的证据均系其亲友证言，无其他证据佐证而不予采信。汉川市人民医院系社会公益单位，只对裴军安提供医疗保障服务，同时，双方间未签订财物保管合同，亦未形成事实上的保管合同关系，汉川市人民医院对裴军安的财物没有保管义务。裴军安的诉讼请求于法无据而不予支持，遂判决驳回裴军安的诉讼请求。

3. 二审法院，院方该赔

对一审判决，裴军安不服，随后上诉至孝感市中级人民法院。

孝感市中级人民法院依法组成合议庭公开开庭审理后认为，裴军安因伤住院接受汉川市人民医院治疗服务，双方间构成医疗消费法律关系。汉川市人民医院应当保证其医疗服务符合保障人身、财产安全的要求,裴军安作为消费者在接受医疗服务时享有人身、财产安全不受损害的权利。故汉川市人民医院对裴军安住院期间财产被盗所造成的损失应予赔偿。裴军安在住院期间对自己的财物保管不善造成被盗,亦应承担相应的责任。裴军安被盗物品及价值有相应证据证明,而汉川市人民医院则无相关反证予以抗辩,故法院对裴军安被盗物品价值予以采信。

依照《中华人民共和国民法通则》第 106 条第 1 款、《消费者权益保护法》第 11 条等规定,2000 年 11 月 16 日,孝感市中级人民法院依法判决汉川市人民医院赔偿裴军安财产损失 7 211.4 元。

(原载 2001 年 2 月 4 日《汉川报》)

(十三)引产胎儿成活后被人收养,生父母监护权是否丧失

案例:1999 年 11 月的一天,某乡计生指导站将李某怀孕多月(第三胎,属超生)的妻子张爱芳带到某市计生指导站施行了人工流产手术。数月后,李某听人讲其妻子引产的胎儿并未死。经查,得知是负责人工流产手术的刘医生在术后发现引产的男婴是活的,故对男婴做常规处理后,在未告知李某夫妇的情况下竟将男婴送给自己的好友陈姓夫妇抚养,陈某后又托人在某市民政部门办理了收养登记手续。2000 年 3 月中旬,李某夫妇找了某市计生指导站、刘医生及陈某夫妇,要求抚养该男婴,但某市计生指导站称与其无关,刘医生说无法收养,陈某夫妇则称其办有合法收养手续,不同意李某夫妇的意见。无奈之下,李某夫妇通过咨询律师后于 2000 年 7 月将某市计生指导站、刘医生及陈某夫妇告上了法庭,但法庭经两次开庭后至今未判。李某夫妇认为其对男婴享有监护权,刘医生和陈某夫妇应承担民事责任。

1. 律师点评

本案涉及监护权及侵犯监护权应负法律责任的问题。首先,本案在定性上应定性为监护权纠纷而不是收养或抚养权纠纷。这是因为,此纠纷是因某市计

生指导站和医生刘某共同侵犯李某夫妇对引产男婴的监护权而引起的。本案的实质不是收养要件成立与否,而是李某夫妇对引产男婴的监护权是否受法律保护的问题。《中华人民共和国民法通则》(以下简称《民法通则》)第16条第1款规定,未成年人的父母是未成年人的监护人。第18条第2款规定,监护人依法履行监护的权利,受法律保护。《中华人民共和国未成年人保护法》也用专章对此做了相应规定。也就是说,未成年人父母对未成年人的监护权有着法定的优先性和排他性。依法而论,在未成年人父母身心健康且具有监护能力,同时也没有放弃监护权的情况下,任何人不得享有生父母对其子女的监护权和剥夺对未成年人的监护权。否则,就是侵权。

从陈某夫妇收养引产男婴的事实可以看出,陈某夫妇开始收养引产男婴时主观上并无侵权的故意,只存在过失。因为引产男婴是刘医生给他们收养的。但随着事情的发展,当李某夫妇向其主张监护权时,其不同意返还婴儿的行为就由过失转化成了故意。其次,刘医生将应由李某夫妇抚养的引产男婴给陈某夫妇抚养,是一种故意侵犯李某夫妇监护权的行为,依法应承担民事责任。至于某市计生指导站,虽然从案情上看不出存在将引产男婴给陈某夫妇收养的故意,但纠纷的产生是由其管理不善而造成,应在其失职范围内承担相应的责任。

2. 收养问题

根据《民法通则》第58条第5款的规定,由于陈某夫妇的收养行为一开始就违反了法律规定,故其从始至终的收养行为无效,依法不受法律保护。所以,该引产的男婴应由李某夫妇抚养。刘医生、陈某夫妇及某市计生指导站应在各自的范围内对侵权所造成的后果分别承担相应的民事责任。

(原载 2001 年 2 月 20 日《湖北法制报》)

(十四)未约定还款期限诉讼时效如何计算

案例:许某和刘某系同窗好友,1996 年 8 月,许某辞职投身商海需要资金,故找刘某借款 5 万元,刘某因手中仅有 3 万元同意借给许某 3 万元。随后,许某向刘某出具了 3 万元借据,借据上未注明还款期限。许某口头承诺,说这 3

万元一下子还不了。2001年7月,刘某找许某谈起还款事宜,许某却以各种借口推诿拖延。刘某不得已将许某告上法庭,要求许某立即还款并支付相应利息。而许某在庭审中辩称刘某几年未要,已丧失诉权,其主张不应受法律保护。

法院经审理后对此案的处理出现了两种不同的意见:

1) 刘某的主张不应得到法律的支持。其理由是没有约定还款期限的欠条的诉讼时效应当从权利发生之日起计算。根据《中华人民共和国民法通则》(以下简称《民法通则》)第137条规定,"诉讼时效期间从知道或者应当知道权利被侵害时起计算"。因此,没有约定还款期限的欠条,诉讼时效应当从权利发生之日起计算。刘某自1996年8月借款给许某时起,就应当知道其权利已被侵害,而刘某在事隔近5年时才主张权利,所以说其主张不应得到法律的支持。

2) 刘某的主张应得到法律的保护。笔者即持此种意见。理由是:①虽然《民法通则》规定,履行期限不明确的,债务人可以随时向债权人履行义务,债权人也可以随时要求债务人履行义务,但此规定并不是意味着权利发生之日债权人就知道或应当知道其权利被侵害。应理解为是债权人可以随时主张权利,债务人有随时履行债务的义务。从"但应当给对方必要的准备时间"规定中可以看出,如果说从权利发生之日起就计算诉讼时效,那么就不应该给对方必要的准备时间;如果应该给对方必要的准备时间,即诉讼时效就应该以给对方的必要的准备时间期满时计算。而《民法通则》明文规定应当给对方必要的准备时间,所以说刘某的主张应当得到法律的支持。②依《民法通则》第137条"诉讼时效期间从知道或者应当知道权利被侵害时起计算"的规定来看,如果债权人没有主张权利,怎么知道债务人拒付、拖延、推诿的侵权现象?结合本案,刘某一直未找许某催要,知道或者应当知道权利被侵害就无从谈起。因为,刘某在2001年的7月向许某主张权利之前是不知道自己的权利被许某侵害了的。从这个意义上讲,刘某的主张也应得到法律的支持。③《民法通则》第140条还规定,"诉讼时效因提起诉讼,当事人一方提出要求或者同意履行义务而中断,从中断时起,诉讼时效期间重新计算"。由此可见,法律是允许债权人在一定时期内向债务人提出履行义务请求而诉讼时效中断,再重新计算诉讼时效的。这也就是说一方当事人在主张权利或提出要求后便发生了诉讼时效中断的情形,同时也意味着诉讼时效不是从权利发生之日起算,而是从主张权利知道或者应当知道权利被侵害时起算。因此,刘某主张许某迅速还款的权利应得到法律的保护。

(原载2002年1月12日《检察日报》)

（十五）浅析精神病人住院期间自伤后的
有关法律责任问题

精神病医院是不是住院精神病人的当然监护人？精神病医院与精神病人之间究竟属什么样的法律关系？精神病人住院时"自伤"属不属最高人民法院《关于贯彻执行〈中华人民共和国民法通则〉若干问题的意见》（以下简称《最高人民法院意见》）第160条规定的"受到伤害"的范畴？精神病医院对住院精神病人的自伤该不该承担责任？对于这些问题，实践中一直存有疑问，法律也没有相关规定。

在现实生活中，精神病人在精神病院住院治疗期间自伤事件屡屡发生，精神病人家属常以精神病医院未尽到监护责任为由主张理赔。而在司法实践中，由于法律对此没有做相应规定，法官往往因认识上的差异对类似案件处理时结果常有不同。

案例：2002年12月1日，汉川市某乡精神病患者王某被确诊为"分裂样精神障碍"，入住汉川市某精神病医院后的第5天傍晚7时许（即在该精神病医院医生巡视精神病房几分钟后），王某爬窗并用头撞窗栏欲越窗，不慎从窗上摔下致伤。事发后，医院迅速给王某做了X线和CT扫描检查，均显示王某胸12椎体爆裂性骨折，随后邀请了相关知名骨科专家为王某会诊，并制定了严密科学的治疗方案。经治疗后再次检查，证明已治愈，王某于2003年3月25日出院。王某家属认为王某在住院期间，精神病医院未尽监护之责致王某骨折，有明显过错应承担赔偿责任，要求精神病医院赔偿其残废生活补助费、被抚养人生活费、精神抚慰金62 745元（王某住院期间的治疗、生活费等均已由精神病医院支付）。

对上述案例，笔者认为有以下几个问题值得探讨。

1.精神病医院是不是王某的当然监护人

法律界也有人认为精神病医院是精神病人的监护人。笔者认为这种观点

不符合我国民法的立法本意和相关司法解释精神:

1)《中华人民共和国民法通则》(以下简称《民法通则》)第17条规定,"无民事行为能力人或者限制民事行为能力人的精神病人,由配偶、父母、成年子女、其他近亲、关系密切的其他亲属、朋友担任监护人"。很显然,法律规定的精神病人的监护人并不包括精神病医院。

2)《最高人民法院意见》第14条关于指定监护人的规定中也没有精神病医院。根据《最高人民法院意见》第22条的规定,"虽然监护人可以将监护职责部分或者全部委托给他人,但这个监护职责的委托前提必须事先要有合法的委托手续,否则委托不能成立。而且这个委托并不是事后的随意确认"。

3)依《民法通则》第18条第2款"监护人依法履行监护的权利,受法律保护"的规定,监护人的职责、权利是并存的。如果将精神病人住院治疗的监护职责强加给精神病医院,而法律并未赋予精神病医院对精神病人承担监护职责的同时应享有的权利,对精神病医院来说是不公平的。一方支付费用,一方提供医疗服务,彼此之间建立的是医疗服务合同关系。在这种关系中,精神病医院并没有特殊的对精神病人尽监护职责的收费费用。严格地说,精神病医院对精神病人实施的监督和保护不属于医疗服务,而是属于从医疗服务合同的基础衍生出来的一种人道主义的职业义务,是精神病医院对住院精神病人的一种特殊的护理责任,且这种监督和保护特殊护理责任不是有偿性的医疗服务合同的必备内容。因此,让精神病医院在精神病人的监护人不支付对价的、无偿的前提下为精神病人承担监护责任,显然有违《民法通则》第4条自愿、公平、等价有偿、诚实信用的基本原则。

4)依《最高人民法院意见》第22条和第160条的规定,"住院精神病人受到伤害或伤害他人时,精神病医院并不是一概不负责任,而是如果精神病医院有过错的应承担相应的过错责任"。这就清楚地表明,这种过错责任与监护人承担的无过错责任有显著的不同。因此,认为精神病医院是住院精神病人的监护人的观点,无论有无过错都要承担严格责任的看法显然没有法律依据。

通过以上分析可知,精神病医院并不是住院精神病人的当然监护人,精神病医院与住院精神病人之间仅仅是一种医疗服务合同关系。

2. 精神病人住院自伤是否属于《最高人民法院意见》第160条规定的"受到伤害"的范围

精神病人住院自伤是精神病人住院期间发生意外事件中比较常见的特殊

的类型。《最高人民法院意见》第160条规定的"受到伤害",是指住院精神病人直接遭到外来的物理、化学或者生物因素的侵害而使精神病人身体受到损伤或者丧失生命的情形。比如被同室病人打伤,护工管理的粗暴行为致伤,因精神病医院建筑物或其他设施砸伤,食物中毒或精神病医院电力设施毁损而致精神病人受伤等,这些都不是精神病人自伤的范畴。精神病人住院自伤是一种自己对自身实施的、自身承受后果的行为,与《最高人民法院意见》第160条规定的"受到伤害"是两种截然不同的诱因和行为表现。依汉语词典解释,自伤是指故意用某种手段伤害自己生命健康的一种行为(包括自己身体任何部位);而"受到伤害"则是指身体组织或思想感情遭到他人的损害。很显然,精神病人的自伤行为并不等于《最高人民法院意见》中规定的"受到伤害",二者不能混为一谈。

3. 精神病人住院自伤,精神病医院该不该承担责任

依《最高人民法院意见》第160条的规定,如果精神病医院的医护人员对精神病人的自伤确实存在过错(如医护人员明知精神病人进行自伤而不予阻止等),当然可以依《最高人民法院意见》第160条的规定责令精神病医院给予适当赔偿。但尚若精神病医院对精神病人的医疗活动和护理工作都是严格按照医疗规章制度和特殊护理常规处理的(如精神病医院对精神病人还负有巡视责任,约定俗成的一般为15分钟巡视一次),精神病医院确实不存在任何过错,精神病医院则对精神病人的自伤当然不应承担任何赔偿责任(如上述案例)。这是因为精神病人的自伤行为往往是在精神症状的影响下产生的常人难以理解的自我毁灭行为,这种自伤行为一般具有突发性、冲动性和隐蔽性的特点,难以预防,具有不可抗力性质,符合我国民法理论中的免责原则。事实上,受精神病医学水平和物质条件的限制,精神病医院尚难保证精神病人住院期间不出现任何意外情况,更何况精神病医院的医护人员受到精神病人的伤害也是常见的。因此,若不论是否有过错就一并追究精神病医院的赔偿责任,就会加大医护人员的工作压力,处处谨慎行事,甚至不求有功但求无过,这样更不利于精神病人的治疗和康复,还可能发生因拒精神病人于门外、使精神病人失去救治的机会导致精神病人造成更大的自伤行为或危害社会行为的情况,这于国于民于社会都是不利的。所以,笔者认为,除非精神病人自伤精神病医院确有过错应承担赔偿责任外,精神病医院对精神病人的自伤行为一般不应承担赔偿责任。

那么,该如何对待精神病人住院自伤的问题呢?笔者认为:①由精神病人的监护人与精神病医院签订精神病人住院协议书。由于精神病人所具有的特

殊性，精神病医院不能只对精神病人的家属或监护人口头交待可能发生的意外，应签订住院协议作为自我保护的有效措施。虽然法律并未明确这一形式的法律地位，但这毕竟对意外事件引发的纠纷可以起到一定的抑制作用。其实，协议书既可使精神病人的监护人正确认识相关问题，也能使精神病医院放下包袱，全身心地组织人力物力为精神病人的治疗和康复工作服务。这对加强医患合作、预防和减少精神病人意外事件的发生都是有积极作用的。笔者相信不久的将来医患协议书必定会成为具有法律意义与法律效力的文件或依据。②积极推行对精神病人入、住院受伤或自伤的保险工作，正确引导精神病人住院投保，尽量避免风险，解除医患双方的后顾之忧，让精神病人住院放心，医护人员工作安心，还可杜绝纠纷产生后无法及时解决的现象。③尽快出台能切实维护精神病人住院治疗后医患双方利益的法律法规(如《精神卫生法》)，规范精神医疗卫生市场，完善医患机制，维护医疗秩序，保障医疗安全，促进医学科学的发展和精神病人的康复以利于精神病人入院后出现意外事件时有章可循，有法可依。

（原载 2004 年《法学杂志》增刊集）

（十六）人事档案丢失的法律救济问题初探

现实生活中，用人单位丢失职工个人档案的情形时有发生，由于没有人事档案丢失如何采取法律途径获得救济的相关规定，以致一些档案被丢失的相对人与丢失人事档案单位之间的纠纷长期得不到解决，甚至出现长期上访情形。因此，人事档案被丢失的个人如何获得法律救济和可获得哪些救济是司法部门不可回避的现实。原告林某(以下简称原告)起诉 A 公司(以下简称被告)要求返还或补办其人事档案并赔偿相关经济损失的案件便是典型一例。

案例：原告系某建工学院学生，于 2001 年 8 月毕业后应聘到被告处上班。2002 年 10 月，原告要求离开被告处，双方经多次协商，最终达成解除劳动聘用合同。然而，当原告要被告返还其人事档案时，被告却无法提供。经再三交涉，原告方知被告将其人事档案丢失。同年 11 月 25 日，被告向原告出具人事档案丢失证明，要求某建工学院为原告补办人事档案。原告随后到某建工学院补办人事档案时遭拒绝,于是以人事档案被丢失而无法找工作,并给其生活和精神带来压力为由向人民法院起诉被告,要求被告返还或补办原告人事档案,并赔偿原告由此而造成的经济和精神损失 10 万元。

1. 争议焦点

(1)人事档案被丢失引起的纠纷是否属于人民法院受理案件的范畴

这一争议焦点存在以下三种观点:

1)人民法院不应受理。其理由是《中华人民共和国民事诉讼法》第 3 条规定人民法院受理民事案件的范围,是平等主体之间因财产关系和人身关系产生争议而提起的民事诉讼。而原告与被告是管理与被管理的关系,不是一种平等主体,且人事档案既不属于财产关系,也不属于人身关系,故人民法院受理此类案件无法律依据,即使受理也应驳回。

2)《中华人民共和国民法通则》第 5 条规定,"公民、法人的合法的民事权益受法律保护,任何组织和个人不得侵犯"。被告遗失了原告的人事档案,丧失了原告的就业机会,其侵权事实已经成立,人民法院理应予以司法救济。

3)根据《中华人民共和国合同法》关于保管合同的相关规定,因保管合同为实践性合同,而原告与被告之间已形成事实上的人事档案保管合同关系,被告作为保管人应履行妥善保管的义务,但被告却违反了这一法定义务,当然应承担违约责任。因此,人民法院应该受理。

(2)如何确定赔偿额

在经济损失无直接依据且无法计算或评估的情况下,是按侵权责任之诉来衡量赔偿额还是按保管合同违约是否导致精神损害来认定赔偿额。这一争议焦点存在以下两种观点:

1)我国民法理论对违约可否请求非财产损害赔偿通说持否定态度。认为对于违约损害,依法只应赔偿财产损失,而不包括非财产损失。因此,遗失人事档案只能按侵权处理,不能按保管合同违约来处理,因为侵权之诉才可以适用精神损害赔偿,而合同违约之诉不应适用精神损害赔偿。

2)保管合同中被告既有违约,同时也侵害了存在于人身之外、能够为人所支配,并满足人们某种需要的物体,因而亦构成了一定的侵权,由于该物体无法估算,所以被告应当承担违约的精神损害赔偿。

2. 笔者分析意见

笔者认为原告的诉求应受法律保护,人民法院应当受理。被告在赔偿原告经济损失的前提下,也应赔偿原告由此而引起的精神损失。

(1) 遗失人事档案给他人造成精神和经济损失,人民法院应当受理

1) 从合同关系的角度看,原、被告之间虽未签订书面的保管合同,原告也未尽支付保管费的义务,但双方事实上已形成了档案保管合同关系。保管合同是实践性合同,当被告在收到原告人事档案时就取得了对该保管物(人事档案)的占有。此时,原告已完成了交付保管物的行为,被告作为保管人就应当履行其妥善保管寄存物的义务。而被告却在保管原告人事档案过程中将原告人事档案丢失,显然违反了保管合同中保管人依法应尽的义务,同时也侵害了原告丧失就业良机即应取得的经济利益,被告应负违约责任,这是人民法院应依法受理的主要原因。

2) 就人事档案的表象而言,虽不是有价值的财产,但却是特殊的物,是不可脱离人可享有权利的物。民法上的物不能等同于物理学上的财产,它是存在于人身之外、能够为民事主体所支配和利用、具有一定的经济价值,并能满足人事档案当事人某种需要的物质财富。原告的人事档案是依随原告并对原告有法律上利害关系,且能产生经济效益的物,因此,基于"物"的损害而提起的损害赔偿之诉,可适用物权保护方法来保护。

3) 虽然人事档案本身无经济价值,现实生活中许多无档案的人,特别是个体工商户和私营业主照样可以生存下去,并且生存得较好,但就我国现有国情而言,个人的人事档案对一般人来说,特别是对一个寻求工作的青年来说有着举足轻重的作用,没有人事档案就意味着无工作,无工作也就意味无经济来源,个人的经济利益就无法实现,甚至连生存都产生危急。总之,有档案就有就业的机会,就有实现其经济价值的希望,这说明,原告的此项合法权益依法应得到保护。

(2) 虽然是合同关系,但为了实现公平的目的,在出现违约责任和侵权责任竞合等例外情况下,应当允许违约精神损害赔偿

1) 违约可导致物质损害,也可能导致精神损害,这是不争的事实。如医患纠纷、客服合同纠纷等,违约者侵害了相对人的肉体和财产,同时亦侵害了人的精神,从而构成了违约责任和侵权责任的竞合。依《中华人民共和国合同法》第122条,合同当事人可以选择对自己有利的诉讼方式来获得精神损害的物质赔偿。

2) 违约虽未直接造成人肉体上的损害,但也可以直接造成人精神上的痛苦。作为一般规则,合同中的精神损害是不可赔偿的只是通说,也无统一的尺度。而依通常观念可预期易引发非财产损害的特定类型的合同纠纷案件,如按照服务合同中经营者违约造成对方终身遗憾而引发的精神痛苦,以及葬礼服务合同中骨灰遗失赔偿案由于承办者(服务者)违约致使对方精神痛苦等,这些合同纠纷同样不能直接造成人的肉体上的伤害,且物质价值较小,但因经营者的违约行为致对方精神上的痛苦是较严重的,因而对于这些例外案件,如不允许违约赔偿精神损失是极不公平的,何况本案原告可能还是终身的精神痛苦。所以,原则上不允许在违约之诉中请求非财产损害赔偿,但例外的、在特定类型合同纠纷案中理应允许请求人请求非财产损害赔偿(如本案)。

3) 遵循全部赔偿的原则,违约方应赔偿对方所遭受的全部损失才可达到公平的目的,因为违约损害赔偿的目的是补偿相对方的损失。损失即包括肉体和精神上的痛苦。因而,实际发生的精神损失就应置于赔偿范围之中,而不能排除在外。

4) 因精神损害赔偿现无统一的尺度,因此,为了达到保护受害人,惩罚侵害人(或违约人)、教育人们、规范人们的行为、预防侵权行为发生的目的,根据精神损害赔偿四个要件来衡量此案,违约中的精神损害赔偿当然应予以考虑。

综上所述,本案档案虽不能直接计算出经济价值,它却存在间接的、潜在的物质利益。由于被告遗失原告人事档案造成违约,给原告的经济利益造成损失是无法估量的,同时造成原告客观上存在的精神上的痛苦也是不可置之不理的,故原告的经济和精神损失理应得到法律的救济。

(原载 2005 年第 2 期《深圳律师》)

(十七)论缓刑考验期满后 5 年内
再犯罪是否构成累犯

被判处有期徒刑宣告缓刑的故意犯罪,缓刑考验期满后 5 年内再犯应当判处有期徒刑以上刑罚之罪的是否构成累犯,司法实务界与理论界均观点各异。

本章的探讨旨在为使被判处有期徒刑宣告缓刑的故意犯罪在缓刑考验期满后5年内,再犯应当判处有期徒刑以上刑罚之罪的罪责刑相适应,使立法与司法相统一,达到预防犯罪、惩罚犯罪、降低重新犯罪率的目的。

缓刑考验期,是指对宣告缓刑的犯罪分子进行考察的一定期间。5年内再犯罪,是指被判处有期徒刑以上刑罚的犯罪分子,刑罚执行完毕或者赦免以后,在5年以内再犯应当判处有期徒刑以上刑罚之罪。累犯,是指因犯罪而受过一定的刑罚处罚,在刑罚执行完毕或者赦免以后,于法定期限内又犯一定之罪的罪犯。

《中华人民共和国刑法》(以下简称《刑法》)第65条规定:"被判处有期徒刑以上刑罚的犯罪分子,刑罚执行完毕或者赦免以后,在五年以内再犯应当判处有期徒刑以上刑罚之罪的,是累犯,应当从重处罚。但是对过失犯罪除外。"该条第2款规定:"前款规定的期限,对于被假释的犯罪分子,从假释期满之日起计算。"

司法实践中,对于被判处有期徒刑宣告缓刑的犯罪分子,缓刑考验期满以后,在5年内又犯应当判处有期徒刑以上刑罚之罪的,是否构成累犯,由于法律对此没有做出明确规定,故各地法院仁者见仁、智者见智,曾出现不同判决案例。甚至发生同一案例因承办法院或承办法官不同而出现两种不同的判决结果。

案例:林某财,男,1979年7月11日出生于广东省某某市,汉族,小学文化,无业,住某某市某某镇某某村111号。2005年8月11日因犯收购赃物罪被某某市人民法院判处有期徒刑1年,缓刑1年,并处罚金人民币3 000元(缓刑考验期自2005年8月11日起至2006年8月10日止)。2010年1月7日至同月24日,被告人林某财伙同他人采取时分时合的方式,在某某市采取暴力、胁迫手段,参与抢劫他人摩托车2次,劫得财物折价人民币5 880元。

某市中级人民法院经审理认为,被告人林某财曾因犯罪被判处有期徒刑以上徒刑,在刑罚执行完毕5年以内再犯应当判处有期徒刑以上刑罚之罪,是累犯,依法应当从重处罚。根据被告人林某财的犯罪事实、性质、情节及其社会危害程度,对被告人林某财做出犯抢劫罪、判处有期徒刑7年,并处罚金人民币6 000元的判决。被告人林某财不服一审判决向广东省高级人民法院提出上诉。

二审法院经审理后,对一审认定的犯罪事实及证据予以确认,认为被告人林某财构成抢劫罪。被告人林某财在2005年8月11日因犯收购赃物罪被某某市人民法院判处有期徒刑1年,缓刑1年,缓刑考验期自2005年8月11日起至2006年8月10日止。根据《刑法》第76条"缓刑考验期满,原判的刑罚就不再执行"的规定,依照《刑法》第65条第1款关于累犯"刑罚执行完毕或者赦免以后"等内容的规定,原判认定被告人林某财构成累犯不当,应予纠正。依法对被告人林某财予以改判,判处被告人林某财有期徒刑5年,并处罚金人民币6 000元。

对于上述判决,司法实务界与理论界均观点各异。持一审判决意见的观点认为,缓刑犯在缓刑考验期满后5年内再犯应当判处有期徒刑以上刑罚之罪的可以构成累犯。其理由有:

1)缓刑是依附于原判刑罚而存在的一种执行刑罚的方法。宣告缓刑必须以判处刑罚为前提,缓刑不能脱离原判刑罚而单独存在。缓刑不是有期徒刑有条件的暂不执行,而是通过宣告缓刑来替代有期徒刑的执行。所谓刑罚的执行,实际上可以理解为对犯罪分子判处刑罚的具体运用。如果因为犯罪分子未经过监狱的劳动改造就认定他没有被执行过刑事处罚的话,就等于否认了缓刑具有刑罚的性质,否定了缓刑制度是我国刑罚具体运用的一种方式。更何况被宣告缓刑的犯罪分子并不是自归案之日起就未被执行过监禁刑,大多数都在案件的侦查、起诉、审判阶段被关押在当地看守所,这说明其在被宣告缓刑之前已经被实际执行了一段刑期。因此,被判处缓刑的犯罪分子,应认定为是受过刑事处罚的对象。故"缓刑的考验期满"并不能机械地理解为原判刑罚不再执行,而是意味着原判刑罚已执行完毕。

2)《刑法》规定累犯制度是为了预防犯罪,对于那些在缓刑考验期满后仍不思悔改又重新犯罪的人,应认定是有前科的犯罪分子,如果符合累犯条件的,则应按累犯从重处罚,只有这样才能有效发挥刑罚教育改造罪犯的目的,否则就会放纵罪犯。

3)从缓刑的惩罚功能分析,本来应当根据犯罪的事实、犯罪的性质、情节和对于社会的危害程度,依照《刑法》的有关规定对犯罪分子处以一定的刑罚(3年以下有期徒刑,且是实刑),才能实现对其惩罚和改造的目的,但因为犯罪分子具有较好的悔罪表现,结合其犯罪情节和不致再危害社会的预见,规定一定的考验内容和考验期限、考察方式。如果犯罪分子在该考验期限内遵守规定通过了这些考验,就推定其已经得到了改造,从而达到了对其惩罚和教育改造的目的。故此时的"原判刑罚不再执行"实际是通过"缓刑的执行"已经得到了执行。其实质是通过执行相对原执行强度较弱的执行方法实现了其执行目的。缓刑的这种法律后果实质是留下了被缓刑人曾经犯过罪的历史记录,对于被缓刑人会起到警戒的作用,有利于预防犯罪和震慑犯罪。因此这里的"不再执行"是一种实质意义上的"执行完毕"的"执行",与累犯制度所规定的"刑罚执行完毕"的本质是一致的。"缓刑的考验期满"不能仅从字面上理解为原判刑罚不再执行,而是意味着原判刑罚的执行完毕。

4)从我国刑罚的目的来看,认为被判处有期徒刑宣告缓刑考验期满后再犯新罪不能构成累犯的观点与我国刑罚的目的也相违背。对累犯从严处罚,是当今世界各国通行的做法。实践中,受过刑罚处罚的大多数犯罪分子,能够改恶从善,重新做人,重返社会后成为守法公民,但是也有少数受过刑罚处罚的犯罪分子,仍然不思悔改,在刑罚执行完毕或者赦免以后的一定时间内再次实施犯罪,严重危害社会。《刑法》规定累犯制度是为了预防犯罪,对于那些在缓刑考验期满后仍不思悔改,在 5 年以内故意再犯应当判处有期徒刑以上刑罚之罪的,说明该犯罪分子并未认真彻底改造好自己,甚至当时"较好"的悔罪表现是为了追求得到缓刑这种较轻的处理而伪装的,其继续犯罪的事实,足以证明其具有较大的主观恶性和社会危害性,应当以累犯予以从重处罚,只有这样才能有效发挥刑罚教育改造罪犯的目的,否则,就会放纵罪犯。只有如此才能有效地保证刑罚的特殊预防和一般预防的目的的实现,提高惩罚犯罪、改造犯罪人的实际效果。

5)根据《刑法》第77条的规定,"缓刑考验期内再犯新罪的,应撤销缓刑,将前罪和后罪应判处的刑罚依照数罪并罚的原则,决定实际执行的刑罚。所谓新罪,既包括故意犯罪也包括过失犯罪"。这表明现行法律对缓刑考验期内再犯新罪的人加大了处罚的力度。而现行法律对缓刑考验期满后再犯新罪的人未规定必须从重处罚,只能说明现行法律规定的疏漏与不足,并不能说明缓刑犯在缓刑考验期满后 5 年内再犯应当判处有期徒刑以上刑罚之罪的就不构成累犯。

持二审判决意见的观点认为,缓刑犯在缓刑考验期满后 5 年内再犯应当判处有期徒刑以上刑罚之罪的不构成累犯。其理由是:

1)有悖《刑法》规定的累犯的构成要件。《刑法》规定的累犯的构成要件为:①前罪和后罪必须都是故意犯罪;②前罪和后罪必须都是被判处有期徒刑之罪;③后罪发生的时间必须是在前罪的刑罚执行完毕或者赦免以后的 5 年内。缓刑是对犯罪分子有条件不执行原判刑罚的制度,根据《刑法》第76条的规定,"缓刑考验期间,只要被宣告缓刑的犯罪分子未犯新罪或被发现有漏罪未判,未有违反法律、行政法规或者国务院公安部门有关缓刑的监督管理规定且情节严重的行为,缓刑考验满后就不再执行原判刑罚"。这与赦免具有本质的区别,赦免是指,由国家对犯罪分子免予追诉或者免除执行刑罚的全部或者一部的法律制度,是指原应执行的刑罚由于赦免而不予执行,它是一种不附加任何条件的不予以执行,而缓刑则是附条件的不予执行,当在缓刑考验期内发生《刑法》第77条规定情形时,将恢复对原判刑罚的执行。可见缓刑犯在缓刑考验期满后5年内再犯应当判处有期徒刑以上刑罚之罪的构成累犯的观点既不符合《刑法》关于"刑罚执行完毕"的规定要求,又有悖《刑法》规定累犯的构成要件。

2)不能将缓刑执行完毕等同于刑罚执行完毕。缓刑不同于拘役、有期徒刑,不把犯罪分子置于监禁机构,不剥夺其人身自由,而是由有关部门对其进行考察或考验,在缓刑考验期内只要未发生《刑法》第77条规定的情形,原判刑罚就不再执行,不存在所谓的"执行"问题,从而也不存在"执行完毕"的问题,故不能将缓刑执行完毕等同于刑罚执行完毕。

3)将缓刑考验期满认为原判刑罚已经执行完毕没有法律依据。从《刑法》第85条有关假释的规定和第65条有关累犯的规定看,"原判的刑罚就不再执行"与"认为原判刑罚已经执行完毕"是有区别的。根据《刑法》第85条规定,被假释的犯罪分子在假释考验期限内实际上不执行余下的刑期,但只要在假释考验期限内未发生第86条规定的情形,就认为已执行完毕余下的刑期。《刑法》第65条在规定构成累犯的时间间隔期限时,对于被假释犯罪分子来说,前后两罪间隔期限的起始时间应从假释期满之日起计算。这实际上是将假释期满之日等同于累犯制度中的"刑罚执行完毕"之日。而《刑法》第76条只是规定"缓刑考验期满,原判的刑罚就不再执行",并不存在缓刑考验期满之日起计算累犯时间间隔期限的问题。

4)如果将缓刑考验期满后5年内又犯应当判处有期徒刑以上刑罚之故意犯罪的犯罪分子作为累犯从重处罚,有悖《刑法》设立累犯制度的目的。受到刑罚处罚的人,在执行完刑罚以后,一定时间内又故意犯罪,表明其主观恶性深、人身危险性较大,应当判处较重的刑罚,以有效地对其进行惩罚和改造。被判处缓刑的犯罪分子,没有被执行过刑罚,这些人重新犯罪相对于那些受过刑罚处罚并实际被执行过刑罚的犯罪分子重新犯罪来说,前者的人身危险性明显小于后者。累犯制度作为从重处罚犯罪的一项刑罚制度,很显然不应适用于缓刑犯。

5)有悖立法精神与最高人民法院的司法解释。如果将缓刑考验期满就认为原判刑罚已经执行完毕,不仅与我国立法未将缓刑考验期满5年内又犯应判处有期徒刑以上刑罚之罪的行为人规定为应构成累犯的精神相悖,更与最高人民法院研究室1989年10月《关于缓刑考验期满三年内又犯应判处有期徒刑以上刑罚之罪是否构成累犯问题的答复》(以下简称《答复》)的司法解释精神相抵触。该《答复》明确指出:"根据《刑法》规定,缓刑是在一定考验期限内,暂缓执行原判刑罚的制度。"如果犯罪分子在缓刑考验期内没有再犯新罪,实际上并没有执行过原判的有期徒刑刑罚;加之被判处有期徒刑缓刑的犯罪分子,一般犯罪情节较轻和有悔罪表现,因其不致再危害社会才适用缓刑。所以,对被判处有期徒刑缓刑的犯罪分子,在缓刑考验期满3年内又犯应判处有期徒刑以上刑罚之罪的,可不作累犯对待。

根据现行《刑法》的规定,笔者赞同持二审判决意见一方的观点。除该观点的理由之外,笔者认为,依《刑法》第3条"法律明文规定为犯罪行为的,依照法律定罪处刑;法律没有明文规定为犯罪行为的,不得定罪处刑"的罪刑法定原则,现行《刑法》既然将缓刑考验期满5年内又犯应判处有期徒刑以上刑罚之罪的行为排除在累犯之外,则表明《刑法》第76条"对宣告缓刑的犯罪分子,在缓刑考验期限内,依法实行社区矫正,如果没有本法第77条规定的情形,缓刑考验期满,原判的刑罚就不再执行"的规定就不是"刑罚执行完毕",而是地地道道的"原判刑罚不再执行"。因此,如果按一审判决意见的观点而论,硬要将缓刑考验期满5年内又犯应判处有期徒刑以上刑罚之罪的行为人认定为累犯,则明显有违《刑法》第3条规定的罪刑法定原则。

当然,依现行《刑法》虽然不应将缓刑考验期满5年内又犯应判处有期徒刑以上刑罚之罪的行为人认定为累犯,但并不是表明缓刑考验期满5年内又犯应判处有期徒刑以上刑罚之罪行为人的主观恶性就不深,人身危害性就不大。依情形而论说明其不思悔改,原判刑罚没有对其起到足够的惩戒作用。为此,为了预防和减少犯罪,防止出现犯罪分子在缓刑考验期间伪装服法,防范和杜绝被判处有期徒刑的犯罪分子在缓刑考验期满5年内再次犯应判有期徒刑以上刑罚之罪,笔者建议将《刑法》第76条中的"缓刑考验期满,原判的刑罚就不再执行"修改为"缓刑考验期满,视为原判刑罚已经执行完毕",并增加"缓刑考验期满之日作为计算原判刑罚执行完毕的日期"的内容。这样,不仅完善了缓刑制度,还可以实现《刑法》缓刑制度、数罪并罚制度和累犯制度的有机衔接,实现立法的科学性和司法的可操作性的统一。而且还能达到立法与司法相统一的目的,达到惩罚犯罪、降低重犯率、预防犯罪的目的。

(原载2012年总第41期《深圳律师》)

（十八）员工"隐婚"未必能解除劳动合同

案例：2011 年 8 月 10 日，胡小姐经某某商贸公司严格的招聘程序后被某某公司聘为前台文员。同年 12 月 11 日休息日，胡小姐因感觉身体有点不舒服到医院看病时得知自己已怀孕。由于入职时自己在入职登记表上填的是未婚，故没有将其怀孕的事实告知某某公司。但随着肚子的一天天增大，胡小姐不得不将其怀孕的事实如实向某某公司做了汇报。当某某公司得知胡小姐怀孕的事实真相后，在未与胡小姐协商的情形下强行解除了与胡小姐的劳动合同。

事发后，胡小姐以在生育前能胜任文员工作岗位，可继续工作也不需要某某公司的任何照顾为由与某某公司据理力争，并恳求某某公司收回强行解除劳动合同的公告不要与其解除其劳动合同，但某某公司未同意。

在双方协商无果的情形下，胡小姐随后向当地劳动争议仲裁委员会提起仲裁，要求撤销某某公司强行与其解除劳动合同公告，裁决某某公司继续履行双方签订的固定期限劳动合同。

1. 双方观点

胡小姐认为，其虽然在入职登记表上填写的未婚，但这是因为某某公司招聘前台文员要求为未婚，而自己又特别希望能得到这份工作，所以才在入职登记表上填写为未婚。虽然自己已婚并怀孕，但并不影响其继续为某某公司做好前台文员工作，更何况自己还向某某公司明确表示自己在生育前能胜任该前台文员工作岗位，也不需要某某公司的任何照顾。而某某公司却仍然要单方解除劳动合同实在想不通，何况自己隐瞒婚史只是为了获得一份工作，并没有严重违反某某公司的规章制度，某某公司无权单方解除劳动合同。

某某公司认为，公司规章制度明确规定，员工入职时应如实填写入职登记表，不得有任何隐瞒，否则公司有权依《中华人民共和国劳动合同法》（以下简称《劳动合同法》）第 26 条第 1 项的规定解除劳动合同。胡小姐在入职时明明已经结婚，却在入职登记表上故意填写为未婚，属于《劳动合同法》第 26 条第 1 项规定的欺诈行为,故某某公司有权解除与胡小姐的劳动合同。

2. 律师评析

虽然胡小姐入职时未如实告知某某公司婚姻状况,但其行为并未给某某公司造成不必要的损失。胡小姐的工作岗位是文员,其生育前完全可以胜任工作,某某公司也无需对胡小姐的工作岗位做任何调整,更何况国务院《女职工劳动保护特别规定》第5条规定,"用人单位不得因女职工怀孕、生育、哺乳降低其工资、予以辞退、与其解除劳动或者聘用合同"。因此,对于怀孕、生育及哺乳期"三期"内的女工,应特殊保护,用人单位无特殊理由,不能解除劳动关系。

某某公司仅以胡小姐入职时"未如实告知婚姻状况"属欺诈行为为由,与其解除劳动关系,有违法律规定,某某公司单方解除双方劳动合同行为无效,胡小姐可继续在某某公司工作,因为胡小姐"未如实告知婚姻状况"行为并未达到解约条件,劳动关系仍存在。

《劳动合同法》第42条明确规定,"女职工在怀孕、生育、哺乳这'三期'内,用人单位不得解除劳动合同"。国务院《女职工劳动保护特别规定》更是明确规定:"用人单位不得因女职工怀孕、生育及哺乳降低其工资或予以辞退以及与其解除劳动合同或者聘用合同";还将女职工的产假由90天延长至98天。

当然,对于女职工"三期"内的保护并非没有限度。依《劳动合同法》第39条规定精神,女职工在怀孕、生育及哺乳期内,如果有以下行为:①严重违反用人单位的规章制度;②严重失职,营私舞弊,给用人单位造成重大损害;③同时与其他用人单位建立劳动关系,对完成本单位的工作任务造成严重影响,或者经用人单位提出,拒不改正;④被依法追究刑事责任的。用人单位仍然可以与其解除劳动关系,但前提是必须达到"严重"的程度,且造成重大损失,否则将属于违法辞退。

本案中,尽管胡小姐在入职时未如实告知自己的婚姻状况,但其隐瞒只是为了获得一份工作而非其他,该"欺骗"行为,远没有达到严重违反某某公司规章制度的程度,同样没有达到《劳动合同法》第39条规定的"严重违反用人单位的规章制度"的程度,故某某公司单方解除与胡小姐的劳动合同,依法不应得到法律的支持。因为女职工的"三期"属法律明确保护的特殊时期,如果没有大错特错就不应被辞退。

诚然,在一些劳动争议案件中,有些女职工确实存在一些违反用人单位劳动纪律或规章制度的现象(如无故迟到、早退等),但这些小毛病属于批评教育范畴,远未达到法律规定可以解除劳动合同关系的"严重"程度,如果用人单位以此为借口辞退处在"三期"内的女职工,其结果只能适得其反。

3. 裁决结果

劳动争议仲裁委员会经审理后,裁决支持了胡小姐撤销某某公司与其解除劳动合同、继续履行双方签订的固定期限劳动合同的请求。某某公司不服,起诉至当地人民法院,请求判决双方解除劳动合同关系。

人民法院经审理后,认为仲裁裁决合法有效,某某公司以胡小姐未如实告知婚否为由,要求解除双方劳动合同关系,无事实和法律依据,据此驳回了某某公司的起诉。

(原载 2012 年 9 月 10 日《上海法治报》B7 版)

(十九)早退遇交通事故也应认定工伤

案例:尹某系某某商场有限责任公司的一名清洁主管。2012 年 3 月 16 日夜晚 23 时 40 分左右,尹某未到下班时间提前 1 个小时早退下班。回家途中,尹某骑电动自行车与一驾驶无号牌轻便二轮摩托车发生交通事故,致尹某当场死亡,肇事者乘人不备弃车逃逸,后经交警部门认定尹某无事故责任。

尹某家人认为,尹某是在下班途中遭遇交通事故死亡的,根据《工伤保险条例》第 14 条第 6 项规定:"在上下班途中,受到非本人主要责任的交通事故伤害的,应当认定为工伤。"尹某家人遂向所在市人力资源和社会保障局提出工伤认定申请。某市人力资源和社会保障局工作人员调查取证后,于法定期限内做出了认定尹某为工伤的决定。尹某所在的某某商场有限责任公司不服,向所在地上一级人力资源和社会保障部门提出复议申请,要求撤销该工伤认定决定。某人力资源和社会保障部门经审查认为,尹某系早退后遭遇车祸,不属于正常上下班途中的情形,由此做出不予认定工伤的决定。尹某家人不服该认定结论,遂向当地人民法院提起行政诉讼。

本案在审理过程中形成了两种截然不同的意见:

1）尹某在未到下班时间、未向企业请假的情况下,私自离岗回家,不符合上下班途中的时间因素。因此,不符合《工伤保险条例》中关于认定工伤的情形。

2）尹某虽属工作时间早退,但其性质仍然是下班途中,应当认定工伤。

笔者认为,第二种意见符合立法本意,故赞同第二种意见。类似案件在司法实践中虽争议很大,各地法院处理意见和处理结果也不一,但第二种处理意见确有它的合理性。

1.应当从从立法本意来理解《工伤保险条例》法条的含义

工伤保险法律制度属于社会法的范畴,其立法宗旨在于保护劳动者。《工伤保险条例》与原来的《企业员工工伤保险试行办法》相比有了明显的变化和进步,其中对工伤认定范围的规定就取消了原来的限制性文字,放宽了属于工伤法定情形的具体条件,更加充分地体现了条款的合理性和法律的人文关怀,客观上扩大了认定工伤的范围,更好地保护了劳动者的合法权益。故此,《工伤保险条例》第1条就开宗明义地规定,"为了保障因工作遭受事故伤害或者患职业病的员工获得医疗救治和经济补偿,促进工伤预防和职业康复,分散用人企业的工伤风险,制定本条例"。

2.关于"上下班途中"含义的界定

第一种观点认为员工上下班的时间应当是和工作时间紧密相连的,至少不能偏离太大。上下班应当是员工正常的上下班或者经过企业许可的上下班,员工擅自离岗下班行为是违反企业规章制度的行为,是对企业利益的损害,让企业承担对其有害行为所带来的风险是对其合法权利的蔑视,所以擅自离岗下班不应属于《工伤保险条例》所规定的"上下班"。故"上下班途中"应当理解为员工在正常上下班的合理路途中,并要参照正常上下班的合理时间因素综合判断。

其实,这一观点实际上就是《工伤保险条例》未面世前,原《企业员工工伤保险试行办法》第8条第9项规定的"在上下班的规定时间和必经路线上,发生无本人责任或者非本人主要责任的道路交通机动车事故的"的立法精神。而从《工伤保险条例》第14条"职工有下列情形之一的,应当认定为工伤:……(六)在上下班途中,受到非本人主要责任的交通事故或者城市轨道交通、客运轮渡、火车事故伤害的……"的规定来看,认定工伤并不要求必须是正常上下班的合理时间。因此,"提前下班的途中",从本质上看仍然属于"下班途中",故不能将"上下班途中"仅仅界定为"正常上下班途中"。所以,"提前下班途中"受到非本人主要责任的交通事故伤害的,依法而论应当认定为工伤。至于员工擅自离岗行为对企业利益的损害问题,则是另一个法律问题。企业可以根据相关劳动法律规范及企业制定的规章制度,对违反劳动纪律或企业规章制度的员工进行处分或处罚,而不能因员工违纪或违反企业规章制度而剥夺法律赋予员工因工伤应获得赔偿的权利。故笔者认为第二种意见更符合《工伤保险条例》的合法精神和更趋于合理性。

(原载 2012 年 9 月 17 日《上海法治报》B7 版)

(二十)因"工作"遭报复,认定工伤当从宽

在工伤认定中,有一项所谓"三工"原则,即《工伤保险条例》第 14 条"职工有下列情形之一的,应当认定为工伤:(一)在工作时间和工作场所内,因工作原因受到事故伤害的……"该条第 3 款规定:"在工作时间和工作场所内,因履行工作职责受到暴力等意外伤害的",也应当认定为工伤。依据上述条款,如果是受到暴力等意外伤害,"三工"似乎是认定工伤的必备要素。笔者认为,对于因工作遭受报复的情况,应以"工作原因"为关键要素,对工作时间和工作场所的认定应当从宽。

案例:李某是某电器厂的总务主管,负责该厂的人事、保安、维修与报关等部门的工作。2006 年 4 月 13 日 8 时左右,李某在电器厂全体保安员会议上,因保安员张某出言顶撞而遭到李某的训斥,遂引起张某报复李某之心。次日中午 12 时 02 分,李某打卡下班后去工厂食堂的就餐途中,头部遭到张某持铁管猛击,导致李某因抢救无效而死亡。

事发后,李某的母亲吴某向社保部门申请工伤认定,该局受理后经调查于同年 7 月 3 日做出工伤认定书,根据《广东省工伤保险条例》第 9 条第 3 项的规定,认定李某死亡事故属于工伤。

电器厂不服向某行政复议部门提起行政复议,认为李某当天 12 时 02 分已经打卡下班离开了工作岗位,其遭受暴力伤害时不属于工作时间,不在工作场所内,也不属因履行工作职责(事实上是去吃饭)受到暴力意外伤害的情形,故社保部门认定李某被张某殴打致死属于工伤,显然是认定事实不清,适用法律

· 135 ·

不当,要求撤销工伤认定决定。行政复议部门认为电器厂的申请有理,遂做出撤销工伤认定书的决定,并责令其在收到本决定书之日起60内重新做出决定。吴某随后提起行政诉讼。

1. 裁判结果

法院经审理后认为,《工伤保险条例》的立法原则和精神是保障无恶意劳动者因工作或与工作相关活动中遭受伤亡后能够获得救济。张某因工作原因对李某怀恨在心,而后对李某实施报复致李某死亡,显见李某对此无任何责任,李某的死亡属于因履行工作职责受到暴力等意外伤害的情形。《工伤保险条例》规定的工作时间并没有排除员工的临时休息时间,工作场所也没有明确不包括员工工作期间的临时休息区域,依《工伤保险条例》第1条"为了保障因工作遭受事故伤害或者患职业病的职工获得医疗救治和经济补偿"的立法原则和精神,认为李某在工作期间的临时休息时间和临时休息区域因履行工作职责受到暴力伤害,符合《工伤保险条例》规定的应当认定为工伤的情形。法院据此判决,撤销某行政复议部门做出的行政复议决定书,并于判决书发生法律效力之日起2个月内重新做出处理。

行政复议部门不服一审判决向二审人民法院提起上诉,并认为李某下班以后吃饭的时间不属于上班时间,工作期间休息时间不应包括上、下午两班之间的休息时间。李某当天在12时02分打卡下班后的时间属于其自由支配时间,不是工作时间,故上诉要求二审撤销一审判决。

二审法院认为,李某当天打卡下班即证明其上午的工作已结束,下班后的时间属于工外时间,也属于李某可以自由支配的时间,或者说是李某的正常休息时间,认为行政复议部门认定李某在12时02分打卡下班,离开工作岗位后遭受暴力伤害的时间不属于工作时间的理由成立,故判决撤销一审判决,维持行政复议部门的行政复议决定。

吴某不服二审判决申请再审,并认为《工伤保险条例》第14条第3项和《广东省工伤保险条例》第9条第3项规定的工作时间和工作场所都应该包括合理的延伸范围。李某当天虽已打卡下班,但去厂内食堂用餐正处于上、下午两班之间的短暂休息时间,属于工作时间和工作场所的合理延伸范围,请求再审撤销二审判决维持一审判决。

再审认为,在劳动法律关系中,工伤保护的法律原则和精神是保障无恶意劳动者因工作或与工作相关活动遭受伤亡后能够获得救济,只要劳动者受到的伤害与工作的内容相关联，对于工作时间的界定则要根据不同工作性质来判断，只要伤害情形不属于工伤排除范围，就应当认定为工伤。李某作为保安部门的负责人，组织保安员开会是其工作职责，其是因加害人在会上发言发生冲突而被害。虽然李某是在打卡下班后遇害，但其被害的地点在厂区内，被害的原因是基于履行工作职责受到打击报复所致。如果仅因工作时间就不认定为工伤，显然有违法律保护劳动者合法权益的立法本意和公平原则，也不利于员工积极履行工作职责。故判决撤销二审判决，维持一审判决。

2.工伤的概念

工伤，现代汉语词典定义为"在生产劳动过程中受到的意外伤害"。法学词典对此解释为"亦称'公伤'，是指工人和职员在生产或工作中负伤，即因工负伤"。工伤既然是因工负伤，顾名思义是职工因工作原因而受到的伤害。职工因工作原因而受到伤害的，有可能是在工作时间和工作场所之内发生，也有可能在其他时间和其他场所发生。故工伤可以定义为职工在劳动过程中因执行职务（业务）而受到的急性伤害。

3.工伤与非工伤的通常界限

（1）时间界限

即工伤一般限于工作时间之内所发生的急性伤害。

（2）空间界限

即工伤一般限于生产、工作区域之内所发生的急性伤害。

（3）职业（业务）界限

即工伤一般限于执行工作（业务）而发生的急性伤害，只要急性伤害是因执行工作（业务）而发生的，即使发生在工作时间或工作区域之外，也属于工伤。

（4）主观过错界限

即除了职工本人故意造成的急性伤害不属于工伤之外，发生在职工本人有过失或无过错的主观心理状态下的伤害，只要符合其他工伤条件，都应属于工伤。

本案李某受到的伤害虽然不能满足工作时间这一条件，但关键在于李某受到的伤害是否因工作或与工作相关的活动所导致。类似本案李某在工作时间之外所受到的暴力伤害是否一律不得认定为工伤，需要对"三工"要素进行逐一剖析。

4. "三工"要素解析

《工伤保险条例》第14条和《广东省工伤保险条例》第9条均对应当认定为工伤的情形做出了列举式的规定，即只要符合该条规定的情形之一，就应当认定为工伤。由此可以看出，工作时间、工作场所和履行工作职责（即工作原因）是认定工伤的三大要素。由于这三大要素的地位和作用不等同，从工伤的概念可知关键在于"因工负伤"，故工作时间、工作场所并非工伤认定的决定要素，工作原因（即因工负伤）才是工伤认定中的最关键要素。

因此，从《工伤保险条例》第14条和《广东省工伤保险条例》第9条规定的内容来看，不管哪一种工伤的认定，都离不开工作原因（即因工负伤）这一决定或关键性要素。而工作时间和工作场所并非工伤认定必须满足的要素。也就是说，即使员工在工作时间与工作场所内受到暴力伤害，但受到伤害的原因不是因履行工作职责而是因员工个人与他人结仇，导致他人对某员工有深仇大恨而寻机报仇所致，员工在这种情形下所受到的暴力伤害依法也不能认定为工伤。

5. 相关内容未修订

本案李某受到的伤害能否认定为工伤，关键要看其所受到的伤害是否必须同时满足《工伤保险条例》第14条和《广东省工伤保险条例》第9条规定的三大要素，本书从法理上分析得出的无须满足三大要素的结论是不言而喻的。对此，中国劳动社会保障出版社出版的，由国务院法制办公室、政法劳动社会保障法制司、劳动和社会保障部法制司、医疗保障司共同编写的《工伤保险现行法律政策汇编》释义认为，该项有两层含义：

1）职工因履行工作职责，使某些人的不合理的或违法的目的没有达到，这些人出于报复而对该职工进行的暴力人身伤害。

2）在工作时间和工作场所内，职工因履行工作职责受到的意外伤害。本案李某受到伤害的情况显然属于第一种情形，依法应当认定为工伤。

本案李某受到伤害是因履行工作职责而引起，显然符合工伤认定的核心要素——工作原因。李某受到伤害时是在工厂厂区内可视为工作场所，如果说李某受到伤害时已下班而不在工作时间内仅因工作时间而不认定为工伤，这不仅有违《工伤保险条例》和相关劳动立法的立法宗旨、精神和原则，也助长了犯罪嫌疑人恣意作恶的心态，且不利于劳动者权益的保护。

有必要指出的是，虽然《工伤保险条例》在2010年曾做了修订，并于2011年

1月1日起实施,但关于因履行工作职责受到暴力等意外伤害的条款未做任何修改。因此即使在《工伤保险条例》修订后,对因工作遭报复认定工伤的,仍应依据笔者前述分析和相关案例,以"工作原因"为根本要素,而对工作场所和工作时间从宽认定。

6.法条链接

《工伤保险条例》关于工伤认定的规定:

"第十四条:职工有下列情形之一的,应当认定为工伤:(一)在工作时间和工作场所内,因工作原因受到事故伤害的;(二)工作时间前后在工作场所内,从事与工作有关的预备性或者收尾性工作受到事故伤害的;(三)在工作时间和工作场所内,因履行工作职责受到暴力等意外伤害的;(四)患职业病的;(五)因工外出期间,由于工作原因受到伤害或者发生事故下落不明的;(六)在上下班途中,受到非本人主要责任的交通事故或者城市轨道交通、客运轮渡、火车事故伤害的;(七)法律、行政法规规定应当认定为工伤的其他情形。

第十五条:职工有下列情形之一的,视同工伤:(一)在工作时间和工作岗位,突发疾病死亡或者在48小时之内经抢救无效死亡的;(二)在抢险救灾等维护国家利益、公共利益活动中受到伤害的;(三)职工原在军队服役,因战、因公负伤致残,已取得革命伤残军人证,到用人单位后旧伤复发的。职工有前款第(一)项、第(二)项情形的,按照本条例的有关规定享受工伤保险待遇;职工有前款第(三)项情形的,按照本条例的有关规定享受除一次性伤残补助金以外的工伤保险待遇。

第十六条:职工符合本条例第十四条、第十五条的规定,但是有下列情形之一的,不得认定为工伤或者视同工伤:(一)故意犯罪的;(二)醉酒或者吸毒的;(三)自残或者自杀的。"

(原载2013年2月4日《上海法治报》B7版)

三、法律故事篇

（一）20 岁高位截瘫，13 载终获赔偿

2 月 11 日，毛中才收到了最后一笔赔偿金，至此，历时十三载的赔偿纠纷案终于圆满地画上了句号。

1. 祸自抬板

毛中才与邹德江为同一村组人，两人从小在一起读书、学艺至成人，关系甚为密切。后邹德江靠泥工手艺承包工程，毛中才便为其帮工，即使在泥工相当难聘时，毛中才也独自一人帮邹德江。1985 年 10 月，邹德江承包了邻村徐小毛的建房工程，毛中才同样为其帮工。

同年 11 月 26 日傍晚，同村村民魏先红给毛中才介绍对象，约定当晚见面，毛中才按捺住内心的喜悦，草草梳洗后便与魏先红上了路。不料毛中才刚走，邹德江就赶到毛中才家打招呼，要毛中才第二天到工地抬预制板。第二天清早，毛中才来到徐小毛工地路段，这时，邹德江站在徐小毛二层房顶上喊毛中才过去抬预制板，毛中才随即直往施工现场。上到二楼顶，邹德江便吩咐毛中才换自己抬预制板。由于邹德江在施工中未安设任何安全防护措施，致使毛中才在抬预制板的过程中从二楼屋面坠落于一楼的预制板上，当即昏迷。

事故发生后，邹德江与房东徐小毛立即送毛中才到汉川市人民医院抢救，后又转入武汉市同济医院治疗。在住院治疗 58 天后，毛中才虽然保住了一条性命，但终因无法治愈而落下高位截瘫的二级伤残。从此，体格健壮如虎的毛中才只得以床为伴，过着饭来张口、衣来不能伸手的日子。

2. 索赔路漫

毛中才出院后,完全变成了一个废人,吃、喝、拉、撒全靠别人,连翻身也需靠别人才能翻动。毛中才的父母万万没有想到,不到两个月,自己的独苗竟成了一堆肉团团,夫妻俩一下如坠万丈深渊。其父经不住这残酷的打击,竟变得精神失常;其母刘香香怨老天无眼,使自己家庭遭此不幸,整日以泪洗面。毛中才躺在床头时不时向其父母发问:"我还能好吗?我还能好吗?"

刘香香的泪水一边往肚里流,一边为儿子鼓劲:"会好的,一定会好的。"心里却在想,可怜的儿啊!你怎么知道,像你这样的病是不可能治愈的啊!而且连生存的希望都很渺茫。

为了儿子,刘香香不怕苦不怕累,不怕别人异样的眼光,时刻注意和打听能治好毛中才病的灵丹妙药。她不知往邹德江家跑了多少次,但每次找邹德江商量儿子的事,邹德江斩钉截铁地说:"只要能治好中才的病,我一定想方设法筹钱。我只当是您的儿子,我会尽最大努力照顾好中才和服侍好您二老的。"邹德江当时这样说了,也这样做了,逢年过节还提一些礼品上毛中才家看望。

年复一年,日复一日,日子一长,邹德江便没有原来那份热情劲了,当时的信誓旦旦也抛到了九霄云外,刘香香不去要,邹德江就不给,有时要几次才给个百儿八十的,甚至还靠别人转,邹德江此时连毛中才的家门也不愿上一下。刘香香找村里,村干部给邹德江做工作,邹德江照样爱理不理,不冷不热。

1996年底,汉川市政府修建新北公路征用了魏家村土地,毛中才家的责任田也有部分被征,从而获得了一笔补偿金。恰在此时,刘香香打听到有地方可能治得好毛中才的病,便上邹德江家门商量,要求其尽量多凑几个钱让儿子住院治疗,因为进院就得先交1万元。哪知道邹德江听后长时间不回话,原来,邹德江一分也不愿给。无奈,刘香香又找村干部,经村干部再三找邹德江做工作,邹德江只愿出2 000元,还要分期给。刘香香绝望了,她的心在颤抖,在流血。在万般无奈的情况下,刘香香想到了法律。1997年4月4日,刘香香受儿子毛中才委托,一纸诉状递到了法院。

3. 艰难诉讼

1997年4月7日,刘香香代表儿子以邹德江为被告向汉川市人民法院递交了民事起诉状,要求邹德江赔偿原告毛中才因人身受到伤害的经济损失127 354元。汉川市人民法院非常重视,指派经验丰富的民庭庭长金坤山主审此案。

1997年6月24日,汉川市人民法院正式开庭审理此案,庭审中,原、被告争执焦点主要集中在诉讼时效和劳动雇用关系上。被告邹德江认为,原告受伤于1985年,起诉于1997年,其间相隔12年之久,即使从《中华人民共和国民法通则》施行后的1987年1月1日起算,也已达10年有余,远远超过了诉讼时效,被告其间给钱给物于原告,是出于同情而进行道义上的慰问,并非履行了法律上规定的义务,故因其丧失胜诉权而不应受到法律的保护。另外,被告雇用原告务工是实,但用工方式以日计酬,做一天工给一天钱。且原告受伤当日被告并未安排其参与建房施工,双方当日自然也就不存在劳动雇用关系。

对此,原告代理人当庭用事实做了反驳:①关于时效问题,被告邹德江自己陈述经常给钱给物于原告,并称他家要钱就给,一直到今天。另外,魏家村党支部书记魏永光对此也做了同样的证词,这充分说明其间原告在不断主张权利,被告也在不断履行义务,显而易见诉讼时效没有中断情形,所以,原告的诉讼请求因未超过法律规定的时效应受法律保护。②关于劳动雇用关系问题,客观事实证明,事发前,原告受雇于被告;事发中,是被告喊原告参与施工并安排原告抬预制板(何况事发前一天晚上被告还到原告家相约过),这足以证明双方发生并存在劳动雇用关系。

法庭辩论结束,经调解,被告邹德江自愿赔偿原告毛中才经济损失3万元,原告见被告态度转变,亦表示同意,于是,双方当庭签订了调解协议。

然而事隔3天,被告邹德江反悔,致使调解失败。汉川市人民法院便于1997年10月14日以〔1997〕川民初字第152号民事判决书暂时画了个句号。

一审宣判震惊了邹德江,继而上诉于孝感市中级人民法院,打算以时间来拖垮毛中才。孝感市中级人民法院经审理认为,汉川市人民法院〔1997〕川民初字第152号民事判决认定事实不清,适用法律不当,于1998年1月5日裁定撤销原审判决,发回汉川市人民法院重审。这样一来,邹德江满以为胜券在握。而这一发,对于已是精疲力竭的毛中才家,好像雪上加霜,无可奈何只得陪邹德江在法庭上逗圈子。

1998年4月22日,汉川市人民法院民事审判庭另行组成合议庭公开审理,并追加房东徐小毛为第二被告。法庭上辩论并不激烈,邹德江还是老调重弹后便不言语,只是被告徐小毛的代理人做了不该承担民事责任的辩解。这次庭审,邹德江没打算调解,也未同意调解,他好似已将此宝押在了二审上。

1998年6月22日,汉川市人民法院经审理后认为,被告邹德江身为建筑工程承包人在无安全防护设施的情况下,雇用原告毛中才高空冒险作业,致使原告毛中才摔伤致残,理应承担主要民事责任;被告徐小毛明知邹德江无建筑资格,而将其建筑工程发包给邹德江,应承担次要民事责任;原告毛中才明知无安全防护设施而疏忽大意冒险作业,亦有过错,应吸取教训。原告对被告徐小毛从未主张过权利,徐小毛也未履行过义务,故原告对被告徐小毛因超过诉讼时效而丧失胜诉权,其责任应由原告自行承担。遂以〔1998〕川民初字第186号做出民事判决,原告毛中才的全部经济损失为94 700元,由被告邹德江赔偿70%,即66 290元,于本判决生效之日起7日内付清,其余损失由原告自行承担。至此,历时440天的赔偿案基本画上了句号。

1998年7月13日,邹德江以相同理由向孝感市中级人民法院提出上诉,孝感市中级人民法院经审理后认为:毛中才受雇于邹德江在建房工程施工中受伤致残,因此造成的经济损失依法应由邹德江承担主要赔偿责任,原判认定事实清楚,适用法律正确,判决结果符合有关赔偿的标准,应予维持。邹德江上诉称毛中才受伤之时与其不属劳动雇用关系,自己不应承担赔偿责任,且本案已超过诉讼时效的理由经查无事实和法律依据,本院不予采信。对其上诉请求不予支持。1998年10月22日,孝感市中级人民法院终审判决,驳回邹德江上诉,维持原判。至此, 13载索赔纠纷案终于画上句号。毛中才接到终审判决书时热泪盈眶,情不自禁地说,"法律是公正的,我终于等到了这一天"。

(原载1999年3月15日《湖北法制报》)

(二)"花朵楼"为何成了豆腐渣

1. 为脱贫,修建教学楼

位于江汉平原的汉川市城关镇东南方向的涵闸村,是一个纯农业村,经济基础相当薄弱。1990年,村委会为改造涵闸落后的面貌,经充分讨论后认为,要脱贫,教育必先行。全村360户2 008人虽然仅靠1 600亩耕地养家糊口,但再穷也要改善村小学低矮、潮湿、光线差的教学条件。村民大会上,大家畅所欲言,异口同声赞同村委会动手建教学楼的方案,并希望这项"花朵"工程即刻上马,为子孙后代造福。1990年12月10日,涵闸村委会以议标方式将3层教学楼工程(建筑面积为1 188.62平方米)向社会发包,原汉川县建筑联合服务公司(独资经营)取得承包资格,双方签订了建筑工程施工合同。事后,联合公司法定代表人马克金又将工程交由其子马飞负责施工。该工程于1991年8月竣工,同年9月1日投入使用。

教室宽敞明亮,教学设施焕然一新,师生喜上眉头,村民赞不绝口。村委会为此虽背上了债务,但一想到祖国未来的花朵能在如此优越的环境下学习也心安理得,毫无怨言。此时此刻,谁也未曾想到,用血汗筑起的、花了4年积蓄才还清工程款的"花朵"工程从一开始使用起便已埋下隐患。

2.遭拒绝,愤然上法庭

1997年5月,涵闸小学在教室涂刷油漆时,发现部分墙体和梁有开裂现象,遂委托湖北省建筑工程质量监督检测中心(以下简称检测中心)对教学楼进行检测。检测中心于1997年7月28日做出鉴定报告:①从墙体裂缝开裂规律看,建筑均存在不均匀沉降。从图纸上看,未设基础圈梁,墙体纵向刚度不足,窗宽达3米,且地基软弱,施工时所用砂浆强度低而使砌体抗拉强度低,引起低层窗下墙体出现多条竖直方向裂缝。②对于XL10梁截面高度,其实际截面高度与设计图纸不符,正截面抗弯强度不够导致该跨梁中出现竖直方向裂缝。③根据设计图纸进行强度复核发现窗过梁跨中正截面抗弯强度不够。故建议:①在加固前停止使用。②对开裂的窗过梁及XL10做加固处理。③对局部抗压强度不够的墙体,做加固处理。紧接着,湖北省建筑科学研究设计院拿出了加固维修方案和加固维修施工图。随后,涵闸村委会和涵闸小学多次与汉川市建筑勘察设计院及联合公司协商加固维修事宜,两单位均对此不冷不热,最后置之不理。在此情况下,涵闸村委会和涵闸小学为讨说法于1997年10月24日向汉川市人民法院提起诉讼,将汉川市建筑勘察设计院和联合公司推上了被告席。

3.讨说法,官司多磨难

诉讼归诉讼,孩子们可不能误课,涵闸村委会和涵闸小学随即租赁场地继续上课,同时组织施工队伍加固维修教学楼。当某施工队敲开粉刷层实施加固时却发现墙体大面积开裂,裂缝延伸至整个楼层,缝隙宽达2.5毫米,一层门厅钢筋砼大梁跨中断裂,柱侧与相连的墙体明显错位,只得停工,并再次委托省检测中心检测。可正当检测中心实地勘察正准备拿出补充鉴定结论时,联合公司法定代表人马克金不幸病故,一时间,联合公司是有限责任制公司企业,应按照其财产承担有限民事责任;马克金已死,其妻和子女又未继承公司财产,本案应终止诉讼等说法风起云涌。

1998年6月26日,省检测中心补充鉴定姗姗来迟。补充鉴定认为:造成汉川市涵闸小学教学楼墙体开裂的原因,是设计人员在未取得该教学楼岩土工程勘察资料的情况下盲目设计,基础承载力严重不足,以致房屋产生较大的不均匀沉降,加之施工单位在施工过程中未按图纸要求的技术指标进行施工,基础底板厚度偏小,砌筑砂浆强度极低,不能抵抗房屋沉降过程中产生的拉应力而使墙体大面积开裂,根据《危险房层鉴定标准》的有关规定,判定该教学楼为整栋危险房屋。处理意见:因该建筑物砌建砂浆质量极差,加固处理方案不能实施,建议拆除重建,其损失按当地现行同类建筑的单方造价计算。这份补充鉴定,将本案庭审戏剧性地推入高潮。

4. 庭辩中,各说各有理

汉川市人民法院对于这起特殊的质量赔款纠纷案十分重视,抽调了精兵强将主审此案,同时追加马克金配偶及其子女马飞等参与本案诉讼。庭审中,原、被告双方各不相让。原告认为其受损害的事实不仅客观存在,而且其损害后果与被告的违法行为有直接的因果关系,且系多因一果。因此,造成的损失应依法由被告承担赔偿。由于联合公司法定代表人马克金在诉讼过程中病故,而其配偶和子女并没有明确表示放弃其权利,故其民事责任应由马克金配偶及其子女承担。

被告辩称,原告所举鄂建检鉴定报告不能认定涵闸小学教学楼质量问题是施工或者是使用原因造成,另因教学楼墙体出现裂缝不是施工建筑质量问题,而是地基变化引起,据此认为:无论是从主体上或从证据上讲,原告要求联合公司赔偿的理由均不能成立。同时对省检测中心的鉴定报告有异议。

被告汉川市建筑勘察设计院辩称,原告教学楼设计图并非其正规设计,只是在原告提供的现存图纸上加盖了设计章。联合公司又未按设计图纸施工,故其只能依法承担相应的在图纸上加盖图章的民事责任。

5. 不服判,上诉也白搭

一审判决认定,原汉川县建筑联合服务公司属非等级的个体私营企业,按其技术力量、资金、固定的从业人员及管理水平只能依法从事房屋维修、提供劳务，却与原告签订承建 1 188.62 平方米 3 层教学楼施工合同，其行为系无效民事行为。该公司业主马克金在施工过程中不严格按图纸施工，擅自修改部分大梁和基础底板厚度，使用不符合设计指标的砌体砂浆（仅达设计值的 0%—16%）；更为严重的是被告马飞（当时施工负责人）见原告不懂建筑工程验收程序（工地又没有质监人员），公然在隐蔽工程验收记录上假冒设计人员签名，欺骗原告，使教学楼工程从开工时起就埋下了质量隐患，最后导致该工程在仅使用 6 年后无法实施补救措施而成为危房。对此，建筑联合服务公司业主马克金应承担主要民事责任。因马克金在诉讼过程中死亡，其配偶及子女在诉讼期间又没有明确表示放弃其权利，故民事责任由其配偶及子女承担。原告未经严格审查将工程发包给未经建筑行政管理部门验资的个体私营业主承建，且在施工过程中对质量疏于监督，未经验收便投入使用，故其也有一定过错，应承担一定的民事责任。被告汉川市建筑勘察设计院未依法按程序绘制施工图，草率地在被告马飞及原告提供的现存质量低劣的施工图上盖章，其行为表明对施工图的确认，且开工后又未积极主动地派员参与工程质量的管理与监督。对此，设计院应依法承担为原告重做设计并承担与勘察设计费相应的赔偿责任。判决原告实际所受经济损失为 195 892.95 元（不含应支付的重建勘察设计费）。被告联合公司和马飞等承担 137 125.07 元；原告自己承担 58 767.88 元。被告设计院承担为原告重做教学楼图纸的勘察设计并赔偿与勘察设计费相应的赔偿金 6 563.6 元。

被告马飞不服一审判决提起上诉称：原判认定被诉主体错误，造成危房原因不清，责任界限划分不清，实体处理违法，请求撤销原判，驳回原告的诉讼请求。

原告及设计院均服判，被告王长仙、马昌文、马桃梅未提出书面意见。

二审法院在查明事实的基础上，公开开庭审理后于 1999 年 3 月 15 日做出了终审判决。终审判决除对原告与被告承担民事责任的比例微调外，其他均予维持。

至此，轰动一时的花朵工程质量纠纷赔偿案终于画上了句号。

（原载 1999 年 5 月 31 日《湖北法制报》）

（三）劣质水泥坑农家

1999 年 6 月 12 日，汉川市城隍镇群胜村一组村民王礼胜收到汉川市人民法院第 4851 号民事判决书时，百感交集，无比激动。

1. 水泥风波

1997 年 3 月 6 日，王礼胜经邻村村民徐友新推荐以 290 元/吨的价格赊购了汉川市涵闸水泥有限责任公司（以下简称涵闸公司）编号为 97230 的 425 号袋装粉煤灰硅酸盐水泥 10 吨。谁知在用该批水泥浇捣基础及一层的圈梁阳台和砌体时，不能按期凝固。为此，王礼胜当即向涵闸公司提出质量异议。涵闸公司在同年 3 月 17 日和 21 日两次派员到现场查看后，将王礼胜未用完的 5 吨水泥予以调换（调换后的水泥编号为 97320），同时告知王礼胜及其现场施工人员，97230 的水泥不存在质量问题，只是中期强度，可以继续施工。

王礼胜满怀信心继续施工至同年 4 月 16 日，浇捣月余的梯板，一搬即断，无法从地面搬起，为安全起见，停止了施工，随即又向涵闸公司法定代表人反映，涵闸公司遂邀请汉川市建工质检站一行人到现场查看并当面抽取了有质量争议的水泥样品，告知王礼胜检验结果出来后做答复。王礼胜左等右等，在多次询问汉川市建工质检站和涵闸公司无任何答复的情况下，于同年 5 月 21 日将有质量争议的水泥送样于汉川市建工质检站检验，结论为：该组水泥安定性合格，7 天、28 天胶砂强度未达到要求。据此，王礼胜多次就赔偿问题找涵闸公司协商，但终因赔偿额度各持己见而告吹。于是，王礼胜陷入了欲建不能、索赔无果的困境。

2. 投诉受挫

房子建到中途被迫停工，既不能继续建，索赔又无望。从 1997 年 7 月起，王礼胜先后投诉于汉川市工商局打假办公室、汉川市消协、汉川市技术监督局和新闻媒体，请求保护其合法权益。汉川市工商局、打假办表示无能为力；汉川市消协爱莫能助；汉川市技术监督局经过调查走访，在取得大量第一手资料的前提下提出调解意见,也因涵闸公司一意孤行不愿赔偿而使汉川市技术监督局的一片好意化为泡影。

1997 年 10 月 5 日,王礼胜一纸诉状将涵闸公司告上法庭,请求判令涵闸公司赔偿其经济损失及由此引起的经济损失共 71 446 元或重修因涵闸公司水泥质量不合格导致的危房。

面对王礼胜提出的诉讼请求,涵闸公司辩称,1997 年 3、4 月生产出厂的粉煤灰硅酸盐水泥是经孝感市建材产品质量监督检测中心站抽检合格的产品,原告单方送检的样品不能证明是被告的产品。因此,汉川市建工质检站做出的970303 号水泥检验报告既缺乏真实性,又不具权威性。就是原告送汉川市建工质检站的样品系涵闸公司所生产,也不能证明原告危房的形成是被告生产的不合格水泥造成,故原告诉被告水泥质量有问题缺乏证据,法院应驳回原告的诉讼请求。

为揭开原告危房形成原因之谜,汉川市人民法院于是委托湖北省检测中心对原告王礼胜所建住宅进行鉴定。

3. 节外生枝

湖北省检测中心接受汉川市人民法院委托后,及时派员对原告王礼胜所建住宅进行回弹测试,发现砼回弹值较低,不能进行砼强度评定。砌筑的砖基础,表面有粉状物或片状物。故于 1998 年 4 月 17 日出具鉴定书。结论为:王礼胜于 1997 年 3 月建私房所用汉川市涵闸公司粉煤灰硅酸盐 425 号水泥属质量差的水泥。用这批水泥砌筑的砖砌体和浇筑的砼强度低,不能满足建筑物的安全使用,建议对基础的砖砌体进行加固补强,对阳台和圈梁部分拆除或者加固补强。同年 7 月 2 日,检测中心又提出补充建议,王礼胜 1997 年 3 月建私房所用汉川市涵闸公司粉煤灰硅酸盐 425 号水泥属质量差的水泥浇筑的阳台部分建议拆除,圈梁部分建议加固。

涵闸公司对此鉴定结论当然不服,便于 1998 年 10 月自行委托湖北省检测中心再次对王礼胜住宅进行鉴定。结果,检测中心于 1998 年 11 月 11 日出具补充说明,该说明不仅认定圈梁砼强度能满足建筑结构安全要求,可不加固,而且对阳台部分认定为设计不合理,且配筋不明,要进一步检查。

同一机构出具了两份自相矛盾的鉴定意见,使主审法官也感到迷茫,为慎重起见,合议庭经再三合议,决定由涂同欢、孙正新两位法官亲赴检测中心查证,得知是涵闸公司在委托检测中心鉴定的过程中做了手脚。经检测中心袁总工程师亲自过问和检测,最终结论终于形成,还了庐山真面目。

4.各陈其词

1999年4月7日,汉川市人民法院城北法庭公开开庭审理此案。法庭上,就原告所购水泥是否存在质量问题和危房形成原因,原、被告双方还是争执不下。汉川市人民法院在经过调查、质证、法庭辩论并经法庭调解无效后,本着高度负责的精神,决定对此案另定日期宣判。

同年5月14日,汉川市人民法院在对全案的证据进行认真仔细的分折、认定后,依法做出如下判决:

1)被告涵闸公司赔偿原告经济损失14 750.30元;原告应支付被告5吨合格水泥款(调换的)1 450元。以上两项相抵,被告于本判决书生效之日起3日内给付原告13 300.3元。

2)驳回原告要求被告承担精神损害赔偿费2万元及其他诉讼请求。

案件受理费2 650元,被告承担600元,原告承担2 050元。判决书送达原、被告双方后均未提起上诉。

(原载1999年7月19日《湖北法制报》)

（四）电信局多收电话费咋办

案例:蔡某是湖北省汉川市电信局的普通用户。2001年2月8日,蔡某缴纳2000年12月21日至2001年1月20日期间的电话费时,发现其住宅电话费应交额为183.9元,蔡某交完费后经查询,发现在2001年1月13日22时,其座机与一移动电话(号码为1350669XXXX)通话45分钟,费用为22.5元。蔡某不解,随即到电信局收费处询问并反复找电信局及其市场部有关负责人,要求提供该通话的详细资料,电信局及其市场部让蔡某找移动部,当蔡某找到移动部后,移动部的人说,你不是我的客户,没资格到我这里查询。后来,蔡某在电信局市场部一个男青年的帮助下,终于查清那个电话实际通话不到1分钟,对方电话的使用费为0.50元。在事情真相大白后,电信局态度稍有好转,同意退还蔡某多收的 22 元钱。但蔡某不服,认为电信局太不负责任,想通过诉讼促进一下电信局的服务工作。

笔者经对本案分析后认为,蔡某首先应明确本案争议焦点和解决问题的关键:

1)关于责任承担。《中华人民共和国电信条例》第 5 条规定,"电信业务经营者应当为用户提供迅速、准确、安全、方便和价格合理的电信服务"。第 40 条第 2 款同时规定,"电信用户对交纳本地电话费用有异议的,电信业务经营者还应当应电信用户的要求,免费提供电话收费依据,并有义务采取必要措施协助用户查找原因"。电信局与蔡某之间的电信业务关系实际上是一种合同关系。双方的权利义务关系是:电信局应向蔡某提供迅速、准确、安全、方便和价格合理的电话服务,蔡某应按时支付电话费用,双方地位平等。根据《中华人民共和国合同法》第 107 条的规定,"由于电信局自己的过错造成多收蔡某电话费的结果,电信局当属违约,理应承担违约责任"。

至于其承担责任的大小,要视该事件发生后蔡某实际受到多大损失,即为此而支付的费用(如主张权利过程中的交通费等)有多少;另外,如若蔡某在主张权利的过程中精神上确实受到打击的话,电信局对此也应承担赔偿责任,这是基于侵权损害赔偿而言的, 当然要视蔡某精神受损害的程度来确定赔偿数额。依据《中华人民共和国电信条例》第 40 条第 1 款的规定,在电信局拒不解决问题或蔡某对处理结果不满意时,蔡某有权向国家信息产业部或省电信管理部门提出申诉。依法而论,本案属于合同违约责任与侵权责任的竞合,蔡某既可以侵权责任为由向电信局索赔,也可以合同违约责任来找电信局主张权利。同时,蔡某还可依《中华人民共和国消费者权益保护法》的规定维护自己的权利。

2)关于胜诉与否和如何打官司的问题,根据我国民事诉讼法第 3 条的规定,蔡某可直接到所在市的人民法院提起民事诉讼。如果蔡某对打官司实在是十分陌生的话,不妨请一位律师帮助解决诉讼中的难题。

(原载 2001 年 3 月 20 日《中国律师报》)

（五）贴红榜捐钱竞村长，是贿选还是拉选票

案例：据《检察日报年》2月17日报道，浙江义乌市一些个体老板在参加村民委员会换届选举时，以书面形式公开向村民承诺，如当选愿捐助金钱若干，如本人违背承诺，可随时罢免，另还承诺当选后的相关"施政纲领"。义乌市廿三里镇华溪村村民虞廷顺和城西镇上杨村村民杨保伟都以贴出红榜捐款10万元而当选村民委员会主任。此事在当地引起巨大反响，有人认为是贿选，是变相用金钱拉拢选民。有人则认为承诺并不等于贿选，候选人按正当程序公开向村民介绍自己的"施政纲领"，其中自然包括若干承诺。否则，村民怎么相信这个待选的"公仆"是称职的呢？

贿选，即是用钱财收买选票的舞弊行为。那么，虞廷顺和杨保伟贴红榜捐款竞选村长的行为是否属于贿选呢？《中华人民共和国村民委员会组织法》第15条规定，"以威胁、贿赂、伪造选票等不正当手段，妨害村民行使选举权、被选举权，破坏村民委员会选举的，村民有权向乡、民族乡、镇的人民代表大会和人民政府或者县级人民代表大会常务委员会和人民政府及其有关主管部门举报，有关机关应负责调查并依法处理。以威胁、贿赂、伪造选票等不正当手段当选的，其当选无效"。虞廷顺和杨保伟贴红榜承诺捐款，公开、公平、公正地参与竞选，其承诺并不等于贿选。其实，候选人按程序公开向选民介绍自己的"施政纲领"（如虞廷顺和杨保伟在承诺捐款的同时，还具体地公开了当选后如何为村民服务，怎样带领村民实行民主管理等一系列措施和方案），当然就包括某些承诺，不然村民怎么来分析你、相信你这个待选的"公仆"是否会称职呢？更何况这种公开承诺竞选的行为，既没有贿赂村民，也没有用金钱收买选票，只是将捐款用于村级公益事业，依法不属于贿选行为。

《中华人民共和国宪法》第34条和《村民委员会组织法》第12条都规定，"年满18周岁的村民，不分民族、种族、性别、职业、家庭出生、宗教信仰、教育程度、财产状况、居住期限，都有选举权和被选举权。但是，依照法律被剥夺政治权利的人除外"。作为虞廷顺和杨保伟来讲，他们并没有被剥夺政治权利，享有法律

赋予的选举权和被选举权,何况法律还明文规定不分财产状况。事实上,依照合法程序选举先富起来的村民(能人)当村长,让他们履行自己的承诺和"施政纲领",带领村民共同致富,我们何乐而不为呢?选举他们作村长,是实现这些"能人"的自身价值、鼓励这些"能人"为社会做贡献的有效途径。当然,选举"能人"当村长,有关部门对村委会工作的监督和管理更应加强,以保证村委会按照《中华人民共和国村民委员会组织法》开展工作,防止村委会变成个人或家族势力的领地。再说,"能人"公开承诺竞选行为,既没有采用不正当手段妨害村民行使选举权和被选举权,也没有破坏村民委员会的选举,村民拥护,说明此事顺应历史潮流,符合社会发展的规律。

老板贴红榜竞选村长,不是应该禁止,而是应该引导、应鼓励。

(原载 2002 年 3 月 8 日《湖北法制报》)

(六)手机中设国歌音乐作来电显示岂有此理

案例:据 2002 年 3 月 10 日《检察日报》报道,重庆市民中有人在手机中设置《义勇军进行曲》代替手机铃声来接收信号。另据《广州日报》报道,广州街头出现专门为手机添加提示音乐的专业店铺。在互联网上,也有相当多网站开发手机音乐。这些店铺和网站可加载的音乐清单上,有的明确标有国歌——《义勇军进行曲》。

1. 国歌的地位和作用

国歌,泛指代表一个国家的歌曲。《义勇军进行曲》——中华人民共和国国歌,象征和标志着中华人民共和国,它代表了中华人民共和国的尊严和威严。1982 年 12 月 4 日,第五届全国人民代表大会第五次会议通过了《关于中华人民共和国国歌的决议》,决定《义勇军进行曲》为中华人民共和国国歌,正式确立了国歌的地位。1984 年出台的《关于中华人民共和国国歌奏唱的暂行办法》规定,"在重要的庆典或政治性的公众集会时,在遇有维护祖国尊严的斗争场合均可奏唱国歌。但在私人婚丧庆悼、舞会、联谊会等娱乐活动以及商业活动等场合,不得奏唱国歌"。这进一步阐明了国歌的性质和重要作用。事实上,1982年12月4日第五届全国人民代表大会第五次会议通过的《中华人民共和国宪法》设专章规定了国歌、国旗和国徽。从国歌、国旗和国徽的立法层次上讲,都是经中华人民共和国最高立法机关确定的。这就说明,国歌、国旗和国徽的地位和性质的属性没有质的区别,是一根藤上的三个瓜。

2. 国歌滥用何以泛滥

国歌的确定,从立法层次上来讲,它与国旗和国徽在同一起跑线上,都是经享有国家最高立法权的全国人民代表大会通过的,应受同等的保护和享有一样的尊严,它们都象征和标志着我们伟大祖国神圣不可侵犯,绝不允许任何形式的游戏。国歌,它是那么慷慨激昂,凝聚着人民的自豪感和自信心。当国歌在公共场合奏响时,那严肃的情景使听者肃立致敬。这就表明,国歌在广大人民的心中占有何等的分量。但是,就手机设国歌音乐的情形而言,国歌被滥用的范围正在扩大,被滥用的现象日益严重,当然不容人们忽视。那么,国歌滥用何以成趋势呢?这除了与人们的爱国情、道德因素和民族自尊心有关外,显而易见与立法有关。国歌、国旗和国徽都是同一天由立法机关确认并通过,而国旗和国徽已相继于1990年6月28日和1991年3月2日用立法的形式予以保护,唯独国歌的保护还没有专门立法,以致不尊重国歌、滥用国歌的不正常现象时有发生。这正如全国人大代表彭复生所述,一旦制定了国歌法,对国歌的保护就有法可依,也就能违法必究,从而改变这种不尊重国歌,使用、滥用国歌的不正常现象。

3. 国歌奏唱和使用并非没有限制

众所周知,当国歌在公共场合奏响时,听者应肃立致敬,不得交头接耳、击节或鼓掌。这是由国歌的地位和性质所决定的。将国歌用作手机的来电显示,手机使用人就会不断中断国歌音乐,这种情形完全是在把国歌当儿戏,导致国歌的尊严贬损。《中华人民共和国国旗法》和《中华人民共和国国徽法》对国旗国徽的保护也做了类似的规定,此说明国歌不能随便使用,更不能滥用。《中华人民共和国民法通则》在基本原则中规定,"民事活动应该遵守法律,法律没有规定的,应当遵守国家政策。民事活动应尊重社会公德,不得损害社会公共利益"。……很明显,用国歌作手机来电显示是违反了我国民法通则的原则性规定的。《公民道德建设实施纲要》也强调爱国守法、明理诚信……这是每个公民应遵守的基本道德规范,是每个公民都应当承担的法律义务和道德责任。

(原载 2002 年 3 月 29 日《湖北法制报》)

（七）两则典型案例，
揭开《中华人民共和国劳动法》尴尬面纱

　　《中华人民共和国劳动法》(以下简称《劳动法》)自 1995 年实施以来,解决了大量的劳动争议案件,取得了较好效果。但随着社会主义市场经济体制的全面形成,《劳动法》有关规定已明显滞后,不利于保护劳动者的合法权益。

1. 问题的提出

　　案例 1:2001 年 6 月 21 日中午,刘某某为农村承包户褚某某割麦过程中不幸被蛇咬伤(刘某某系褚某某聘用的一年期农工)。事发后,褚某某即刻送刘某某到医院治疗,刘某某在医院治疗 10 天后出院,褚某某仅支付刘某某人民币 2 000 元。由于刘某某治疗费用为 5 738 元,且不包括相关费用,协商无果的情况下刘某某将褚某某告上法庭,法庭经审理认为双方属于劳动争议不属法院管辖,驳回了刘某某的诉讼请求。刘某某不得已又向当地劳动争议仲裁部门申请劳动仲裁,仲裁部门以刘某某的伤害不属于工伤不适用《劳动法》调整而不予受理。

　　案例 2:2001 年 8 月 5 日上午 10 许,某公园护园临时工张某在给公园花坛洒水的过程中同样被毒蛇咬伤,当即被送医院抢救治疗,经住院治疗 28 天后出院,共支付医药费 5 000 余元。张某伤经当地劳动行政部门认定为工伤,鉴定其医疗期为 3 个月,后期医疗费 2 000 元。由于某公园与张某就赔偿数额达不成一致意见,最后经劳动争议仲裁程序和人民法院一审程序责令某公园支付张某医药费、误工费、护理费等共计人民币 13 278 元。

　　上述两则案例,事情经过、受伤情况、用工性质基本上一样,但最终的结果却各异。为什么会出现这样的情形呢? 这得从《劳动法》说起。《劳动法》第 2 条规定,"在中华人民共和国境内的企业、个体经济组织(以下统称用人单位)

和与之形成劳动关系的劳动者,适用本法"。根据这个规定,地地道道的劳动者——农民是不能享受《劳动法》的保护的,难怪案例 1 中的刘某某与案例 2 中的张某遭遇同样的损害,但命运却大相径庭。

2. 农民的劳动该不该叫工伤

就《劳动法》本意来讲,应该是保护全体劳动者的。也就是说只要是中华人民共和国领域内的劳动者,都应一视同仁受《劳动法》保护。然而,上述两则典型案例的鲜明对比,从而揭开了《劳动法》的尴尬面纱。

种地算不算劳动?结论是唯一的,当然是劳动。既然算劳动,那么种地的农民在劳动中受伤理所当然应适用《劳动法》调整。然而《劳动法》并非如此,其原因是农民在劳动中受伤不叫工伤事故。你说叫"农伤"(笔者称)事故吧,法律又没有明文的规定,也难怪刘某某倒霉。

事实上,社会生活中没有一个人没有哪一个地方或哪个部门在提到劳动时会排除农民种地这种劳动形式。但在咱中国,至少有两处的劳动就不包括种地这种劳动,人为地把劳动割裂:①劳动和社会保障部;②《劳动法》,二处都有"劳动"二字,却又不包括农民种地这种劳动。工人(即便是农民进城做工)在工厂被机器切掉手指头叫工伤事故,享有法律明规定的权益保障。那么,农民种地喷农药中毒死亡叫什么?是不是真的该叫"农伤"事故。若如此,为什么没有"农伤"保险条例?一个人无论从事何种职业,他的劳动都由三部分构成:"养活自己、养老抚幼、作用于社会"。从这个意义上讲,工人、国家干部与职工以及除农民之外的所有劳动者的劳动难道与农民的劳动还会是两种毫不相干、互无联系的劳动不成?这显然说明《劳动法》在上述两则案例上的尴尬程度如何!

3. 农民的劳动应该用《劳动法》调整

农民的劳动包括农民种地的劳动形式,也包括农民进城打工的劳动形式。进城打工(劳动)的农民在城市中的地位虽然低微,但从劳动受保障这一点上讲,还是要比种地农民的劳动进了一步。因为从《劳动法》来讲,进城打工的农民还类似于工人,一旦进城打工的农民回到乡下种地(帮别人种地),其身份又起了翻天覆地的变化,不仅由类似的工人摇身一变成了农民,而且一样打工性质的劳动权益却又不受《劳动法》调整和保护了。随着社会的进步和产业结构的变化,到农村承包土地种地的非农业户口人员(工人或干部等)越来越多,农村也有不少能工巧匠随着城市打工步伐的加快也渐渐变成了城里人(不是种地人）。虽然农村种地的非农业户口人员实质成了地地道道的农民,但其法定地位却不能叫农民。那些被我们从农民的概念中剥离出来的、在城里劳动生活的能工巧匠的法定地位仍然是农业人口,也就是说仍然是农民。那么便给人们这样一个提示,管你是怎样的同一形式的劳动,只要你沾上农民、农村、农业的"农"字,你就休想得到《劳动法》的保护。笔者真不知国有农场的农工在劳动中受伤该用什么法律来调整? 此证明,《劳动法》不仅仅是尴尬,而且弊端显见。

4.《劳动法》相关条文应作修改

根据现行《劳动法》的规定,农村中耕种土地的农业劳动者被排除在《劳动法》之外。相应的,农村大部分劳动者同劳动相关的基本权利的保护也就无从谈起。这种做法的结果必然会形成厚此薄彼的身份歧视现象,固化中国社会现有的城乡二元结构,妨碍城乡的协调发展,妨碍了城市化进程的健康推进。《劳动法》对于就业的意义没有予以明确界定,对社会保障的重要性也没有予以强调,只是笼统地说"应当"发展社会保障,并没有强调必须建立社会保障制度,只是从消极的意义上防止超出社会经济发展水准地建立社会保障制度,没有从主动和积极的意义上强调建立社会保障制度的必然性,也没有强调社会保障制度的权威性和紧迫性,更没有将农业劳动纳入社会保障制度的范畴,农业劳动者的合法权益又如何能得到保障。很显然,《劳动法》是该修正了。

（原载 2004 年第 3 期《广东律师》）

（八）176 棵荔枝,索赔 172 万事隔半世纪,
被告终胜诉

一桩案情复杂、涉及赔偿 172 万,时间跨度达 50 多年,可能影响深圳市农村城市国有化转地工作的官司,在进驻深圳市宝安区李松蓢社区律师的积极参与下,终以被告胜诉而告终,成功地避免了深圳市整个农村城市国有化转地工作出现波折并造成尴尬局面的发生。

1. 一场只能赢不能输的官司

2007年春节刚过,李松蓢股份合作公司(即李松蓢社区居民委员会)就收到了深圳市宝安区人民法院的一份开庭传票。该居委会居民梁某认为,土地改革时期原宝安县人民政府将位于李松蓢社区元山仔和马路两块共43亩(地上当时有荔枝树176棵)确认为原告梁某及其父亲等人所有,同时给他颁发了土地房产所有证。2005年深圳市因农村城市化,其43亩土地转为国有,深圳市人民政府依《深圳市宝安龙岗两区城市化土地管理办法》深府〔2004〕第102号文件的规定,给原告所有的176棵荔枝树补偿了人民币172万元,被告李松蓢股份合作公司却背着原告将此笔补偿款据为己有。现要求法院判决李松蓢股份合作公司支付其荔枝树补偿款172万元。

此案关系重大,因为还有好多居民等待着本案判决,一旦败诉,其他居民会随风而上,社区要向其承担支付转地补偿款是小事,但很可能使深圳市整个农村城市化转地工作出现波折并造成尴尬局面。这是一场只能赢不能输的官司。

2. 时间跨度达50多年

宝安区法律进社区活动从2006年4月全面启动,广东深兴律师事务所律师王腊清、陈罗强、章宏春三人挂点公明街道办事处李松蓢社区。王腊清律师二话没说就接手了这个责任重大的案子,并邀约章宏春律师一同办理。经过调查和走访,弄清楚了事情的真相:1952年10月15日,宝安县人民政府依据《中国人民政治协商会议共同纲领》第21条和《中华人民共和国土地改革法》第30条规定向原告等村民(分别为梁国全、陈婵好、林爱贤、陈伦笑、梁福田和梁振基即原告梁进基)颁发了"土地房产所有证"一份,该"土地房产所有证"上记载,"确定可耕地31.73亩、房产房屋5间、地基5段均作为本户全家私有产业,有耕种、居住、典卖、转让、赠与、出租等完全自由,任何人不得侵犯,特发此证"。1958年我国实行人民公社制,当地政府依《农村人民公社工作条例》的规定将原属原告及其村民共有的可耕地31.73亩收归集体所有,并将该土地的所有权划归原李松蓢生产大队(即现在的李松蓢社区居民委员会或李松蓢股份合作公司)所有,隶属李松蓢生产大队第四生产队管理。自此以后至原告向人民法院提起诉讼时止,原告就从未耕种和管理过该土地及该土地上的附着物。改革开放以后,李松蓢村又依国家政策将村属土地以责任田的方式依法分配给全体村民耕种。

2002 年,李松蓢村村民代表大会为深化市场经济体制改革,做出了向其下属 6 个生产队征收荔枝、龙眼等果树的方案(即将原村民责任地的所有果树一并征收,同时给予一定的补偿),原告所在的第四生产队按人头各获 3 000 元人民币的补偿,且原告实际已收取。

2005 年,深圳市实行农村城市化改革,李松蓢村原集体所有的土地均转为国有(包括原告诉称的元山仔马路的土地),深圳市人民政府随后将土地国有化的补偿款(包括青苗补偿费)全部拨付给了李松蓢股份合作公司,据此,原告认为原宝安县人民政府于 1952 年 10 月 15 日依据《中国人民政治协商会议共同纲领》第 21 条和《中华人民共和国土地改革法》第 30 条向其颁发的"土地房产所有证"上记载的可耕地 31.73 亩及其该土地上的附着物荔枝树的所有权为原告,故深圳市人民政府拨付给李松蓢股份合作公司土地国有化的补偿款包含原告可耕地 31.73 亩及其该土地上的附着物荔枝树的款项,因此以李松蓢股份合作公司没有将深圳市人民政府拨付的荔枝树补偿款交付原告,侵害其财产所有权为由提起诉讼,要求李松蓢股份合作公司赔偿其 172 万元。

3. 172 万索赔证据不足

在获得第一手证据资料后,王腊清律师又认真地查阅了 1949 年 9 月 29 日中国人民政治协商会议第一届全体会议通过的《中国人民政治协商会议共同纲领》、《中华人民共和国土地改革法》(1950 年 6 月 28 日中央人民政府委员会第八次会议通过)和《农村人民公社工作条例》(修正草案),然后依据调查了解的事实并结合相应的法律法规综合分析,确定的代理观点是:

1)原告的诉求无事实根据与法律依据:①无证据证明 176 棵荔枝树原告享有所有权;②无证据证明原告所诉称的 172 万元补偿款就是原告依法应获得的款项;③无证据证明原告可以代表行使其"土地房产所有证"上记载的其他权利人的权利;④原告所持有的"土地房产所有证"不仅有违我国现行的法律法规,而且早被我国颁布的相关法律法规与政策废除,不具备证据效力,不能作为原告享有该证记载的权利的证据。

2)原告起诉已超过法定诉讼时效,丧失了胜诉权,法院应予以驳回其诉讼请求。2007 年 3 月 23 日,深圳市宝安区人民法院以〔2007〕深宝法民一初字第 674 号民事判决书做出判决:驳回原告梁进基的诉讼请求。梁进基不服又提起上诉,深圳市中级人民法院经审理后于 2007 年 7 月 25 日做出〔2007〕深中法民一终字第 980 号民事判决,驳回上诉,维持原判。至此,一场有可能波及深圳市农村城市国有化转地工作的闹剧终于画上了圆满句号,也避免了一场动荡整个深圳市转地补偿款纠纷诉讼案件的发生,同时也使李松蓢股份合作公司、李松蓢社区居民委员会及社区有关居民挂在心头的一个秤砣落了地。通过法律进社区实践,律师们清楚地认识到,要力争社区的和谐与发展,必须在社区做好纠纷排查与纠纷预防工作,以减少与杜绝纠纷的产生,预字当头,防字第一,尽量避免纠纷与诉讼案件的发生。

(原载 2007 年法律出版社出版深圳市司法局主编的《法佑和谐》一书)

(九)谁为受伤的未成年人雇员买单

案例:谭某某原系 A 县一初级中学初三学生,15 岁,于 2005 年 3 月 25 日离校出走。同年 3 月 29 日,刘某以招聘餐馆服务员为由,将谭某某带至其家中安排谭某某做家务,3 天后又把谭某某安排在自己经营的发廊内做洗头工,实际上是从事卖淫活动。

同年 4 月 13 日晚,单某、许某、黄某 3 人来到刘某经营的发廊,欲找 3 名卖淫女包夜,随后与刘某谈好 3 名卖淫女包夜价格为 600 元。由于卖淫女人手不够,刘某便将谭某某和另外 2 名卖淫女带至单某、许某、黄某所开的宾馆 3 楼房间供其媷宿,并说明谭某某是未婚女,必须增加服务费 800 元,单某、许某、黄某 3 人均同意。谭某某被奸污后第二天凌晨 2 点左右欲悄悄离开宾馆,但由于夜深宾馆门上锁出不了门,谭某某便翻过 3 楼洗手间的窗户顺着落水管道下楼,结果因其不慎摔至 1 楼受伤。谭某某受伤后幸亏发现及时被他人送至附近的人和医院住院治疗,被确诊为双髌骨闭合性粉碎性骨折,其伤情经法医鉴定为轻伤,伤残程度评定为 9 级伤残。

事发后,刘某因介绍卖淫嫖娼被公安机关处以劳动教养 1 年。谭某某所受伤害后的民事赔偿因双方协商未果,故谭某某一纸诉状将刘某告上法庭。

1.双方观点

原告谭某某诉称,被告刘某以招聘谭某某到餐馆做服务员为由将其骗到刘

·159·

某所经营的发廊,后采取威逼手段强迫其卖淫,为逃出刘某的控制和避免再次遭蹂躏,不得已从宾馆3楼下楼时被摔伤。刘某违反法律规定,强迫未成年的原告谭某某卖淫致其受伤,其行为严重地侵害了原告的人身自由和身体健康权,故请求法院判令被告赔偿原告因此而遭受到的医疗费、误工费、护理费、精神损害抚慰金等相关经济损失人民币壹拾万陆仟零柒拾捌元(￥:106 078元)。

被告刘某的答辩意见是:谭某某本来就是一个不良少女,从事违法活动纯属其自愿,并非受人强迫和威逼。在从事非法活动过程中,由于自己的主观判断错误,导致其身体受到伤害,过错显然在于自己,其受到的伤害后果理当由自己承担。本人已经受到法律的制裁,承担了相应的责任,故不应再受追究。更何况被告与原告没有法律上的任何雇用关系,当然不应承担责任。

2. 法院判决

一审人民法院经审理后认为,原告离校出走后到被告经营的发廊做洗发女至后来的卖淫活动,根据公安机关对事发各当事人和证人的调查,尚不能确定原告离校出走和从事卖淫活动是被被告所骗或被逼的。因此,原告诉称是在被逼迫下从事卖淫活动的证据不足,其主张的事实不予采信。原告在与他人从事非法活动结束后,在没有受到任何人暴力、威胁等情况下自行攀爬而摔伤,其损害事实虽然存在,但该损害结果的发生与被告的违法介绍卖淫行为没有直接或间接的法律意义上的因果关系,且原告在与他人从事非法卖淫活动的过程中,不论是原告的直接作为行为,还是被告的违法介绍作为行为,都是不受法律保护的非法行为。同时,被告的违法介绍卖淫行为已经受到了公安机关的处罚。因此,对原告请求被告赔偿其因受伤害而造成的经济损失的诉讼请求不予支持,遂判决驳回原告谭某某的全部诉讼请求。

3. 再审结果

2007年4月,某市检察院就本案向某市中级人民法院提起抗诉,称被告侵犯了谭某某作为未成年人的合法权益,依照《中华人民共和国未成年人保护法》的相关规定,以原审适用法律错误,提请某市中级人民法院指令原一审法院对本案进行再审。再审中,在合议庭的主持下,双方当事人达成一致调解意见,除刘某已实际支付谭某某的部分医药费、护理费外,另由刘某赔偿谭某某经济损失人民币伍万元(￥:50 000元),并当庭履行完毕。

4. 法律评析

本案虽调解结案,但引发的争议还是值得探讨的:

(1)是否应以雇员受害为由来支持谭某某的损害赔偿请求

持此观点的人认为,本案案由应为雇员受损害赔偿纠纷,原因在于:

1)所谓雇员受损害赔偿纠纷主要表现为:①双方有无雇用合同(不管是口头还是书面);②受雇人有无报酬;③受雇人有无提供劳务;④受雇人是否受雇用人的监督。尤其是后两项决定了雇用关系的存在与否。本案中,刘某以招聘餐馆服务员为由,先是将谭某某带至其家中做家务,后又安排谭某某到其经营的发廊内做洗头工直至从事非法的卖淫活动,这个过程表明刘某对谭某某的工作安排是由家政服务员、洗头工到卖淫女,虽然刘某的终极目的是要将谭某某逐步引向卖淫的深渊,但在安排谭某某卖淫之前的雇用关系是显而易见的,不论谭某某的工作身份如何,也不论谭某某执行的是合法行为还是非法行为,都是在刘某的授意和指示下进行的,并受其管理和监督。从受益的角色来看,刘某始终是谭某某行为的受益人,谭某某只是从刘某之处获得自己的劳动报酬。依法而论,指派未成年人从事合法行为致其损害尚且应当赔偿,刘某指使未成年人谭某某从事非法活动致谭某某受伤则更应当予以赔偿,因为雇主授意雇员行为的合法性与否是不能否定双方事实上存在的雇用关系的,且法律也没有明确将雇用关系中执行雇主指示的行为界定为必须是合法行为。因此,本案应以雇用关系为基础来确定被告刘某的赔偿责任。

2)雇用关系侵权责任的归责原则究竟应适用无过错责任原则还是适用过错推定责任原则,实践中尚存分歧。多数国家采用的是过错推定责任,即考察雇用人主观上是否有过错。雇用人的过错主要表现在对受雇人的选用、监督、管理上的注意义务。过错推定责任允许雇主通过举证证明自己没有过错来获得免责,如在对雇员的选用或监督过程中已尽到了合理的注意义务。本案中,雇主刘某明知谭某某是一名未成年人而违法雇用,并有意指使未成年的谭某某从事非法的卖淫活动,主观上存在重大过错,显然不能免责。故应以雇员受害为由来支持谭某某的损害赔偿请求。

(2)是否该驳回谭某某的诉讼请求

有人认为,本案既不符合一般侵权责任的构成要件,也不符合特殊侵权的法律特征。一般侵权责任的构成要件有四个方面:①违法行为;②损害事实;③因果关系;④主观过错。归责原则适用过错责任原则,侵权责任形态为直接责任形态。由此分析本案,被告刘某实施的违法行为是,雇用未成年的谭某某并介绍其从事卖淫活动从中收取嫖资而获利;损害事实是谭某某在卖淫的过程中从楼上摔下致伤;因果关系中虽然被告刘某介绍谭某某的卖淫行为并不必然导致谭某某摔伤的结果,不存在直接的因果关系。但依据相当因果关系规则,其大前提是依据一般的社会经验,该种行为能够引起该种损害结果。现实生活中,该行为也确实引起了该损害结果,则该行为是该损害事实发生的适当条件,二者之间具有相当因果关系。由此,被告刘某的介绍卖淫行为与谭某某被摔伤的损害结果之间也不存在相当的因果关系。总之,被告刘某的违法行为并不必然地产生谭某某受损害的结果,二者之间欠缺行为与结果之间的因果关系,不符合一般侵权责任的法律特征。

那么,本案是否构成特殊侵权责任呢?针对本案谭某某起诉的事实,与之相近的特殊侵权形式就是雇用关系。从形式上看,被告刘某雇用原告谭某某在其经营的发廊做洗头工,符合雇用关系的特征,人们可以将二者的关系视为雇用关系。法律上考量雇主责任的关键问题,就是雇员是否在执行职务的过程中受到损害。本案原告谭某某卖淫所得的嫖资由雇主刘某收取,然后从雇主刘某手中获取报酬,这说明谭某某的卖淫行为与雇主刘某的指示要求是一致的,这一行为是否属于执行职务的行为呢?最高人民法院《关于审理人身损害赔偿案适用法律若干问题的解释》(以下简称法释〔2003〕第 20 号)第 9 条规定,"从事雇用活动是指从事雇主授权或者指示范围内的生产经营活动或者其他劳务活动"。既然是"生产经营活动或者其他劳务活动",依法就应当是建立在合法基础之上的关系。而本案的雇用关系,则是以合法的形式掩盖非法目的,即以洗头工为名,行卖淫之实,是一种非法的雇用关系。法释〔2003〕第 20 号的解释界定的雇用活动为合法的雇用关系而非非法的雇用关系。鉴于此,谭某某的侵权损害赔偿之诉,既不符合一般侵权责任的构成要件,亦不符合特殊侵权的法律特征,故应当驳回谭某某的诉讼请求。

(3)检察机关以刘某侵犯了谭某某未成年人合法权益为由支持谭某某的请求提起抗诉是否不当

谭某某所受到的伤害,依法而论理应得到赔偿。理由如下:

1)谭某某作为一名未成年人,不仅其认知能力和辨别能力有限,而且欠缺其自我控制和自我管理的能力。被告刘某正是利用了谭某某作为未成年人不懂事的这一特点,诱劝谭某某从事违法的卖淫活动,致使谭某某在从事卖淫活动后心理上产生害怕而逃跑时受到损害,客观上与被告刘某的介绍卖淫行为之间具有不可分割的内在联系。原审认为谭某某系在从事非法活动结束后,在没有受到他人暴力、威胁等情况下自行攀爬过程中受伤的,应当由自己负责的理由不充分。谭某某在从事非法活动过程中受伤,是一个连续不断的过程,不应以非法行为的结束而结束。正是因为有了这一非法的卖淫行为,才导致发生后来攀爬行为,人们不能以一个正常成年人的思维方式来要求一个未成年人应当注意的义务。《中华人民共和国未成年人保护法》第28条规定,"任何组织或个人不得招用未满16周岁的未成年人"。第47条同时规定,"侵害未成年人的合法权益,对其造成财产损失或者其他损失、损害的,应当依法赔偿或者承担其他民事责任"。被告刘某明知谭某某为未成年的在校初三学生,利用谭某某缺乏辨别是非和自我保护的能力的情形,故意雇用并怂恿谭某某从事非法的卖淫活动,且导致谭某某在从事卖淫活动的过程中受到意外损害,理当承担谭某某因此而遭受到的一切经济损失的责任。

2)其实,被告刘某应对谭某某承担责任的关键并不在于雇用关系,而在于谭某某是一名未成年人这一事实。被告刘某雇用未成年人谭某某从事违法卖淫活动,其主观过错是显而易见的,应以其过错来确定被告刘某的赔偿责任,而不是无过错责任。对于雇用关系侵权行为的归责原则,我国一般采用严格责任原则,即无过错原则。不论雇主是否有过错,都应当承担责任。如果说本案中的谭某某是一个成年人,且其他情形都一致,雇主就不应对谭某某在卖淫过程中受到的伤害承担责任。而本案中的原告谭某某是一个未成年人,且是被告刘某以雇用方式来怂恿谭某某从事非法的卖淫活动的,依照我国《未成年人保护法》的相关规定,检察机关以被告刘某侵犯了原告谭某某未成年人合法权益为由支持谭某某的请求提起抗诉有理有据。

综上所述,被告刘某的介绍卖淫行为,既违反了行政法规,又构成民事侵权,属于行政违法与民事违法的竞合,刘某除要接受行政违法的惩处外,还应承担因民事违法的赔偿责任。故原审以被告刘某的介绍卖淫行为已受到了公安机关的处罚为由驳回谭某某的诉讼请求是于法无据的,不能成立。另外,认为被告刘某的介绍卖淫行为与原告谭某某的卖淫行为都是非法行为而不受法律保护的观点显然欠妥,因为原告谭某某受到人身损害要求获得赔偿是未成年人的合法权益,依法理当受到保护。二者有质的区别,不能混为一谈。因此,笔者赞同"应以雇员受害为由来支持谭某某的损害赔偿请求"的观点。

(原载 2009 年第 6 期《深圳律师》)

四、法治时评篇

（一）小议温水中的青蛙

近日，笔者从报刊上看到王新康卖官案的报道，不由想起了温水中的青蛙的故事。听朋友说有人做过这样一个试验，在煮沸的油锅中放入一只青蛙，在这生死存亡的时刻，青蛙的反应极为敏捷，双腿一跃，竟跳出锅外。做实验的人又用另一只锅注满清水，然后将从油锅中跳出的青蛙放进清水锅里，它却游得逍遥自在，试验人员再从锅底加热，青蛙仍显一副悠哉样，毫不在意，当水温逐渐升高时，青蛙方出现难忍之状，这时青蛙虽有脱逃之意，却因再也没有那一跃而起的力量，不得不葬身锅底。

想起这则故事和看到王新康的卖官报道，笔者顿感这个试验以独特的方式揭示了一个道理：人一旦长时间生活在舒适的环境里，往往贪恋和沉湎于安逸享乐而倦于抗争，少了少年时期的奋斗精神和旺盛志气，于是乎挡不住糖衣炮弹的袭击，成了俘虏。王新康就是这样一个典型，他大概没有听说过温水中的青蛙的故事。

客观事实告诉人们，当一个人面临巨大的灾难或困难时，会顿生一种紧张感，随之会涌起一种强烈的抗争力量，即使失败了，其奋斗的精神仍显示出一种撼人心魄的悲壮。温水中的青蛙的故事和王新康的卖官案给了人们一个警醒，在舒适的环境里，更应时刻保持清醒的头脑，切不可贪图享乐而成为强弩之末，不然就会像温水中的青蛙那样，只得听天由命、徒唤奈何了。贫穷、困窘和险恶的环境可造就人才，顺境却使不少人才因不思进取贪图享受而陷入泥潭。

今天，我们生活在日益繁荣的社会中，生活安定、环境优越，这为每个人的发展提供了相对有利的条件，但绝不能像温水中的青蛙那样，沉湎在优越的生活环境里不能自拔,不能像王新康那样贪得无厌而自甘沉沦,应在安定充实的生活中,不断寻找生命的激情。

(原载 1999 年 10 月 27 日《中国律师报》)

(二)设冷板凳惩罚"孬学生"于法无据

案例:据 2012 年 9 月 20 日《楚天都市报》报道,武汉市某中学初三(2)班特设冷板凳处罚"孬学生",该班专门为那些爱讲话、好骂人或者成绩不好的学生单设一排(第八排,实际仅一个座位)轮流坐庄,让其难堪。报道称,特设冷板凳已有两个多月的时间,后经学生家长投诉和记者采访被取消。该校也表示以后不再设"冷板凳"。

1. 学校何以特设冷板凳

(1)外部原因

一个时期以来,对于一个学校的好坏,人们都是用这个学校能考上重点学校的学生比例数来衡量的,认为考取重点学校的学生比例数越高,该学校的教育质量教学水平就越好。有的教育行政主管部门也以此论功行赏,从而导致老师只顾抓教学质量而忽视教学管理。如报载某小学四年级有 11 名学生在期末考试中不及格,老师便令这些学生站到讲台上,按照自己距离及格线所差的分数打自己耳光,差几分打几下。正因为如此,老师为了对其另眼相看的"调皮生"予以促进,不是从正面加以引导,而是想尽奇招怪法来制约。这样,才有了"冷板凳"这个歪招。

(2)内部原因

一些学校和老师将学生的受教育权和人格权、名誉权直接对立起来,以牺牲学生的合法权益为代价去换取所谓的教学成绩。个别人还认为老师就是"传道、授业、解惑的"。既然要教育学生,首先要了解学生,这样才能因材施教,对症下药。要了解学生,就要针对学生的情况采用特殊方式来了解。于是,特设冷板凳不期而遇。

· 165 ·

（3）立法上的原因

法律虽然做出了保护中小学生人格权、名誉权的规定,但对于什么是未成年人的人格权、名誉权,这些权利包括哪些内容,法律并没有做出具体的界定。这样,未成年人在遇到具体的侵权行为时,难免会无所适从。同时,法律规定了不准侵犯未成年人的人格权、名誉权,而一旦有人侵犯了,应受到什么样的处罚,也无具体的惩罚措施。这样,对一些法律意识本来就不强的人就缺乏一种威慑力,于是就有人敢于去以身试法。所以说,完善立法也是特设冷板凳的原因之一。

2. 特设冷板凳的行为性质

从武汉市某中学初三（2）班特设冷板凳的目的和已发生的事实来看,冷板凳无疑造成学生的一种人格侮辱和名誉侵害。《预防未成年人犯罪法》明确规定,"对未成年人犯罪案件,新闻报道、影视节目、公开出版物不得披露该未成年人的姓名、住所、照片及可能推断出该未成年人的资料"。对于未成年人犯罪的案件尚且不能公开披露,何况像武汉市某中学初三（2）班爱讲话、好骂人和成绩不好学生的行为并够不上犯罪,连违法（如成绩不好）也谈不上,可见武汉市某中学初三（2）班这种在全班公开设冷板凳的做法是不妥的。《未成年人保护法》还规定,学校、幼儿园的教职员应当尊重未成年人的人格尊严。不得对未成年学生和儿童实施体罚、变相体罚或者其他侮辱人格尊严的行为。由此可见,武汉市某中学初三（2）班特设冷板凳的行为属法律所禁止的行为。

3. 特设冷板凳的行为后果

诚然,像武汉市某中学初三（2）班特设冷板凳的初衷和愿望是好的,是善意的,目的是为了促进那些后进的学生。但是,这种不尊重学生人格、不注重保护学生人格尊严的做法极易引起学生的逆反心理,其结果必然适得其反,甚至会酿成悲剧,这样的例子可以说不胜枚举。老师教育管理学生,通常不会有家长或其他人在场,中小学生大多数是未成年人,属于弱势群体,他们的权利意识、民主意识都不强。因此,他们对个别老师甚至家长以及社会上的其他人的侵权行为是缺乏有效防卸和抵制能力的。他们只知模仿,只会受到不法侵权行为的影响,甚至导致他们同样会采用违法侵权行为去侵害别人,难道这不是一种危险信号么！法制教育要从娃娃抓起。

（原载 2001 年 10 月 19 日《湖北法制报》）

（三）罢免村委引出"刁民"风波

案例：据《人民法院报》11月16日报道，河北省晋州市赵兰庄村2 386名村民于2001年3月向当地乡政府递交了罢免赵兰庄村委会成员的申请，当地政府做出了"申请罢免赵兰庄村委会成员的理由不能成立"的决定，村民不满意，继而上访，后来又采用诉讼的方式欲找回民主权利状告当地政府，被人民法院驳回诉讼请求。与此同时，9名村民上访代表全部被晋州市公安局传唤，其中代表之一郑全会被以涉嫌"扰乱社会秩序罪"遭刑拘（其他8名代表只得外逃，外逃一个月后，通过熟人与公安局交涉，每人交2 000元人民币后方才回村，郑全会在被关押30天、交了2 000元人民币取保候审后才获人身自由）。因事情无结果，村民认为即使付出代价也要抗争到底。

1.村民是否有权罢免村委会成员

据报道称，当地政府做出"申请罢免赵兰庄村委会成员的理由不能成立"的决定是根据《河北省村民委员会选举办法》的规定进行审查后做出的，因为审查罢免理由是否成立是《河北省村民委员会选举办法》赋予乡政府的权利。《中华人民共和国村民委员会组织法》第16条明文规定，"本村1/5以上有选举权的村民联名，可以要求罢免村委会成员。罢免要求应当提出罢免理由，被提出罢免的村民委员会成员有权提出申辩意见，村民委员会应当及时召开村民会议，投票表决罢免要求"。很显然，罢免理由是否成立，应由村民会议投票表决，而不是由上级政府来审查罢免理由是否成立，来决定是否进入罢免程序或是否进行罢免。

虽然《河北省村民委员会选举办法》规定了让乡、镇政府对村民的罢免理由进行审查的内容，但此内容明显与《中华人民共和国村民委员会组织法》有冲突。《中华人民共和国立法法》第78条规定："宪法具有最高的法律效力，一切法律、行政法规、地方性法规、自治条例和单行条例、规章，都不得同宪法相抵触。"第79条同时规定，"法律的效力高于行政法规、地方性法规、规章。行政法规的效力高于地方性法规、规章"。显而易见,《中华人民共和国村民委员会组织法》的效力当然高于《河北省村民委员会选举办法》。据此,村民是有权罢免村委会成员的。

2. 村民代表要求罢免村委会成员的上访及诉讼行为是否构成犯罪

对问题解决的方案和结果不满,对有关行使公共权力的机关或人提出批评、意见和建议,向上级反映现实中的实际问题,是宪法赋予公民的重要权利,这集中体现在《中华人民共和国宪法》第 35 条和第 41 条的规定中。对于公民行使这些权利,宪法特别规定,任何人不得压制和打击报复。

《中华人民共和国信访条例》第 29 条第 2 款也明确规定,"任何组织和个人不得压制、打击报复、迫害信访人"。这些规定,为公民行使信访权利提供了保障。《中华人民共和国行政诉讼法》第 2 条规定,"公民、法人或者其他组织认为行政机关和行政机关工作人员的具体行政行为侵犯其合法权益,有权依照本法向人民法院提起诉讼"。这是我国行政诉讼法赋予公民、法人或者其他组织为了保护自身的合法权益,而采取诉讼补救措施的具体规定。本来,赵兰庄的村民欲通过司法救济程序来保护自身的合法权益,公安机关却认定这些上访、告状的村民代表是刁民,涉嫌扰乱社会秩序。

《中华人民共和国刑法》第 290 条第 1 款虽然有聚众扰乱社会秩序罪的规定,但这里的聚众扰乱社会秩序罪是指聚众扰乱党政机关、企业、事业单位和人民团体的正常活动,情节严重,致使工作、生产、营业和教学、科研无法进行,给国家和社会造成严重损失的行为。其主观方面是故意,客观方面表现为行为人纠集多人以各种手段扰乱社会秩序,使机关、单位和团体的正常工作无法进行,给国家和社会造成严重损失。赵兰庄的 9 名村民代表既没有扰乱社会秩序的故意,也没有聚众以非法的手段来扰乱哪个机关或单位的正常活动,致使其工作、生产或营业无法进行,给国家和社会造成严重损失。其实,即使赵兰庄的 9 名村民代表在信访中有不当行为,《中华人民共和国信访条例》也只是规定,信访工作机构可以给予批评教育,也可以建议其所在单位给予批评教育或者依法给予行政处分;违反治安管理的,由公安机关依照《中华人民共和国治安管理处罚条例》予以处罚;构成犯罪的,依法追究刑事责任。必须明确的是,这里惩罚的对象是妨碍信访秩序的行为,而不是信访本身。所以,赵兰庄的 9 名村民代表要求罢免村民委员会成员的上访、诉讼行为不构成犯罪。

3. 值得回味的问题

公民通过信件、电话或亲自向上级机关和领导反映问题（上访），是法律赋予公民的权利。其实，1997年5月16日，赵兰庄村民的上访行为是农民权利意识的觉醒，也是社会进步的表现。如果视上访者为刁民，愚以为也是先有刁官后才有刁民。河北省赵兰庄如果不是村委会干部贪污挪用公款惹怒了村民，这些历来顺受的中国农民是断然不会上访告状的。要从根本上解决群众的上访，特别是越级上访问题，作为基层组织和基层干部，必须认真贯彻十六中全会精神，努力改进作风，注意倾听群众呼声，切实解决群众反映的问题。否则，用严惩的办法来对待群众的上访、告状，只会使上访越来越频繁，告状的人越来越多。

（原载 2001 年 12 月 11 日《湖北法制报》）

（四）德国式裁员与《中华人民共和国劳动合同法》

11月21日的《报刊文摘》摘载了《环球时报》一则有关德国、美国和日本等国的一些大公司关于裁员做法的报道，其中介绍了德国电信公司的做法，笔者很为我国将于2008年1月1日实施的《中华人民共和国劳动合同法》汗颜。

据报载，德国电信公司在近两年内要裁员3万—5万人，以便于公司进行重组，迎接和进军新兴市场。在裁员前，公司已经就"利益平衡"和"社会计划"与公司工会进行了充分协商和谈判，并按规定履行了听证与征求工会及员工意见等程序，至于如何解雇或先解雇谁后解雇谁，他们遵循的是"德国式"的裁员原则——即先裁培训期的员工，随后裁单身员工，接下来裁结婚不久还没有生孩子的员工，最后裁结了婚且有了孩子的员工。也就是说按其员工家庭负担轻重的程度实施裁员。

据了解，德国的社会福利和社会保障既优裕又出色。大公司裁员完全可以根据其自身利益和需求来定，想怎么裁就怎么裁，想裁多少就裁多少，大可不必考虑员工的切身利益，但德国的公司却把裁员这么简单的事情复杂化，居然在裁员过程中以及谁先谁后的问题上，搞这么多的讲究。很显然，这种复杂化的

· 169 ·

德国式裁员模式,却是建立在"利益平衡"与"社会计划"基础之上的,这同时告诉国人德国公司在裁员时是在承担和履行公司或社会义务。为此,我们有必要对这种德国式裁员方式做些剖析,先裁培训期的员工,随后裁单身员工,接下来裁结婚不久还没有生孩子的员工,最后裁结了婚且有了孩子的员工的模式告诉人们:①培训期员工一般情况下是进公司不久的年轻员工,这些人一方面在技术上还没有达到上岗位职责的要求程度,正是他们还没有正式上岗,对公司来讲也无所谓贡献不贡献。另一方面由于他们有着年龄上的优势,这就必将成为他们较容易找到一份理想工作的本钱。因此,德国公司首先裁这样的员工似乎就在情理之中。②单身员工。总体而言较年轻,且没有经济上的特别负担,真是一人吃了全家不饿,即使年龄偏大一点的,也由于其在公司掌握了一技之长或一定的社会经验,容易找工作也是顺理成章的事。③结婚不久还没有生孩子的员工,一般都是在公司干得还不错且年限不短的员工,他们的技术比较成熟,基本上是公司的骨干力量,故这些优势造就了他们重新择业的有利条件。即使他们并不十分年轻,则这类不十分年轻的员工工作时间较长事实上已经有了一定的经济实力,暂时的失业也不会对其有多大影响。④结了婚有孩子的员工。他们大多数从业时间较长,对公司也有一定贡献,或者是人已到中年重新择业不易,再由于有了孩子特别是多子女,其所承载的家庭负担和压力明显要大于单身员工和结了婚还没有孩子的员工。通过上述分析,结论是:这种德国式的裁员方式是以"利益平衡"为前提的,他们以实际行为演绎了一个浅显的道理,即党的"十七大"提出的"关注民生"——裁员时尽可能地把裁减一名员工所产生的负面效应与负面影响缩小到最小范围。

《中华人民共和国劳动法》第27条规定,"用人单位频临破产进行法定整顿期间或者生产经营状况发生严重困难,确需裁减人员的,应当提前30日向工会或者全体职工说明情况,听取工会或者职工的意见,经向劳动行政部门报告后,可以裁减人员。用人单位根据本条规定裁减人员,在六个月内录用人员的,应当优先录用被裁减的人员"。劳动部1994年11月14日制定并颁发的《企业经济性裁减人员规定》(劳部发〔1994〕第447号)第5条规定,"用人单位不得裁减下列人员:(1)患职业病或者因工负伤并被确认丧失或者部分丧失劳动能力的;(2)患病或者负伤,在规定的医疗期内的;(3)女职工在孕期、产期、哺乳期内的;(4)法律、行政法规规定的其他情形"。2008年1月1日开始施行的《中华人民共和国劳动合同法》第41条规定,"有下列情形之一的,需要裁减人员二十人以上或者裁减不足二十人但占企业职工总数10%以上的,用人单位提前30日向工会或者全体职工说明情况,听取工会或者职工的意见后,裁减人员方案经向劳动行政部门报告,可以裁减人员。(1)依照企业破产法规定进行重整的;(2)生产经营发生严重困难的;(3)企业转产、重大技术革新或者经营方式调整,经变更劳动合同后,仍需裁减人员的;(4)其他因劳动合同订立时所依据的客观经济情况发生重大变化,致使劳动合同无法履行的。裁减人员时,应当优先留用下列人员:(1)与本单位订立较长期限的固定期限劳动合同的;(2)与本单位订立无固定期限劳动合同的;(3)家庭无其他就业人员,有需要扶养的老人或者未成年人的。用人单位依照本条第一款规定裁减人员,在六个月内重新招用人员的,应当通知被裁减的人员,并在同等条件下优先招用被裁减的人员"。纵观《中华人民共和国劳动法》和《中华人民共和国劳动合同法》的规定,只有裁员的许可性条件和裁员的程序以及企业新录用与招用人员方面的规定,却不见裁员的具体操作内容方面的规定。虽然《企业经济性裁减人员规定》有关于用人单位不得裁减相关人员的规定,但并无可实际性操作的内容。因此,我们的企业应该如何裁员就是十分现实的问题。

那么,中国的企业是如何裁员的呢?自20世纪90年代,国有企业打着改革的幌子,在打破铁饭碗、竞争上岗的热潮中,把本来就比较复杂的事情简单化,以年龄杆杠进行一刀切,不管你技术多过硬,也不管对企业做过多大贡献,更不管家庭老少是死是活,总之是给我下岗或待岗,其实质是要员工滚蛋并将其推向社会,残酷且现实地酿造了一个又一个特困家庭。再看盛行劳动合同制的如今,尽管大多数企业在高喊着"以人为本"的口号,高举着"关注民生"的旗帜,尽力在做"企业文化"和"和谐社会"的文章,但口号却是空洞的,文章是表面的,一旦裁减员工,便想尽一切办法或穷尽一切手段裁员,或以学历限制为条件,或以不胜任工作为借口,抑或以合同到期为由,还有的以冠冕堂皇的所谓"末位淘汰制"为手段裁员的,这一切的一切,无非是要把这一个一个地所谓"富余"人员赶回家,其实质是要把上有老下有小的,在企业工作时间较长的中年或老年员工裁减掉,以减轻企业的未来包袱,因为企业怕这些人继续在企业待下去会造成企业的麻烦与累赘。

通过比较,结论自然不言而明,德国式的裁员方式是地地道道地承担起了政府"关注民生"的责任,在一定意义上更体现了一种情理上的人性化关怀。而我国的企业则不同,考虑的是企业的自身利益而不管员工的死活进而忽视员工的利益与辛酸,他们好不容易在企业干了这么久将有盼头了,企业却要将其踢开,踢向社会,逼向绝境,企业的人本意识和人文关怀又在哪里?这样的企业还会有员工愿意继续待下去吗？当然,企业会放胆地说员工大把地有,要多少有多少。是的,在如今劳动力市场廉价且劳动力剩余的情况下不用担心招不到员工,而一旦中国的员工觉醒,意识到了类似企业的用人风险,我想这样的企业迟早是要失去员工的心的。

我们是否有必要借鉴一下德国式的裁员方式呢?

(原载 2008 年第 1 期《广东律师》,后被《广东法学》转载于 2008 年第 2 期)

(五)养老保险转移留尾巴凸显立法软肋

千呼万唤的养老保险全国性转移规定——《城镇企业职工基本养老保险关系转移接续暂行办法》(以下简称《暂行办法》)的出台,表明养老保险终于可以"全国漫游",打破了某些专家"养老保险全国性统筹还要等 30 年"的神话,标志着全国统一的城镇企业职工基本养老保险关系转移接续制度的确立,这对于保障跨统筹地区就业人员的合法权益、人口的流动、促进人力资源合理配置,无疑具有重要意义,也有利于发挥养老保险的规模优势,加快和促进城镇化的进程。同时也意味着要冲破养老保险地方利益格局"划疆而治"的局面和各种"壁垒"。但《暂行办法》留尾巴的立法方式令人遗憾,使人感觉到我国立法也存在妥协性。

《暂行办法》第 4 条规定,"参保人员跨省流动就业转移基本养老保险关系时,个人账户储存额全部转移,统筹基金(单位缴费,下同)按 12% 的总和转移"。这个"统筹基金按 12% 的总和转移"的规定是个很明显的尾巴,也就是说假设统筹账户中有 20 元,其中的 12 元可以由本人转走,剩下的 8 元仍然留在原地。

我国立法为什么会出现这样的现象呢? 据笔者了解,主要原因如下。

1. 地方政府的利益博弈

中央财经大学保险学院教授褚福灵认为,"养老保险跨省转移障碍主要还是个人账户与统筹基金转移问题,如果只转个人账户不转统筹基金,就意味着以前交了三块钱,但转走的是一块,而这次明确单位缴费的一部分也进行转移,虽然没有完全转完,但是大部分转走了。如果都转走,可能在征收地会有一些

惰性,征收积极性和力度会减少。整个政策制定是多方利益博弈,兼顾多方面关系"。("网易财经"12月29日讯)

北京大学劳动法和社会保障法研究所所长贾俊玲也解释说,"这是因为目前我国东中西地区养老保险缴费标准形成了差距,如果单位缴费全额转移,缴费标准高的地方肯定不愿意,也对其不公平"。(12月23日《南方都市报》)

2. 利益平衡妥协观念

有知情人士认为,12%这一比例是在精算基础上施以一定行政压力而形成的数值,因为经过测算,参保者带着12%的社会统筹进入新参保地,新参保地虽然有些吃亏,但吃亏的数额并不大,所以勉强可以接受,而留8%在原参保地也能让当地基本满意。中国人民大学公共管理学院教授李珍在接受CBN记者采访时表示,"现在社保高待遇地区所存在的紧张情绪是没有必要的,目前社保高待遇地区基本上都是劳动力,特别是农民工的净流入地。暂行办法规定流动人口只能带走雇主缴纳的12%,这就意味着8%左右留在了劳动净流入地区,流入地仍然是占便宜的"。("厦门房产网")

3. 技术难题

过去相关部门回应"养老保险跨省转移"的呼声时提到了技术难题,这次《暂行办法》即将实施,人保部副部长也认为先要做好技术上的准备,同时提到"参保人数的参保缴费记录必须清晰"、"重新设计账户"等。

笔者对上述观点不能苟同,这既助长了我国立法妥协性的风气,也有违《中华人民共和国立法法》第5条"立法应当体现人民的意志"的规定,同时也有违《中华人民共和国民法通则》"公平与等价有偿"的基本原则。理由如下。

1. 地方政府利益与此有何干

众所周知,统筹基金是用人单位代劳动者缴纳的部分,既然用人单位对统筹基金的转移都不存异议,与"地方"又何干?

2. 所谓地方惰性、征收积极性和力度会减少不能成为理由

《社会保险费征缴暂行条例》明确规定,社会保险费由税务机关征收,也可以由劳动保障行政部门按照国务院规定设立的社会保险经办机构征收。而上述机关或机构均是由国家财政全额拨款养着的公务员或准公务员,也就是说征收社会保险费是其法定的职责所在。你拿了国家给予的工资,理当为民办事。

由此可见,所谓地方惰性、征收积极性和力度会减少的理由是完全不能成立的。

3. 对转出地不存在不公平

前面已述,既然统筹基金是用人单位代劳动者缴纳的,用人单位对统筹基金的转移都不存异议,也没有抱怨"不公平","地方"的不公平感又从何而来?

4. 关于吃亏与占便宜也不值一驳

统筹基金本身是用来支付参保人退休时的保险费的,而不是转出地"地方"的私房钱,也不是转入地"地方"的小金库,是取之于民用之于民的费用,那转出地的"吃亏"和转入地的"占便宜"之说又如何站得住脚? 是不是所谓的"地方"都打算从社会保险费中揩点油?

5. 至于技术难题就更不值一驳

人保部副部长提到的"参保人数的参保缴费记录必须清晰"、"重新设计账户"等等技术难题,实际上根本就不属于技术难题,因为这些问题只涉及养老保险跨省转移过程中的一些工作程序而已。在电子技术和光电技术如此发达的今天,这还称得上技术难题吗?

总之,《暂行办法》这种留尾巴的做法不管是从法律上还是从情理上来说都是一种妥协性,而且凸显出我国立法上的软肋。笔者希望下不为例。

(原载 2010 年第 2 期《广东法学》)

(六)完善劳动争议多元化解决机制的建议

1. 当前涉及劳动争议的主要对象

劳动争议的主要对象包括:①针对资本和利益的追逐,导致劳动争议大量产生;②劳资冲突的性质,恶意诉讼,调解制度的缺失等;③由于很多企业缺乏劳动关系的自我协调机制以及劳动仲裁行政主管部门落实"三方原则"不到位等原因,导致劳资冲突的不断升级;④司法部门一定程度上的反应滞后,影响了劳动争议案件的审理质量;⑤由于同审判程序衔接上的不畅,影响了劳动仲裁的权威性。

2. 相关建议

（1）政府扶持,促进调解社会化

在全市范围内,建立起以区域性劳动争议调解组织为主导,用人单位内部劳动争议调解机构为补充的社会化劳动争议调解体系,培育劳动争议民间专家调解队伍,推进劳动争议人民调解工作的常态化、规范和法制化。一方面,完善企业内设的劳动争议调解机制,包括:1 000人左右的企业建立劳动争议调解委员会,500人左右的企业建立劳动争议调解小组,其他经济组织设立劳动争议调解信息员,各用人单位实行劳动争议调解应急准备金制度,设专项账户,以全体职工月工资总额的一定比例按月提起准备金。另一方面,拓展劳动争议解决渠道,构建以公共性调解机构为主的社会化劳动争议调解体系,建立一批行业性、区域性的劳动争议调解委员会。充分调动进社区律师对企业劳动争议调解的积极性,以基层人民调解组织为基础,以进社区的律师为辅导,以社区为单位,在社区律师的帮助和指导下,以社区人民调解组织协调为主,在社区内建立起区域性与行业性的劳动争议调解委员会。在充分引导和调动社区律师参与社区劳动争议案件调解的积极性的前提下,努力探索人民调解与社区律师共同调解与解决劳动争议案件的机制。

（2）三方原则,恢复仲裁的灵活性

这主要表现为:①改革劳动争议仲裁员全部由劳动行政部门指定或选定的方式,大力吸纳企业法律顾问、劳动法学者和具有中级职称以上的律师等担任劳动争议仲裁员,不断提高劳动争议仲裁员审理和裁决劳动争议案件的质量;②赋予当事人更大的选择权,包括是否由三方共同处理、仲裁员的选定等;③在法律规定范围内简化仲裁程序,允许仲裁员通过就地办案的灵活方式快速调解劳动争议案件。

（3）附设调解,实现诉讼的平和性

这主要表现为:①处理好劳动争议案件诉讼方式与其他纠纷解决方式的衔接,统一法律适用,统一裁判尺度。因为在深圳地区经常出现劳动争议完全相同情形的案件或者是同一企业只是员工对象不同的同性质案件,却因主审法官的不同或受理法院的不同而出现两种截然不同的结果,甚至是相反的结果。从而造成有些劳动者对人民法院工作的不理解或不满甚至是对立情形。②建立由工会、法院、劳动争议仲裁委员会、政府综治办等部门共同参加的案件联动调解机制,力将劳动争议案件以和谐方式结案。③强化诉前调解,实现纠纷的合理分流,创新人民调解协议确认程序,赋予其强制执行的效力。④优化合议庭配置,加大调解力度,邀请更多的劳动法专家作为人民陪审员参与案件的调解工作。⑤充分发挥律师在劳动争议案件诉讼中的协调作用,不管是开庭前还是在开庭后,均可以让劳动争议案件双方的代理律师进行先行调解和庭后调解,力争让劳动争议案件以调解方式结案,以便创造出和谐的务工环境和和谐的深圳。

(原载 2010 年总第 31 期《深圳律师》)

(七)创新养老保险费补缴机制, 打造深圳养老保险新模式

随着时间的推移,我国社会老龄化步伐会日益加快,我国老龄人养老问题已经凸显,且迫在眉睫亟需解决。养老保险制度是国家为符合法律规定条件、退出劳动领域的老年人提供生活保障的一种制度,这是人类社会发展到一定阶段的产物,也是人类社会逐渐走向文明的重要标志。《深圳经济特区企业员工社会养老保险条例》(以下简称《深圳养老保险条例》)第 50 条规定,"企业违反本条例规定迟交、少交和不交养老保险费的,员工可以在知道或者应当知道权利被侵害之日起两年内向市劳动保障部门或者有关部门投诉、举报,也可以直接向劳动仲裁机构申请仲裁"(以下简称"两年时效条款")。纵观现实养老保险需求与趋势,该规定显然难以适应养老保险制度惠及全社会的历史潮流。为此,笔者欲就此谈谈一管之见,望求教于各位同仁。

1. "两年时效条款"的现状与弊端

深圳地区的司法实践告诉人们,不管员工在用人单位干了多少年,也不论员工从何时起向用人单位主张补缴养老保险费的权利,劳动争议仲裁委员会与人民法院均是以"两年时效条款"为依据,责令用人单位为员工补缴自员工主张权利之日起向前推进两年期间的应缴纳养老保险费的费用。虽然这种做法没

有什么不妥也不违法,但其凸显的弊端也显而易见。

(1)导致深圳用工荒

由于用人单位没有为员工缴纳养老保险费,必然会引起员工对其年老后的生活保障产生担忧。正因为如此,不管是 20 世纪六七十年代的农民工还是 20 世纪八九十年代的打工族,都能感觉到在深圳打工并没什么优势,从而更易引起深圳的用工荒。

(2)有挫员工做企业主人翁的积极性

既然用人单位不为员工缴纳养老保险费,员工会觉得该用人单位没有把员工当人看。既然用人单位不把员工当人看,员工当然就不会做用人单位的主人翁。

(3)不利于稳定用工关系和企业的发展壮大

一个企业,如果没有稳定的用工关系,则证明该企业员工的流动性相当大,既然员工的流动性相当大,则该企业必然留不住相应的人才或有一技之长或脚踏实地的员工。长此以往,这样的用人单位的经济效益又如何能提高,企业又何谈发展壮大?

(4)老无所养的形势会日趋严峻

眼前的社会现实告诉人们,老无所养的对象在日益增加,范围在日趋扩大,如果"两年时效条款"继续下去,老无所养的形势会更加严峻。日趋一日,全社会养老保险的压力可想而知,这必然导致老无所养的现象越来越多。

(5)更不利于社会的和谐稳定

如果说员工不能获得用人单位缴纳养老保险费而享有退休后的生活保障,这些员工年老后必然会增加社会的负担,而一旦年老退休后无生活保障的人数达到一定限额时,要想社会和谐稳定又谈何容易。

2. 创新补缴方式与法理依据

《深圳养老保险条例》第 50 条规定的是两年期限补缴方式,司法实践中也是这样操作的。笔者认为,为了使在职员工老有所养,减少社会的不安定因素,有必要修改补缴方式以两年期限为限的规定,改为从员工入职之日起补缴。这不仅能解决深圳的用工荒问题,而且能调动员工争做企业主人翁的积极性,还可以解决员工的老有所养,从而更有效地促进社会和谐与稳定。

其实,修改以两年期限为限的养老保险费补缴方式的规定,改为从员工入职之日起补缴不仅是社会现实的需要,而且也有现存的法理依据。如《中华人民共和国社会保险法》第58规定，"用人单位应当自用工之日起三十日内为其职工向社会保险经办机构申请办理社会保险登记。未办理社会保险登记的，由社会保险经办机构核定其应当缴纳的社会保险费"。第62条规定，"用人单位未按规定申报应当缴纳的社会保险费数额的，按照该单位上月缴费额的百分之一百一十确定应当缴纳数额；缴费单位补办申报手续后，由社会保险费征收机构按照规定结算"。再如《社会保险费征缴暂行条例》第8条规定，"本条例施行前已经参加社会保险的缴费单位，应当自本条例施行之日起6个月内到当地社会保险经办机构补办社会保险登记，由社会保险经办机构发给社会保险登记证件。本条例施行前尚未参加社会保险的缴费单位应当自本条例施行之日起30日内，本条例施行后成立的缴费单位应当自成立之日起30日内，持营业执照或者登记证书等有关证件，到当地社会保险经办机构申请办理社会保险登记。社会保险经办机构审核后，发给社会保险登记证件"。第10条规定，"缴费单位必须按月向社会保险经办机构申报应缴纳的社会保险费数额，经社会保险经办机构核定后，在规定的期限内缴纳社会保险费"。第23条规定，"缴费单位未按照规定办理社会保险登记、变更登记或者注销登记，或者未按照规定申报应缴纳的社会保险费数额的，由劳动保障行政部门责令限期改正；情节严重的，对直接负责的主管人员和其他直接责任人员可以处1 000元以上5 000元以下的罚款；情节特别严重的，对直接负责的主管人员和其他直接责任人员可以处5 000元以上10 000元以下的罚款"。从《中华人民共和国社会保险法》和《社会保险费征缴暂行条例》的上述规定可以看出：①用人单位应当自用工之日起30内为其职工向社会保险经办机构申请办理社会保险登记，或者应当自成立之日起30日内，持营业执照或者登记证书等有关证件，到当地社会保险经办机构申请办理社会保险登记。②用人单位未按规定申报应当缴纳的社会保险费数额的，由劳动保障行政部门责令限期改正；情节严重的……这就足以证明，我国的相关法律法规对养老保险费的补缴是没有期间限制的。除此之外，域外国家相关类似的法律对此期限也没有做出限制，如《德国养老保险法》第8条就规定，"补办保险期可自未办保险或解除投保义务之日起算"。因此，《深圳养老保险条例》第50条规定的两年期限补缴方式既没有法律依据，又制约了深圳的经济发展，还不利于社会的和谐稳定，且有违国际通行做法和不能适应养老保险的现实需求与趋势，故应予以修改。

3. 建　　议

正是因为《深圳养老保险条例》第50条规定的两年期限补缴方式存在诸多弊端,故有必要修改。这是因为:①用人单位为员工缴纳养老保险费既是用人单位的法定义务,也是用人单位的一种社会责任。②两年期限补缴方式确实存在诸多弊端,不仅有悖老龄人养老保险需求的现实状况,而且会给社会埋下不安定隐患,有碍社会和谐与稳定。因此,为保障老有所养、强化企业社会责任和维护社会和谐与稳定,笔者建议《深圳养老保险条例》第50条修改为:"企业违反本条例规定迟交、少交和不交养老保险费的,员工自知道其权利被侵害之日,要求所在企业为其补缴自入职之日起的养老保险费,也可以直接向市劳动保障部门或者有关部门投诉、举报,或者向劳动争议仲裁机构申请仲裁。"

(原载2012年总第38期《深圳律师》)

（八）"坦白从宽,抗拒从严"刍议

"坦白从宽,抗拒从严"是中华人民共和国的一贯刑事政策。到过监狱、劳改农场和看守所与拘留所的人恐怕都会在显眼的地方看到过"坦白从宽,抗拒从严"这样的标语。笔者因职业缘故,曾无数次看到监狱、劳改农场和看守所与拘留所的墙上,就有这样的醒目标语。一个人——准确地说是一个被视为犯法或有犯罪嫌疑的人,在定罪判决之前、罪行之外,会因其犯罪态度如何而从宽或从严。笔者将此考量称为"坦白、抗拒罪"。

这种"坦白、抗拒罪"我不知道是古已有之,还是后来法律人的创意,反正其用途已远远超出了犯罪嫌疑人的犯罪行为之外。犯了错误,或者被某机关某部门认定为犯了错误,其认错态度好,知错、认错、改错,就会得到从轻处理,或者得到原谅而不予处理;而认错态度不好,不知错、不认错、不改错,则会受到严加追究。有人犯的错误本来不大,只因态度不好,而受到严厉处罚。

笔者文革期间因剁资本主义尾巴曾被"无产阶段专政"了几天。红卫兵有一次审问笔者时要笔者承认一些根本不存在的事,笔者当然嗤之以鼻。有一个小家伙还拍着桌子说："就凭你这蛮横、恶劣、嚣张的态度，我们不出这屋就能给你定罪，而且还可以名正言顺地严惩。"他所称的就是典型的"坦白、抗拒罪"。古往今来，有多少人惧于这种坦白、抗拒罪，硬是把不是自己的罪过也揽在自己头上，以求得到从宽处理，就是连一些大人物对此也不能免俗。

平心而论，"坦白从宽，抗拒从严"也是应该的，一个人犯了罪老老实实坦白，是一种知错认罪的表现。在处理上当然要给予从宽、从轻，这也可以挽救一些人。而犯了罪，还怙恶不悛，当然应该从严、从重处罚了。这既可以打击犯罪嫌疑人的嚣张气焰，也能伸张正义。

但是，这种"坦白、抗拒罪"也只能在铁定犯罪事实的基础上才可以论及，也才有意义。就是说，某个犯罪嫌疑人的罪行已经证据确凿，铁板钉钉，无可怀疑，这个犯罪嫌疑人态度又好，认罪、服罪，当然可以考虑对其从宽或从轻处理。如果某个犯罪嫌疑人的犯罪的事实并不清楚，这个犯罪嫌疑人态度也好，也认罪，或者说被迫承认有罪，却缺乏足够的旁证指证就是他，即使对这个犯罪嫌疑人再从轻处理，也是不可思议的事情。

嫌疑人态度不好，拒不认罪，也缺乏足够的旁证指证就是他，都不涉及态度好还是不好的问题，因而也不能就其态度问题从宽或者从严。某人没杀人，却被当嫌疑人抓捕，审问时拒不承认杀人，难道说可以因其态度不好而对其从严吗？同理，嫌疑人如果由于种种原因而被迫承认杀人，即使态度再好，因而再对他从宽处理，也是冤枉了他。如湖北的佘祥林冤案，云南的杜培武冤案，河南的赵作海冤案、胥敬祥冤案、黄满星冤案，河北的聂树斌冤案、李久明冤案，辽宁的李化伟冤案，海南的黄亚金、黄圣育冤案……不都是被迫承认有罪而背冤入狱且含冤多少载的吗？

现实生活中不幸的是，相当多的从宽，特别是从严，就是这么从的。网上流传的一则"抗拒从严"的案件，南京工业大学副教授马尧海，组织"聚众淫乱"涉案22人。22人都对换妻事实供认不讳，除副教授马尧海之外的21人均同时认罪，唯有副教授马尧海拒不认罪，他因而被从重判刑三年半有期徒刑，其他涉案同伙最重的也只是判处缓刑。由此可以推断，马尧海如果也认罪，刑期一定会少于三年半，也有可能会判为缓刑。其他21人呢？如果有谁也同副教授马尧海一样拒不认罪，则也可能被判处实刑。这就生动地诠释了"坦白、抗拒罪"的分量。

依法而论，这种抗拒从严至少会剥夺言论自由、认识自由、思想自由。且不说许多犯罪嫌疑人犯罪后不一定就同时丧失了政治权利，即使以后经人民法院判决会被剥夺政治权利,在其尚未判刑之前,也是享有政治权利的。那么,这个犯罪嫌疑人在未决之前就有言论的、认识的、思想的自由。推而广之,他既有承认犯罪的自由,也有拒不认罪的自由。这种拒绝认罪的行为并不触犯《中华人民共和国刑法》,也不构成犯罪。如果将拒绝认罪视为抗拒,就要从严处罚,那实际上就是剥夺犯罪嫌疑人在未决之前的宪法自由权利。

有句判案用语说,"以法律为准绳,以事实为依据"。这是最基本也是最根本的两条。而"坦白、抗拒罪"这种自由裁量更可怕的东西,应该在人民法官审判案件中弱化。

(2010年9月于深圳)

(九)最高人民法院司法解释既要依法也应人性化

《中华人民共和国人民法院组织法》第33条规定:"最高人民法院对于在审判过程中如何具体应用法律、法令的问题,进行解释。"该规定很明确,即人民法院在审判实践中遇到法律、法令没有具体规定的问题时有权进行解释。最高人民法院依据上述规定,及时地发布各类解释,不仅填补了法律、法令规定的抽象的不足,而且及时地指导了司法实践。但从最高人民法院近年来公布的司法解释的内容和范围来看,其解释已远远超出了上述第33条的规定,不仅明显违法,且有违人性化原则,不利于社会和谐。为此,笔者特撰此文,希望能引起同行及最高人民法院的重视。

1. 关于违法方面的问题

《关于民事诉讼证据的若干规定》法释〔2001〕第33号(以下简称《证据规定》),其举证时限的规定同《中华人民共和国民事诉讼法》(以下简称《民诉法》)有冲突和不协调之处。举证时限制度是指负有举证责任的当事人应当在法律规定或法院指定的期限内,提出证明其主张的相应证据,愈期不举证或不提供证据承担证据失权法律后果的一项民事诉讼期间制度。它是《证据规定》的核心内容。而《民诉法》在以事实为依据、以法律为准绳的指导思想下,关于证据的提出采用的是"随时提出主义"。这意味着所追求的是客观真实。在《证据规定》出台后,如依《民诉法》"随时提出主义"的原则再行质证便会使《证据规定》规定的证据时限制度失去意义;如依《证据规定》不予组织质证,不仅剥夺了当事人的举证权利,而且当事人会在二审或再审中依《民诉法》的规定作为新证据提出又将导致案件被发回重审或再审。显而易见,二者的相互冲突是客观存在的。再者,在《民诉法》还没有修改的情形下,审判人员按《证据规定》来判决的案件,其法律依据何在呢? 这样的判决结果怎能让社会和公众接受,能得到党和政府、人大和检察院法律监督部门的认同吗?

再如涉及鉴定制度的规定,《证据规定》与《民诉法》的规定也有冲突。第61条引入了"专家证人"的概念,第61条规定:"当事人可以向人民法院申请由一至二名具有专门知识的人员出庭就案件的专门性问题进行说明。人民法院准许其申请的,有关费用由提出申请的当事人负担。审判人员和当事人可以对出庭的具有专门知识的人员进行询问。经人民法院许可,可以由当事人各自申请的具有专门知识的人员就有关案件中的问题进行对质。具有专门知识的人员可以对鉴定人进行询问。"但现行的《民诉法》关于证据的种类中并没有"专家证人"的规定,这就是最高人民法院是在没有基本法律依据的情况下自行创造了一种新的证据形式。应该说《证据规定》的规定是合理和必要的,因为引入"专家证人"制度的确有利于人民法院查证和认定事实,但问题是在《民诉法》没有修改之前,最高人民法院的司法解释能否增设新一类证据形式是值得研究和探讨的。另外,《证据规定》第28条规定当事人可以申请鉴定,这也与《民诉法》的规定不符。第28条规定:"一方当事人自行委托有关部门做出的鉴定结论,另一方当事人有证据足以反驳并申请重新鉴定的,人民法院应当准许。"但根据《民诉法》的规定,鉴定人应当由人民法院聘请,其冲突十分明显。

2. 关于人性化方面的问题

《中华人民共和国道路交通安全法》是于2004年5月1日实施的,但该法实施以来的赔偿标准均是按最高人民法院《关于审理人身损害赔偿案件适用法律若干问题的解释》法释〔2003〕第20号(以下简称法释〔2003〕第20号)来计算赔偿数额的,而该解释人为地将城镇居民与农民区分开,分别执行差距巨大的、不同的赔偿标准,从而形成"人富命贵、人穷命贱"的情形。北京市首例以身试法的肇事车主刘某某曾抒发了一番感慨:"很不幸,我成为新交法实施后的一个榜样。但我觉得唯一幸运的是,死者是农村户口,如果是城市户口,按照新交法的赔偿规定,我要支付更多的赔偿,那将是天文数字。"一个在深圳打工的农民身份的人不满地说:"大家都生活在深圳,而一个非农业户口的人和一个农业户口的人在深圳打工实质上并没有任何区别,但若遇上交通事故,一个农民身份的人的命价仅及非农业户口人员的六分之一,太残酷了。"

人权是和谐社会的伦理基础与法律基础。人权分为天赋权利和人赋权利,天赋权利具有普世性,是人的生理与生存所必需的,是人类普遍公认的权利,它不需要法律明文规定,这就是通常所说的天赋权利,包括生命、健康、吃喝、睡觉、行走、谈论、性爱与交友等权利,这是人一生下来就与身俱有的权利,属天经地义的权利。人赋权利则不同,是国家用法律赋予公民的权利。然而,最高人民法院法释〔2003〕第20号第25条、第28条和第29条规定就存在侵犯天赋权利的情形,其对于不同区域因交通肇事致残或死亡的赔偿标准的区别的规定就是典型的例证。

在中国,"农业户口"与"非农业户口"自建国以来就分别代表着两种不同的身份与地位,这是一种人为的制度安排。事实上,人的生命是无价的,生活在这个世界上的所有人的生命价值依生命规律都是一样的,但最高人民法院法释〔2003〕第20号却人为地将市民与农民划上一道鸿沟,这真是中国农民的莫大悲哀。按法释〔2003〕第20号规定精神推论,农民进城打工用工方也不用给农民打工仔(妹)办理社会保险。为什么?因为你是农民,身价低贱,不能与市民同日而语,何况农民本身也不存在什么退休、什么养老保险、医疗保险嘛!所以,用工老板可以理直气壮地对农民打工仔(妹)说不。笔者不明白,既然如此,我国又何必加入《世界人权宣言》、《经济、社会、文化权利国际公约》和《公民权利和政治权利国际公约》呢?

众所周知,构建社会主义和谐社会,关键是要建立公正和谐的长效机制,消灭和彻底改革城乡二元体制结构,建立现代一元化体制,这正是构建社会主义和谐社会的关键所在。不然的话,实现社会主义和谐社会就只能永远停留在口头上。

笔者撰此文,只意在希望最高人民法院在出台相应司法解释之前充分酝酿,以期司法解释的更科学和更完善,千万不要当成恶意,否则,笔者就真是有口说不出、有口难辩了。

(原载 2005 年第 3 期《深圳法学》)

（十）加班费，一个欲说难休的话题

案例：周芹诉某电子公司的劳动争议案件，主要是追索自己工作期间被公司克扣的加班费。因为自己与公司签订的劳动合同明确约定，加班费应以其工资总额（即基本工资与岗位津贴）的基数来计算，但某电子公司一年多都不依合同约定向周芹支付加班费，在交涉无果的情况下，周芹便到当地劳动争议仲裁委员会将某电子公司推上了仲裁庭的被申请人席上。仲裁庭和一审法院均支持了周芹的全部请求，但某电子公司仍然不服继续上诉，然中级人民法院最后却判决某电子公司不应向周芹支付被克扣的加班费，理由是只能按基本工资的基数来计算加班费，当问其依据，答复却是按内部的意见办事。一场纠纷就此了结，但给周芹却留下终身遗憾。

加班费，既涉及千百万劳务工的切身利益，也涉及无数企业的根本利益。由此可见，加班费处理的好坏，直接涉及企业的用工与生产经营和谐及社会和谐。不仅如此，加班费一直以来是司法理论界以至全国上下关注和争论不休的话题。笔者发现，自最高人民法院《关于审理劳动争议案件适用法律若干问题的解释（二）》法释〔2006〕第 6 号（以下简称法释〔2006〕第 6 号）颁布以来，深圳地区的各级法院在涉及员工要求用人单位支付加班费的问题上，一概判决用人单位向员工支付最长期限为两年的加班费，除非员工没有此诉求（没有入职两年的以入职时起计算加班费）。针对这样的法律事实，笔者认为，这个欲说难休的话题有必要再啰唆一下。

深圳法院判决适用的法律依据。深圳地区的各级法院，凡涉及员工要求用人单位支付加班费时基本上是一律判决用人单位向员工支付最长两年期间的加班费。其适用的法律依据是：①《中华人民共和国劳动法》第 32 条第 3 项、第44 条；②《违反和解除劳动合同的经济补偿办法》第 3 条；③最高人民法院《关于审理劳动争议案件适用法律若干问题的解释（一）》第 15 条、《关于审理劳动争议案件适用法律若干问题的解释（二）》第 1 条第 3 项；④《深圳经济特区劳务工条例》第 36 条、第 37 条；⑤《深圳市员工工资支付条例》第 15 条第 3 款和第 18

条。纵观上述适用法律法规的条款,除了最高人民法院《关于审理劳动争议案件适用法律若干问题的解释(二)》第1条第1项、第3项和《深圳市员工工资支付条例》第15条第3款与判决两年期限这个问题有点关联外,其他规定似乎无任何关联,因为有的判决书就是直接引用法释〔2006〕第6号第1条第1项、第3项和《深圳市员工工资支付条例》第15条第3款与判决两年期限这个问题有点关联外,其他规定似乎无任何关联,因为有的判决书就是直接引用法释〔2006〕第6号第1条第1项、第3项规定为依据做出判决的。那么,这个条款是否能作为人民法院判决用人单位向员工支付最长两年期限加班费的法律依据呢?笔者认为,除非员工在提起仲裁时有证据证明其已于两年前就向有关行政部门投诉要求用人单位向其支付加班费或曾与用人单位就加班费事宜协商过,否则,人民法院依法释〔2006〕第6号判决用人单位向员工支付最长两年期间加班费就属于适用法律错误或适用法律不当或无法律依据,理由如下:

1)法释〔2006〕第6号不能溯及既往。法不溯及既往原则是世界各国法学理论上的一个基本原则。法国《人权和公民权宣言》第8条宣布:"除非根据在犯法前已制定和公布且系依法实施的法律以外,不得处罚任何人。"《中华人民共和国立法法》第51条规定:"法律应当明确规定施行日期。"第52条同时规定:"签署公布法律的主席令载明该法律的制定机关、通过和施行日期。"这些内容均是法不溯及既往原则的具体规定。《中华人民共和国刑法》第12条规定:"中华人民共和国成立以后刑法施行以前的行为,如果当时的法律不认为是犯罪的,适用当时的法律。"最高人民法院《关于贯彻执行〈中华人民共和国民法通则〉若干问题的意见(试行)》法(办)发〔1988〕第6号第196条也规定:"1987年1月1日以后受理的案件,如果民事行为发生在1987年以前,适用民事行为发生时的法律、政策。"类似这些规定,也集中体现一个问题,即法无溯及力——法不溯及既往原则。依法学基础理论,既然法律都不溯及既往,类似于最高人民法院的司法解释当然也没有溯及既往的效力。而法释〔2006〕第6号是最高人民法院审判委员会于2006年7月10日第1393次会议通过并于同年10月1日起施行的,因此,即使以法释〔2006〕第6号作依据来判决用人单位向员工支付加班费也只能从该解释颁布施行后的2006年10月1日作为起算点,而不能人为地推定为2年期限。

2)关于对法释〔2006〕第6号第1条第1项、第3项规定适用的理解。法释〔2006〕第6号第1条第1项规定:"在劳动关系存续期间产生的支付工资争议,用人单位能够证明已经书面通知员工拒付工资的,书面送达之日为劳动争议发生之日。用人单位不能证明的，员工主张权利之日为劳动争议发生之日。"因此，有人认为对于劳动关系存续期间产生的支付工资(加班费)争议，如果用人单位不能证明已经书面通知员工拒付工资的，员工主张权利之日为劳动争议发生之日。而《中华人民共和国民法通则》第135条规定，"向人民法院请求保护民事权利的诉讼时效期间为两年"。深圳市员工工资支付条例》第15条第3款规定："工资支付表至少应当保存二年。"故员工要求用人单位向其支付两年的加班费时，人民法院综合上述规定理所当然地应判决用人单位向员工支付两年期限的加班费。笔者对此观点持不同意见，既然该项规定为"用人单位不能证明的，员工主张权利之日为劳动争议发生之日"。则说明劳动争议发生之日与员工主张权利之日不是一回事，而是两个不同的时间概念，这就看员工主张权利具体在哪一天。那么，何为员工主张权利之日呢？依相关法律规定和我国司法实践：①向劳动争议仲裁部门提起仲裁；②向劳动行政部门投诉主张权利；③向企业劳动调解委员会提出调解请求；④向有关行政机关投诉或反映；⑤向员工所在职的企业提出书面的主张权利要求。如果说员工不存在上述所列举的相关情形时，则证明员工未曾向企业主张过支付加班费权利。反之，只能说明员工第一次向劳动争议仲裁部门提起仲裁时才是真正法律意义上主张权利的时间。因此，不要说保护员工两年的加班费权利，就是从法释〔2006〕第6号颁布施行之日起的2006年10月1日保护员工的加班费，事实上都属于无事实根据。这就证明人民法院不问清红皂白一概地判决向员工支付最长期限为两年(入职不足两年或无此诉求的除外)的加班费不仅无事实根据，而且无法律依据。

至于《中华人民共和国民法通则》第135条关于诉讼时效的规定，这个规定只是法律对权利人主张权利期间的规定，即只要权利人在这个法律规定两年期间内的任何时间段都有权利依法向相对方主张权利，而不是说权利人任何时候主张权利都可从其主张权利时起向前推定两年的保护期限。《深圳市员工工资支付条例》第15条第3款虽然规定"工资历支付表至少应当保存二年"，但这只是对用人单位关于保存工资表的义务性规定，而不能推定为员工在主张加班费时有向用人单位主张两年期限的权利。

法释〔2006〕第6号第1条第3项同时规定，"劳动关系解除或者终止后产生的支付工资、经济补偿金、福利待遇争议等，员工能够证明用人单位承诺支付的时间为解除或者终止劳动关系后的具体日期的，用人单位承诺支付之日为劳动争议发生之日。员工不能证明的，解除或者终止劳动关系之日为劳动争议发生之日"。该规定与第一条第1项规定基本上是相对应的，第1项规定的是"用人单位不能证明的,员工主张权利之日为劳动争议发生之日",而该第3项规定的是"员工不能证明的,解除或者终止劳动关系之日为劳动争议发生之日"。因此,需要阐明的理由也与前述大致相同,在此不作赘述。

很显然,以法释〔2006〕第6号第1条第1项、第3项和深圳市员工工资支付条例》第15条第3款作为判决用人单位向员工支付两年加班费的法律依据的做法实在是有些哗众取宠。

综上所述,关于员工加班费的保护期限,应以员工明确向用人单位主张权利的时间或法释〔2006〕第6号颁布施行的2006年10月1日开始计算,而不能人为地以员工提起仲裁主张权利时向前推定两年为期限。

(原载2007年第6期《广东法学》)

五、律师文苑篇

（一）"好说"律师

黄律师受理代理一起债务纠纷案件,翌日,就和原告债权人早早来到了法院,哗啦啦一阵钥匙的开门声,他们知道法官来上班了。

"齐法官,这是诉状、证据材料,还有诉讼费。"

黄律师把准备好的材料,毕恭毕敬地递过去。

"噢,我看看。"齐法官一一过目,"行啦,放这儿吧!"黄律师和原告债权人放心地走了。

债权人忙着做他的生意,觉得跑这事费时又费钱,想着由律师办就算了。于是他打电话告诉黄律师:"你全权代表我好了,电话联系号码是……"

15天过去了,黄律师接到了出庭电话。

"我是齐审判员,8月20日上午9点准时开庭,记住啦,啊!"

"哪能忘记?法官通知的事,绝对不会搞错。"黄律师摇摇头,随手放下电话,把开庭日期记在日历牌上,又画了一个大圆圈,把所有的约定重新调整了一遍。

开庭那天,黄律师一清早就站在了法院接待处的门外,8点半就坐在小法庭等着。9点半,10点半,都11点了也不见法官的影子,他矜持地找庭长打听,才得知齐法官去参加退伍战士聚会了,庭长直表示歉意:"听我们另行通知吧!"黄律师赶紧附和:"好说!好说!"

9月25日,黄律师好不容易等到了同样的电话通知,他按时到庭。一见面齐法官就连连说:"对不起!对不起!"不过,这次开庭出庭通知书的回执要黄律师把签收日期写得提前一点,黄律师满脸笑容:"好说!好说!"

法庭，10点钟开庭审理，法庭调查、辩论按程序进行，法官抬腕看表，黄律师也下意识地看看表："11点了呢？"他心里直着急，一句话还没说完，就听见法官宣布："今天时间有限，另行择日继续开庭。"黄律师只得把后半句话噎了回去，自言自语地回答："好说，好说。"

结案的期限到了，黄律师照法官的安排出庭，继续上次的法庭辩论，进入调解阶段，原告说："他欠我30万。"被告说："我已分四批用物归还，怎么还欠？"

"证据呢？"

"反正是还过了。"

双方争论相持不下，调解无法进行。休庭的时候，齐法官把黄律师拉到一边商议："我看调解不成，判了算了。"

黄律师无言以对，只忙着回答："好说，好说。"

黄律师面对眼前的一切，他茫然、惆怅。

（原载1996年12月7日《中国律师报》）

（二）录音在悄悄进行

现实生活中，人们时常羡慕律师职业的高尚、自由和尊严感，还羡慕律师在法庭上的侃侃而谈和经济上的高收入，却看不到律师办案过程中的酸甜苦辣。一个律师，往往会忙碌于为自己受托的辩护或代理案件的调查取证、阅圈、会见、查阅资料，往往会为律师意见不予采纳大伤脑筋，而没有哪一个律师会把精力放在案件当事人怎么样设陷阱暗算律师的问题上。笔者就曾遇到一起险遭当事人陷害的案件。

那是1997年3月，笔者受托代理一起12年前的人身损害赔偿案件。委托人毛甲，对方当事人邹乙，两系同村同组村民。1985年11月，毛甲在邹乙承包的建筑工地上施工时不幸从二楼顶摔下，造成高位截瘫的二级残废。据毛甲讲，12年来，邹乙未间断给自己钱物，自己也一直在向邹乙索赔，就是在找律师的前几个月，邹乙还通过同村村民刘某给过毛甲100元人民币。因毛甲打听到有地方可治好自己的病，遂找邹乙要求一次性给付一笔资金住院治疗未果，才迫不得已找律师打官司。面对这难以把握的案件，笔者认为从非诉讼角度调解为好,在征求毛甲是否愿意与邹乙协商调解的意见后,即代表毛甲与邹乙交换了意见,不料邹乙非常爽快,不仅愿意调解,而且当着笔者的面陈述了与毛甲陈述基本一致的事实,只是在数额多少上双方意见不一致,邹乙只愿赔5 000元且还要分两年给付,毛甲不允而致笔者的一片好意化为梦。

1997年4月7日,毛甲向湖北省汉川市人民法院提起诉讼,该院通过次开庭审理后于1997年10月14日判决邹乙败诉。邹乙不服上诉于湖北省孝感市中级人民法院。就在这节骨眼上,笔者高中时的同学毛丙(毛甲的自家堂哥)与一陌生人邹丁到笔者家聊天,笔者看在老同学的面上热情接待。席间,邹丁时不时与笔者谈及毛甲和邹乙的案情,笔者不以为然,如实告之。邹乙趁笔者与毛丙闲扯时,还找笔者妻子谈笔者为别人办案是否有油水和作假证等情况。第三天,笔者另一同学邹戊邀笔者有事相商,不料毛丙与邹丁也在场,聊天过程中邹丁又把话题扯到了毛甲与邹乙的案情上。大约又过了2天,一张姓同学告知笔者说她要搬新房约笔者前往,结果毛丙与邹丁又在场,笔者心中便存了几分不悦,邹丁见后主动解释说张上山下乡时在他那里插过队,所以熟悉。在张家闲聊时,邹丁又转弯抹角扯到毛甲与邹乙案情上,但笔者万万没想到邹丁次次都录了音。

当天晚上,邹乙用电话忘乎所以地威胁笔者说:"告诉你,和毛丙一起的邹丁是我自家,邹丁三次录的音都在我手上,如你愿意给毛甲做工作撤诉,咱们好说好散。否则,莫怪我捅出你的录音带。"还没等笔者回过神来,电话已挂断。

第二天晚上邹乙又来电话称,如不答应他的条件,除捅出录音带外,还要杀笔者的两个儿子。不过这次补了个条件,即笔者若能反过来给他代理的话,他愿意加倍支付律师费。对邹乙的无耻行径,笔者将此事向主管部门做了汇报,并向有关公安部门反映了此情,以防万一出漏子。

在后来的二审、重审及第二次二审过程中,笔者并没因此而吓倒,虽然邹乙后来又几次用电话威胁过,笔者还是一如既往地依法维护了委托人毛甲的合法权益,一直到终审判决并执行,使毛甲的合法权益得到了有效的保护。

通过办理此案,笔者认为,这将是笔者执业生涯中终身难忘的憾事。笔者还感到,作为一名称职的律师,不仅要有雄辩的口才、敏捷的思维、明辨是非的慧眼、吃苦耐劳的精神和熟练运用法律的功力,还应具备一尘不染的作风和沉着冷静、遇事不慌的超群胆识。只有这样,才会赢得社会的好评,才能在维护委托人合法权益的过程中做到:不管风吹浪打,胜似闲庭信步。

(原载1999年4月5日《中国律师报》)

（三）莫为昨天后悔，莫为明天忧愁

有人说，律师有案便上岗，无案便下岗。因此，律师每时每刻都处在上岗与下岗的旋涡中。笔者也是一名律师，曾做过不少的民事代理与刑事辩护案件，但凡在这些案件的背后，总有一些令人心酸的往事和对未来上岗的心理渴求。

不是么？大凡称职的律师，总是在不断地回味着自己承办案件的酸甜苦辣，也在为明天的上岗而奔波。这就是典型的中国律师，这就是我们中国律师的现状。

有一位高僧和一位老道，互比道行高低。相约各自入定以后，彼此追寻对方的心究竟隐藏在何处，高僧无论把心安放在花心中、树梢上、山之巅、水之涯，都被道士的心于刹那间追踪而至。他忽悟因为自己的心有所执着故被道士找到。于是便想："我现在自己也不知道心在何处。"也就是进入无我之地、忘我之境。结果，道士的心果然追寻不到他了。

这个故事有点玄。我们是常人，不必高谈玄理，立身行事，还是踏踏实实从日常生活上做起。比如得失之心，谁能无得而不喜，失而不忧者，有点不近人情。但如能因自己的得而喜，失而忧，推己及人地也为旁人的得而喜、失而忧，就算做到忘我的一半了。

其实人不必忘我，只要学着把这一颗心一天天放得宽大，关心自己也关心别人，便有无穷喜乐。

有一位朋友说三年前在美国遇到一位黑人鼓手，他用所得微薄工资办了一个简陋的收容所，辅导迷失逃家的儿童，然后一一把他们送到父母身边。他的伙伴赞美他，一个小小的人儿，有一颗大大的心。他对这位朋友说："我从来不为昨天后悔，也不为明天忧愁。我只为今天所获的友情与信赖而快乐。"这位朋友听了好感动。黑人鼓手的忘忧，大概就是"忘我"的境界吧！这个充满忧患的世界，只有一颗大大的心才能托得住。

作为一名律师，应学会面对后悔与忧愁，特别是在当今社会泥沙俱下的情形下，除了尽可能地用法律武器维护他人与自身合法权利之外，还要做到莫为昨天后悔,莫为明天忧愁。这样的忘我境界非中国律师莫属也!

（原载 2009 年第 1 期《深圳律师》,后被法律出版社出版的 2010《律师文摘》特刊《广东律师 30 年》一书收录）

（四）漫话"律师情商"

在市场经济高度发达的今天,"情商"一词已逐渐成为人们耳熟能详的一个术语,律师情商也开始有人提及。既然提到了律师情商,那么,什么是"律师情商"呢? 律师情商在律师执业中居何地位? 在维护公平与正义和促进社会和谐中又能起到什么作用以及如何运用和培养律师情商,均是一个颇有新鲜感的话题,同时也是值得人们加以认真思考和琢磨的问题。

1. 律师情商的内涵

20 世纪 90 年代初期,美国耶鲁大学心理学家彼得·萨洛韦和纽罕布什大学约翰·梅耶教授提出了情绪智能、情绪商数的概念。在他们看来,一个人在社会上要获得成功,起主要作用的不是智力因素,而是他们所说的情绪智能,前者占 20%,后者占 80%。那么,情商究竟是什么呢? 情商(EQ)是一个近几年才提出来相对智商(IQ)而言的心理学概念,它反映出一个人控制自己情绪、承受外界压力、把握自己心理平衡的能力,是衡量人的非智力活动的重要指标。这表明情商是比智商更为重要的一个商数,是测定和描述人的情绪、情感的一种量化指标。美国哈佛大学心理学教授丹尼尔·戈尔曼认为,"情商是决定人生成功与否的关键"。还有人预测,21 世纪的人才竞争,不仅仅是智商的竞争,而更重要的是情商的竞争。显而易见,情商主要指信心、恒心、毅力、乐观、忍耐、直觉、抗挫折、合作等一系列与个人素质有关的反映程度。说得通俗一点,就是指心理素质,指一个人运用理智控制情感和操纵行为的能力。情商是一种洞察人生价值、揭示人生目标的悟性,是一种克服内心矛盾冲突、协调人际关系的技巧,是一种生活智慧。这正如美国哈佛大学心理学教授丹尼尔·戈尔曼在 1995 年提出的情商(EQ)概念,认为情商是个体的重要的生存能力,是一种发掘情感潜能、运用情感能力影响生活各个层面和人生未来的关键品质因素。丹尼尔·戈尔曼认为,在人成功的要素中,智力因素是重要的,但更为重要的是情感因素。他在其所著的《情感智商》一书中说:"情商高者,能清醒了解并把握自己的情感,敏锐感受并有效反馈他人情绪的变化,在生活各个层面都占尽优势。"丹尼尔·戈尔曼把情商概括为五个方面:①认识自身的情绪;②妥善管理情绪;③自我鼓励;④认知他人情绪;⑤人际关系的管理。

其实,情商这个舶来品在我国传统文化中早已述及:①中国自古以来所讲的"反躬自省"与"吾日三省吾身",就是情商中的一项重要内容要认识自我。②情商的第二个重要内容是要善于控制自己和妥善管理的情绪,保持良好的心态。而中国人几乎没有人不知道"乐极生悲"、"得意忘形"与"制怒"的道理。③情商的第三个重要内容是自我鼓励,而中国自古就有"君子当自强不息"和"三人行,必有我师"的古训。④情商的第四个重要内容为认知他人,要善于了解别人,学会移情,我国的大思想家、教育家孔子早就告诫人们,"不患人之不己知,患不知人也"就是告诉人们不要担心人家不了解你,要忧虑自己不了解别人。⑤"一个篱笆三个桩,一个好汉三个帮"的民谚,只要上过小学的人都知道,其含义就是要培养人际间的交往能力,建立良好的人际关系,并学会与他人合作。这不正是情商中"人际关系的管理"的重要内容吗? 显而易见,这个舶来品的"情商",事实上在我国古代就早已有之。

对每一个人而言,要追求成功,有共同的情商要求。但对不同的职业群体而言,要成就人生与事业,又要有不同的特殊情商要求。不同时代、不同社会、不同阶层、不同职业的群体,对情商的要求是不相同的。而作为公平正义的守护神和和谐社会维护者的律师而言,就应具备一定的特殊情商,也就是律师情商。

那么,何为律师情商呢? 笔者认为,律师情商是由律师的职业特点和职业使命所决定的,即载于个人情商之上,以追求公平正义和社会和谐为目标,并具有律师职业特征的情绪商数。律师情商是律师执业能力的重要组成部分,在维护公平与正义和促进社会和谐中起着重要的作用。其核心内容应为:律师在履行律师职业的执业过程中所具有的正确认知自己的情绪、管理自己的情绪的能力,以及正确认知当事人的情绪和调控当事人的情绪的能力。

2. 律师情商的意义

正确认知自己的情绪是律师情商的基石,不了解自身真实感受的律师势必沦为情绪的奴隶。法律作为社会生活的调节器,决定了作为执法者的律师所从事的职业既崇高又神圣,律师既要承受作为普通人的压力,又要承受其职业所带来的巨大冲击和诱惑,必须经受正义与良知和各种欲望的内心煎熬和考验。因此,正确认知自身的需求、动机、欲望和所秉承的基本价值取向与职业道德,并以此作为执业的依据,是律师应具备的最基本的情商。在正确认知律师情商的基础上,理性地管理自己的情绪,根据律师的职业特点和职业道德要求,妥善地把握自己并始终保持理智,避免感情用事,这是律师情商的重要内容。律师的特殊职业,使其常常面对社会的阴暗面和人性的丑恶面,极易形成对人生和社会的消极态度。如何管理好自己的情绪,对培养律师情商尤其重要。用唯物主义的态度承认律师职业的特殊性,理智地对待和处理它:①让律师正视人性的弱点,用理性、道德和社会责任感来抵制各种诱惑;②用正确的世界观、人生观、价值观、利益观引导律师,使其从私欲中摆脱出来,将限于一时一事的高尚情绪不断强化,上升为高尚的道德情操和价值理念,实现自我激励并保持高度热忱,不失为一种良策。

在认识自我情绪并妥善管理自己情绪的基础上,继而认知当事人的情绪,理解当事人的态度。通过语言、行为、仪表和其他方式调控当事人的情绪,促进采用和谐的方式解决矛盾与纠纷,是律师情商的重要内容。当前,由于经济体制的不断纵深,社会结构的深刻转型,利益格局的相应调整,思想观念的多层变化,党和国家对律师工作提出了许多新的要求,社会公民对律师抱有许多新的期待,这些要求和期待在律师的实际执业过程中会体现到当事人的情绪上。这就要求我们律师在执业的过程中要注意培养和运用自己的情商,正确认知当事人的情绪,并采取适当的方式调控当事人的情绪,对当事人多一些耐心、宽容、理解与引导,让当事人在处理纠纷和化解矛盾的过程中感受到尊重与关爱,自觉地尊重法律、理解法律和执行法律。

司法部部长吴爱英在全国司法厅、局长会议上指出,"律师要牢固树立民生意识,坚持以人为本、执业为民,努力为解决民生问题提供法律服务"。这实际上道出了人民群众对律师情商的要求,也道出了律师情商的重要意义。公正、廉洁执业、牢固树立民生意识是律师职业的应有之义,以人为本、执业为民,对当事人负责是新时期受人民群众欢迎的好律师的情商要求,努力为解决民生问题提供法律服务,真可谓律师情商的核心与精髓。律师的执业能力实际上是律师代理案件解决实际问题的能力。因此,注重对律师情商的培养具有十分重要的意义,这主要表现在:①有利于和谐社会。高情商的律师往往是化解矛盾、解决纠纷能力强的律师,他能通过智商与情商的结合,把矛盾化解在萌芽状态,把和谐奉献给社会。②有利于实现诉讼的终极目的。高情商的律师知道,诉讼虽然是解决纠纷的最终手段,但并不是平息冲突的最佳选择。在诉讼过程中,充分运用律师的情商,能协助法院实现案结事了的诉讼终极目的。③有利于实现律师的自我价值。自我价值的实现体现在律师的执业工作过程中,高情商的律师能够正确认知和管理好自己的情绪,正确认知当事人的情绪并调控好当事人的情绪,能围绕纠纷的有效处理而对当事人进行正确的引导,与当事人和谐相处并赢得当事人的理解与尊重,使律师通过执业过程获得一种自我满足感和成就感,能实现自我价值的最大化。

3. 如何运用和培养律师情商

从古至今,许多优秀的律师,如著名律师施洋、刘崇佑、沈钧儒、章士钊、史良、李国机、张月姣等,他们在执业的过程中都充分地运用了律师情商。人民群众满意的好律师一定是情商高并能充分运用情商的律师。如何运用律师情商?中央政治局常委、中央政法委书记周永康在第七次全国律师代表大会上强调,广大律师要坚持党的事业至上、人民利益至上、宪法法律至上,坚定不移地作中国特色社会主义事业的建设者、捍卫者。要把维护社会公平正义作为执业活动的根本价值追求,真正做到党在心中、人民在心中、法在心中、正义在心中,维护法律尊严、促进司法公正,作社会公平正义的保障者。周永康书记的讲话,其实质就是对如何运用律师情商的最好阐释。在和谐意境下,运用律师情商,认知和调控当事人的情绪,应当注意以下几点。

(1) 认真倾听

当事人找律师要求提供法律服务要陈述自己的理由,会站在自身的立场上为其辩护。作为一名律师,能否认真听取当事人的陈述和辩护,是对其情商的一种考验。高情商的律师在接待当事人的过程中不仅应具有能说会道的能力,也要具备善于倾听当事人陈述和辩解的能力。倾听是一种了解案件真实状况的过程,也是一种理解,更是一种对当事人的尊重。如果说一个律师对当事人的起码的尊重都不懂,则他一定不具备优质的情商。能尊重当事人的律师就一定能赢得当事人的尊重,也会使当事人从心底里感觉到自己在律师眼中的重要性,进而会尊重律师、尊重律师对案件的分析和对法律的解读以及对案件的判断意见。另外,高情商的律师除了用耳朵倾听当事人的陈述与辩解外,还会用眼、嘴巴、表情、心去静静地倾听,等当事人陈述完事实和意见后再发表自己对案件的理解与看法。总而言之,律师在倾听当事人陈述与辩解时还需注意:①要专注当事人,这表明你对当事人的尊重;②要有真诚的表情和态度,这是让当事人尊重你律师的前提条件;③要做到与当事人思想同步,如能领先于当事人则更佳;④要善于理解和沟通交流,在倾听时既要理解当事人的心情,也要适时的沟通与交流。如果说律师在倾听过程中任意打断当事人的陈述,随心所欲、左右环顾、心不在焉、态度冷淡,显然是律师情商不佳的表现。

（2）换位移情

实际上就是换位思考,是人对人的一种心理交流与体验。律师应站在当事人的立场上,采取将心比心、设身处地的方式去体验和思考当事人提出的问题,与当事人在情感上进行交流与沟通,以促进当事人与律师之间的相互理解。由于当事人所处地位的特殊性,这就难免当事人会站在己方的立场上想问题和发表意见。因此,律师在与当事人的交流过程中,一定要有当事人所在处境的感同身受,敢于和善于换位移情。律师要做到善于换位移情,必须注意:①要因人而异地移情,对"争名利"与"赌气耍刁"等不同争议类型的当事人和不同职业、不同年龄、不同文化层次的当事人,要采取分门别类的移情方式;②引导当事人与相对方的换位思考,告知当事人如果你是相对方你会如何如何,让当事人切身感受到律师是在为自己着想、替自己出主意;③换位到位,针对当事人案件的具体特征,设身处地为当事人分析和找出其案件的难易和达到当事人目的的最佳方式,这样既能让当事人对律师产生信任感,又能让当事人感到温暖和看到希望,也能让律师在法律允许和力所能及的范围内切实地为当事人提供优质高效的法律服务,扫去当事人因纠纷的缠绕在心灵上造成的阴霾与烦恼,为当事人解决实际问题。

（3）适时引导

认真倾听和换位移情只是手段,对当事人适时加以引导以求化解矛盾与纠纷,才是高情商律师所追求的目的。如果律师只是认真倾听和换位移情,却对当事人的陈述与辩解听之任之、放任自流,不加分析和思考,一味地迎合当事人的味口,足以证明该律师的情商低下。律师在倾听中适时地加以引导,便会不知不觉地理顺当事人的情绪,消除当事人的烦躁心态,这才是高情商律师的风格。引导不仅仅是表象,而是心与心的交流,这需要真诚和包容,需要真心、热心和耐心。引导具体表现为:①引导不是盲目无序的引导,而是向当事人归纳争议的焦点,明析纠纷的原因与责任,并释明法律的相关规定;②引导是在教育和感化当事人维护自身合法权益的同时,既不能侵犯对方当事人或他人的合法权益,也要依法而行;③引导要依当事人的文化层次和法律意识因人而异,对于文化层次较高又有一定法律意识的当事人,引导时一定要法言法语;对于文化层次较低且法律意识较淡薄的当事人,则要多用通俗语句、多贴近日常生活的语言来表达,力争做到通俗化和大众化,使当事人听得懂,弄得明白;④引导要注意方式,多一些春风化雨,少一些暴雨骄阳;多一些润物细无声的开导,少一些空洞高调;多一些柔和婉转,少一些呆板僵硬;从而使当事人懂得法律不再是统治阶级专政的工具,而是化解怨恨、促进社会和谐的桥梁。

(4)寓情于法

律师既要讲法,还要讲情,缺少情感的律师是不会受到当事人的敬仰的。白居易说得好:"感人心者,莫先乎情。"诗人说的是文学作品要有真情方能拨动读者心弦,其实在律师的执业生涯中,这"情"字也非常了得。好的律师对人是下功夫研究的,"人非草木,孰能无情?"法不容情,指的是法不容私情,而不是律师对当事人的关爱之情。正处在经济建设的年代,不是以阶级斗争为纲的年代,大多数案件都属于人民内部矛盾,这就要求律师在执业的过程中要用和谐的方式来化解矛盾解决纠纷,律师要学会用情,并以情动人以情感人,以情来消弭当事人之间的怨恨,以人为本,讲究执业艺术。《三国演义》中的刘备其智商未必有多高,可他重情讲义,"桃园结义"、"三顾茅庐"等章节就耐人寻味;孔明先生的"七擒孟获"也是把着眼点放在一个"情"字上,其以柔克刚收到了死拼硬打也收不到的效果。

我国既是一个注重礼仪和人情的国家,又曾经是一个被封建社会统治了若干年的大家庭,社会文化中缺乏法律信仰的传统,但注重伦理关怀、崇尚道德人格又是中国传统的一贯精神,许多当事人要求律师提供法律服务,除了寻求法律给一个说法之外,重要的是希望从感情上得到一丝慰藉,在人格上得到一种认可,这些更需要律师以关爱的善良之情对当事人加以心理疏导。司法是一门善良的艺术,只有善良的律师才能打理出善良的案件。一心执业为民、努力为解决民生问题提供法律服务的律师,必定既有高情商,又有一颗善良的心。法国大文豪雨果曾经说过,"善良的心就是太阳"。善良可以使盲人开眼,使聋子听声,使心脏停止跳动的人复活。律师的善良体现在执业过程中,就是寓情于法,懂得法律无情而执法有情的道理,能准确地理解法律条文背后的立法精神和人文精神,既严格执法又不机械执法;既在执业中不循私情,又要在执业中注意灵活性,真正做到寓情于法、融法于情,实现情与法的有效交融。律师的情商不是天生的,而是通过自我完善和提高的造化,是不断学习和培养的结果。

4. 如何提高律师的情商

既然律师的情商对律师的执业这么重要,那么,如何提高律师的情商呢?笔者认为有以下几点。

(1)律师协会的教育

律师协会要教育律师认识到情商在律师执业中的重要性,了解律师情商的精髓,熟悉中华民族的传统文化精神和心理学相关的知识,帮助律师正确认识当今社会的人际关系,加强对律师不良情绪的疏导,培养律师充分运用情商解决执业中实际问题的能力。

(2)律师的自身修养与培养

思想是行动的先导,认识只有转化为行动才具有强大的生命力。在强调以人为本、构建和谐社会的今天,律师应将对情商在执业中的重要性的认识转化为行动,积极适应新时期人民群众对律师执业的新要求、新期待。律师在执业过程中要划定恰当的心理界限,学会接受拒绝、自我安慰、忍受混乱与迷惑。要讲究抱怨技巧,把批评当成礼物。学会善于交流,不要在交往中迷失自我。学会培养幽默感,要明白自己的底线。要努力运用自己的情商,并不断提高自身的情商水准,作和谐社会的维护者和促进者。真正做到尊重所有人的人权和人格尊严,不将自己的价值观强加于他人,对自己有清醒的认识,能承受压力,自信而不自满,人际关系良好,和当事人或同事能友好相处,善于处理生活中遇到的各方面的问题,认真对待每一件事情。这才是高情商的律师。

(3)律师事务所的培养

律师事务所是与律师执业接触最多的机构,也是律师执业的处所,其对律师情商的了解最直接。因此,律师事务所应时刻关注和培养律师的情商,就像律师事务所的党支部关注律师的成长一样,列出培养计划,并通过不间断地向律师灌输情商精髓来提高律师的情商。

(4)司法行政机关的考核

司法行政机关可将律师情商纳入考核范围,在注重律师专业知识、思想品德与执业清廉的同时,也要关注律师情商的考核,这样既可促进律师对情商的自身培养,也可以不断提高律师的情商。

(原载 2009 年第 3 期《广东律师》,同时转载 2010 年第 3 期《深圳律师》,后被法律出版社出版的 2010《律师文摘》特刊《广东律师 30 年》一书收录)

（五）坦然 2009

2009 年，既简单又平凡。金融风波的余波既使股市的风浪不平静，忽高忽低，又引起物价此起彼伏，忽上忽下，从而客串出一连贯的行业风波，笔者所在的律师行业也未能幸免。就笔者执业的深圳地区而言，2009 年真是深圳律师业务下滑的一年，不少深圳律师发出如此感慨。

"天空留不下我的痕迹，但我已飞过"这句话好像就是为我作的。2009 年的我，虽然没有任何值得庆幸或炫耀的业绩，但我确已飞过。

想想那些早出晚归的农民，不管是日晒还是雨淋，他们仍然面朝黄土背朝天的在田间劳作，在晚霞的辉映下扛着农什回家，那张写满疲倦的脸上却洋溢着丰收在望的笑容。

还有那些喜欢在假日里钓鱼的大爷，一早就哼着京曲高兴地出门，炎热的夏日戴着草帽，专注又耐心地坐在太阳下等待鱼儿上钩，最终在黄昏下却拎着空鱼篓回家，一路上也留下欢声笑语。

曾看见一对对行将分手的恋人，脸上虽写满了无助与痛苦，眼眸里也带着一份淡淡的忧伤，心底里还夹藏着一份深爱与痛恨，但他们却依然地潇洒挥手，互道一声"珍重"。

凡此种种——是坦然。

2009 年，我坦然。钱赚的不多，但够开销；法律咨询的不少，但业务不望；论文写的不多，但却自然；案件办的不少，但不惊叹！

坦然，是沮丧时的自我调整，是人生失意后的乐观，是平淡中的一份自信，是失望时的毅力再现，是一份快乐，是一份潇洒！

只有坦然，小草才青翠，草原才芬芳；白云才飘逸，蓝天才蔚蓝；小溪才悠然，大海才壮阔。

坦然，坦然，我心中的坦然！

（原载法律出版社出版的 2010《律师文摘》特刊《广东律师 30 年》）

（六）律师——使命

我是一名律师，

刚入行时没有像今天入行律师的举拳宣誓；

但我的心中，

却立下誓言，

要为弱者代言，

要为天下鸣不平，

要为我国法制的健全尽努力！

然多年的律师实践，

残酷的现实令我鞭长莫及；

忧公平，盼公正，

时刻用法律来作衡量标准。

多年的律师生涯，

饱尝了人间的酸甜苦辣，

经历了世间的冷暖人生！

调查取证难、阅卷难、会见被告人难，

已经成老生常谈，

五部委为此发文，

　《中华人民共和国律师法》有明确规定，

但实践中就是难以执行，

律师的执业环境怎这么苦涩？

律师的执业道路为何是这样坎坷不平？

我值得自豪的是，

曾经为当事人慷慨陈词——保护了其合法权益，

也曾为犯罪嫌疑人依法辩护——使其冤案得以澄清。

有人认为，

律师就是钻法律的空子，

就是只知道挑法律的毛病。

你可知道，

法律为何要留空子让律师钻！

为什么律师能挑出法律的毛病？

这只能表明：

律师是法律的行家，

律师能为我国的法制不断健全而不忘使命。

我曾见：

有人希望用法律来保护自己的合法权益，

而有的人却利用法律玩文字游戏，

也有的人只是把法律当作幌子糊弄人，

还有人将法律视为儿戏，

根本就没把法律放在眼里……

这就是在提醒律师，

永远不要忘记自己的使命！

（原载法律出版社出版的 2010《律师文摘》特刊"广东律师 30 年"）

（七）韩国旅游见闻

2012 年 9 月 24 日，笔者执业的律师事务所一行 20 人从香港国际机场乘飞机去韩国旅游，整个行程 5 天，除了欣赏异国风情之外，沿途所见所闻给笔者留下了深刻印象。

1. 难见卷闸门和防盗网

在中国，无论私房还是单位房，卷闸门和防盗网比比皆是，甚至高层的八楼或九楼（有的更高）也不免俗，同样要安装防盗网。第一天到济州岛，因不见卷闸门和防盗网，出于好奇，在晚餐后步行了近两个钟头到处游逛，也没有发现有安装卷闸门和防盗网的。笔者原以为是不是济州岛面积小人口少的原因,然到了韩国首都首尔后,同样难觅卷闸门和防盗网,似有一种路不拾遗的感觉。

2. 所有停车场没有铁栅栏或障碍物

在韩国除了难觅卷闸门和防盗网外,所有的停车场都没有铁栅栏或其他障碍物。不管是社会的、单位的或个人的停车场,一律都是敞开的,不设任何障碍物。即使有的停车场有停车位抑或是空无一车,也没有任何人随意乱停乱放。

3. 见不到随地吐痰和乱丢垃圾

韩国街道虽没有北京或上海的街道漂亮,但每条街道、每个角落都那么干净,没有垃圾、塑料袋、痰迹。笔者曾亲眼见一的士司机将车开到一垃圾桶旁将垃圾放进垃圾桶内,而不是像中国大陆司机边开车边向车窗外抛垃圾,这情形不仅让笔者刮目相看,且感动不已。

4. 韩国人不用一次性餐具

不管是家庭用餐,还是小饭馆抑或是宾馆用餐,均是使用不锈钢碗、筷子和茶杯,不像中国大多数都是用一次性的碗、筷、茶杯。

5. 在韩国没有发现乞丐

在韩国跑了几天也没有见到过一个乞丐,笔者不知道韩国的社会保障制度是如何运作的,但估计中国大陆的社保制度肯定有问题,因为每个城市都有乞丐,而且有的还很多。据悉,韩国政府对低收入家庭有福利。如低于平均收入70%以下的家庭,7岁以下的孩子每个月给一定的大米、牛奶等,婴儿有养育费补贴(未满1周岁的,每个月给约1 200元人民币的韩币,1—2岁为1 000元)。上幼儿园的话,学费全免。劳动部还针对失业人员有培训补贴,对低收入家庭还给每个人合约2万元人民币的费用去学一门手艺,就业后,仍给约5 000元人民币的祝贺金。难怪游览几天也没有发现乞丐!

6.韩国人都用国产货

韩国人的衣食住行,都会尽量选择自己国家生产的产品;马路上很难见到进口车,全是韩国产汽车;家用电器(如手机等)也是三星或LQ。这种爱国情怀使得韩国的民族企业不断发展壮大,韩国人还十分排斥日货,表现出强烈的民族自尊心。

7.韩国人对"4"非常反感

政府、军队、宾馆设施一律没有"4"符号。一路上下榻的宾馆,电梯只标有"1、2、3、5、6、7"字样,没有"4"。据了解,楼房的编号严忌出现"4"字,医院、军队绝不用"4"字编号。韩国人在喝茶或喝酒的时候,也是以"1、3、5、7"的数字单位来敬酒、敬茶或布菜。

8.韩国人不食用植物、动物油

出国前只听说韩国的泡菜有名,殊不知不仅仅是泡菜特别,韩国人连植物与动物油也不食用。无论是吃泡菜,还是吃韩式烤肉,抑或是吃韩式海鲜火锅或吃石锅拌饭等,都不食用植物油,更不用说食用动物油了。难怪韩国人都很苗条,很少见挺着个大肚子的。

9.韩国人自觉性高、秩序井然

韩国人过斑马线特别自觉,遇到红绿灯时,不管有无车过,也不管有无交通警察或其他行人在场(韩国没有中国大陆式的协警或自愿者),都是一律等到绿灯亮时才过马路。韩国道路中间少有隔离带、隔离墩,也不设自行车道,中国大陆人遇到这种路况需要过马路时,只要没有车,便会毫不迟疑地过马路或跑过马路。韩国人则不同,没有斑马线的地方绝不会过马路,过马路必走斑马线。韩国人无论是购物、吃饭、等车、上厕所或游览风景区等,大伙都是循规蹈矩地排队,没有加塞的情形。电梯口遇到人多,大家会自觉地排成一列长队,不见有人集体拥在电梯口挤上电梯的状况。连中国大陆的游客见到此情此景,也收敛起擅长插队的本事,自觉加入到长龙之中。

韩国地铁上靠近车厢一侧的短座位是专门为老年人准备的,该坐位即便是空着时年轻人也不会去坐。这种状况在中国大陆不可能存在。

10.韩国人特讲究礼仪

与长者同坐时,坐姿要端正。韩国人的餐桌是矮小的(与中国东北一样放在地炕上),用餐时,宾主都应席地盘腿而坐。若是在长辈面前则应跪坐,无论是谁,绝不能把双腿伸直或叉开,否则会被认为是不懂礼貌或侮辱人。未征得同意前,不能在上级或长辈面前抽烟,不能向其借火或接火。吃饭时不能随便发出声响,更不许交谈,夹菜只能夹盘子一侧不能越过盘子中线等等。其实这些都是中国的传统文化,传到韩国却保留了下来,而中国人则早将其抛到了九霄云外。韩国人在公共场合见面,都要鞠躬致意,不停地说:"阿妮哈赛哦(你好)","侃沙哈蜜打(谢谢)"。

11. 不存在暴利物价

在韩国购物,除了免税商店,同一种商品甲地与乙地的价格基本没有区别。即使在游客众多的风景区,同一种商品的价格也不会超出任一商店商品价格的15%。据说韩国政府规定任何商品的加价幅度最高也不得超出政府定价或指导价的15%。

12. 韩国言论自由

韩国导游陈小姐告诉人们,韩国是言论自由的国家,随时都会发生抗议事件,特别是在韩国首都首尔市政府大楼附近,长期都驻扎有抗议的人群。当人们一行人步行经过首尔市政府大楼时,就目睹到一些醒目的韩文抗议标语,不是抗议市政府扰民,就是抗议政府征税,还有沿街发小传单的。

13. 不担心食品安全

在韩国用餐,不用担心吃到地沟油(因为韩国人本身不吃植物或动物油),更不用担心吃到苏丹红、吊白块,因为韩国政府对食品安全管得特别紧,罚的也重,更何况韩国没有炒菜,只有泡菜,不用添加剂,你可以放心大胆尽情地吃。

14. 韩国的遗产税高达 64%

若逃税的要重罚到73%。所以韩国人拼命挣大钱的人不多,一般保持在富有水平。笔者觉得中国大陆也应该制定遗产税,既可以有效地抑制腐败,又可以通过遗产税调节来资助一下穷人,还能避免富有家庭的下一代人坐吃山空、不思进取、好逸恶劳。

15. 设置横栏

韩国济州岛上民俗村还有个一个特别有趣的现象,每家没有大门只设有木桩横栏,从两边石柱上看,多为3个锁眼用来卡住横栏木桩,意思是:设3个横栏木桩的表示家中无人,出了远门;设2个横栏木桩的表示家中人在附近,未出远门;设1个横栏木桩的表示家中有人客人可以进去。也有说设3个横栏木桩的表示家中成员不全;设2个横栏木桩的表示家中只有老人;设1个横栏木桩的表示家中有人客人可以进。还有极个别的设4个横栏、5个横栏木桩的。据说卡 4 个横栏木桩的,表示这个家庭为寡妇;卡 5 个横栏木桩的,则表示这个家庭为鳏夫。很有些独特创意。

（2012 年 10 月于深圳）

（八）仰视、平视与俯视

有一篇题为《视角》的文章,读后令人感触颇深。说的是站着看佛像和跪着看佛像的感觉完全不一样。当你站着看的时候,佛像慈祥亲切,笑口常开,显得尽善尽美。可当你跪着看的时候,佛像则高大威严,气势磅礴,好似莫测高深。作者于是明白了中国历代统治者为什么都要把宝座筑得高高的,让他的臣民们在下面跪着说话。这无疑给了笔者一个启迪,视角不一样,感觉也是另外一番景象。

视角,简单地说就是看物体或视角对象的方式方法和角度。佛像亲切威严的根本原因在于视者观看的角度不同,俯仰之间,眼中势派大相径庭,这是视角结果的真谛所在。由此,能否悟出这样一个道理,在面对上司的时候切不要小看自己,就要有一个"站着看"的心态。因为你之所以要受他的差遣,只是约定俗成的游戏规则的结果,并不是你比他低人一等。但事实上有一个"站着看"的心态确实不易,因为这不符合历史以来的"唯官是从、惧官自然"的畏上"顺民美德"。

世间万物总是有些捉弄人,尽管你学富五车在上司面前如此低三下四,和你跪着看上司感觉自己卑下一样,坐在高处的上司身处高位,总是自鸣得意、趾高气扬、自命不凡、自傲不羁,有时甚至目空一切,这种结果就是"视角"造就的。一个彬彬有礼、谦恭侃谈、八斗之才没当官的人,一旦当官掌权,其模样腔调即刻就变,甚至连走路的姿态也会变得判若天渊。此时的他即是在向世人宣布,我当官了,你们要仰起头来看我,不要像以前一样平视看我。

任何事物都是一分为二的,仰视、平视与俯视也不例外,她在老百姓眼里再平常不过,但在官人眼里却神出鬼没,且变幻莫测。如五十多年前的三年大饥荒究竟是天灾还是人祸,官方的俯视为天灾,而百姓平视则为人祸。如作为国家战略储备物资的石油,总是涨多跌少,发改委有关负责人从俯视角度称涨多跌少主要是由于国际市场油价上升(即与国际接轨)所导致的。而民众平视的观点是,为什么国际市场油价涨时紧跟着涨,国际市场油价跌时却迟迟不跌?2008年底成品油价格和税费改革方案实施以来,国内成品油价格进行了16次调整,其中10次升6次降。现在国际油价已跌到低谷,而我们的油价却还在高价位?如"领导就得骑马坐轿,老百姓想要公平?臭不要脸!"的雷语,就是吉林省辽源市环保局2011年春节后的一次全局大会上,该局局长所发表的讲话。而事情的起因则是2010年目标责任制奖,局长与职工相差3倍,有的同志认为不公平,向纪检部门反映,结果惹怒了局长。目标责任制奖,对于局长而言,他是以俯视的眼光和心态而论的,因为局长觉得你个小老百姓有什么资格与我局长大人平起平坐、平分秋色。而员工却以平视的角度认为目标责任制奖应一视同仁、不分上下。再如房价,普通民众一直平视房价居高不下,而现实生活中却没有一个有一定职权的官员嫌房价高的。特别是地方政府,虽然也按照中央的精神出台限购令在抑制房价,但没有一个真正大刀阔斧地降房价的,因为他们仰视的目光是希望房价来刺激并推动当地经济。还如"7·23"甬温线特别重大铁路交通事故,官方俯视认为是雷击天灾,而民众平视认为是人为因素,并提出若是雷击造成D3115次动车停车遭D301次动车追尾,那同时行驶的D301次动车为何就没有遭到雷击而停车?正是民众对事故原因的质疑,导致铁道部至今也发布不了"7·23"甬温线特别重大铁路交通事故的真正原因。

依辩证法原理,矛盾的双方是相互依存的。就拿仰视、平视与俯视这个游戏规则中的一上一下、一尊一卑和一俯一仰一平来说,是不难发现谁也离不开谁这个规律的。要寻根溯源,还是千百年来封建习气下权力和地位所带来的强势规则。在极权社会里,权力和地位意味着等级,哪个下级见了上级不下跪说话的,其高下和尊卑被表现得淋漓尽致。当今社会的仰视、平视与俯视,则是历史以来"君为臣纲,父为子纲,夫为妻纲"怪胎现象的再生。

由此而想到的是,为什么现今衙门的台阶那么高?为什么政府部门的办公楼就有那么多的阶梯?甚至连一些不起眼的一般行政单位,都要把办公楼的基础建得高出四周房屋,同样也修筑了一定阶梯。这无疑给了人们这样一个信号,除了显示出该部门或衙门的高大和威严外,还透露出我在上、你在下,你有事来找我,就要抬头看我,否则你就别来找我的一种霸气。

不是么!你看除了这些衙门与政府部门的办公楼外,就连一些有钱有势的老板或有点气势的企业,不也是仿着人家在盖着高台阶或多台阶的楼宇吗?钱多的台阶盖得多,钱少的台阶相对盖得少点。这不也是仰视、平视与俯视这个游戏规则种下的恶果吗?

不过任何事物都有正反两个方面。就拿权力来说吧!它并不是永久和牢固的,一旦失去睡梦即醒。即使你在位时高高在上、神气十足、趾高气扬,有时甚至有些独断专行、横行霸道,而一下台则似突遇倾盆大雨,昔日辉煌顿时日薄西山。如果你在位时有把柄捏在别人手上,你曾经的仰视、平视与俯视眼光就不得不翻过来了。就是你在位时没有任何把柄捏在别人手上,但你曾经从不平视的仰视与俯视,恐怕也要委曲求全与时俱进了。

其实,人的一生都会有仰视、平视与俯视的时候。你可以仰视名人和成功人士,羡慕他们的才华、声誉和不凡,追求他们的执着与精神。你可以平视你周围的人群,为他们平凡而快乐的生活而一往情深。你可以俯视曾经失败的落寞者,怜悯他们的不幸与伤痛,努力地帮助他们抚平心灵创伤。不管怎样,重要的是你一定要有平和的心态、站立的灵魂。试想,一个社会一旦面对上司坦然平视、不卑不亢的人多了,人们就可以随时舒展心灵,不必为上高台阶而心虚气短、神情不定;也不必时刻提心吊胆、战战兢兢。

(2012 年 6 月于深圳)

(九)金牌、全民健身与反思

值伦敦奥运会落下帷幕不久,卫生部发布了《健康中国 2020 战略研究报告》,该报告披露,中国 18 岁以上的成年人中有 83.8%的人从不参加体育锻炼。

38 金、27 银、22 铜,共 87 枚奖牌,铸就中国在伦敦奥运会上金牌榜第二和奖牌榜第二名。虽然比起北京奥运会的 51 金、21 银、28 铜,共 100 枚奖牌要少,但毕竟取得除美国外世界第二名的好成绩。中国需要金牌,中国人民也需要金牌,但我们不能以牺牲全民健康和大众体质来换取金牌。

四年前,当中国奥运军团拿到金牌总数第一的时候,喊出了从体育大国向体育强国迈进的口号。四年来,我们有了全民健身运动的蓬勃开展、运动场馆的增加、学校体育课程的增加以及健身方式的更加多样化。但仍需自省的是,我们离体育强国的目标还有很大差距,要做的还有很多。我们希望看到孙杨、叶诗文在奥运赛场上的英姿,也希望有更多的游泳池可供更多的孩子游泳。我们应该努力的不止于选手和教练,更应当努力创建一个全民参与、全民锻炼、全民健身、体质日新的平台,这样才有迈向体育强国的可能。

竞技体育给力,大众体育乏力,这就是中国体育的现状。中国各级财政每年投入体育经费达四五百亿元,而绝大部分都投向了竞技体育。公共体育场馆本来就少,人均不足1平米,多数还不对外开放,即使有的开放收费也挺高,加上政府对大众性公共体育场馆投入少之又少,从而直接限制了大众参与体育锻炼的机会,致大众参与体育锻炼的水平和程度处于世界排名第80位,这不仅仅落后于发达国家,而且还低于相当多发展中国家的水平。

近期出版的《富态:腰围改变中国》一书指出,1985年中国男性平均腰围是63.5厘米,现在是76.2厘米,其腰围增长之快堪称世界之最。"腰围越长,寿命越短"是该书向世人提出的忠告。

花高额投入竞技体育换金牌,不如花钱换健身。西方不少国家对竞技体育投入少,却还能拿到不少的金牌,这证明金牌并非一定要花高额投入才能摘取。据2008年北京奥委会中国奥委会主席刘鹏透露,中国每枚金牌的投入大约要花人民币1 500万元。依此,伦敦奥运会得了38块金牌,花费差不多要到近5亿元,这既不包括这几年的物价上涨因素,也不包括银牌铜牌的投入。笔者认为,如果将这些投入花到大众体育上去,鼓励和促进大众体育与大众健身的常态化,我们的腰围是不是就会缩小?大众生病的机率是不是也会减少?中国应该算算这个账!

(2012 年 9 月于深圳)

(十)败诉官司——酸甜苦辣的滋味刻骨铭心

——代理张某某诉孙某某办理福利性住房涉案房产转移
登记手续纠纷案的回顾

案例:1995 年 5 月 18 日,某市文化局干部孙某某与某市住宅局签订"某某市福利商品房买卖合同",约定由某市住宅局将坐落于某某市某某区某某路某某北031栋0704号房(二房一厅,建筑面积为58.42平方米,使用年限从1993年6月30日至2043年6月29日止),以人民币44 600元(不含地价)的价格出卖给孙某某。该合同另约定,买方孙某某调动工作时,必须将该房退给卖方某市住宅局。该房如进入市场,需按某市政府有关福利商品房售后管理规定执行。1996年8月,孙某某依法办理了房地产证,证号为深房地字第5208499号。该房地产证记载,本房地产为"准成本商品房",本证所记载的房地产,不得买卖、抵押(典当),出租需按有关规定办理。

1998年10月20日,孙某某因出国定居欲出售其购买的房屋,经与买受人张某某协商后,打印了一份"转让合同"(以下称"打印合同"),约定由孙某某将其购买的、坐落于某某市某某区某某路某某北031栋0704号房屋,以人民币110 000元的价格出卖给张某某,并保证将来更名给张某某提供全部合法手续,双方当天并未在合同上签名。同年10月22日,买卖双方及见证人乔某某均在该"打印合同"上签名。签名后,孙某某认为其不能保证将来能提供全部合法手续并保证张某某更名成功,故要求张某某重新亲笔手写了一份"转让合同"(以下称"手写合同"),除删除了"孙某某保证将来更名给张某某提供全部合法手续并保证张某某过户更名成功"的内容外,其他内容完全一致(当时未撕毁打印合同)。随后,在张某某将购房款人民币110 000元交于孙某某后,孙某某便将该房的房地产证、房屋钥匙等一并交于买方张某某。

事后,孙某某便定居于澳洲。1998年底,双方就房屋过户一事多次书信往来,孙某某在书信中总是以无法提供补地价与过户手续不好过户或不容易过户等理由要求与张某某解除转让合同并退房,但张某某既不愿返还孙某某房产证也不返还房屋,在多次交涉无果的情形下,孙某某于2007年以原房地产丢失为由并登报后,向某市国土资源和房产管理局申请补办了房地产证,证号为:深房地字第3000500196号。同样记载本房地产为"准成本商品房",本证所记载的房地产,不得买卖、抵押(典当),出租须按有关规定办理。2008年初,孙某某赶走了张某某出租涉案房屋的租房客户,然后另行出租他人。至此,孙某某满以为其房屋与张某某无关了,便心安理得地过起了安逸日子,双方一直无联系。

2010年9月,孙某某突然收到了某区人民法院的开庭传票与相关材料,方知是张某某以1998年10月20日的"打印合同"起诉了自己。

张某某诉称,原告张某某与被告孙某某于1998年10月20日签订房屋"转让合同"是双方的真实意思表示,且不违反法律及行政法规的强制性规定,合法有效。被告虽然已将涉案房产交付原告使用,但并未依照合同约定办理产权转移登记手续,被告应积极配合原告办理涉案房产的转移登记手续,以完整履行合同约定的相关义务。

被告孙某某答辩称,双方虽然签有"打印合同",但"打印合同"所约定的房产并非我国法律允许转让的房产。被告对涉案房产不具有处分权,当然就无权对涉案房产出售。该涉案房产产权证上载明,该房产为"准成本商品房"。本证所记载的房地产,不得买卖、抵押(典当),出租需按有关规定办理。正因为如此,双方于1998年10月20日和22日签订的"打印与手写合同"依法属无效合同。另外,由于被告孙某某不能保证将来能提供全部合法手续并保证张某某对涉案房产过户更名成功,当天在"打印合同"上签名后,要原告张某某重新手写了一份合同后双方另行签名确认,故先前签的"打印合同"实际上是一份作废合同。再者,不论是"打印合同"还是"手写合同",均形成于1998年10月20日和22日,而原告到2010年才起诉,其时间相隔近14年,证明原告的起诉已超过法定的追诉时效,丧失胜诉权。故此,请求法院驳回原告张某某的诉讼请求。

1. 争议焦点

1)"准成本商品房"房地产证上记载"本证所记载的房地产,不得买卖、抵押(典当),出租须按有关规定办理",类似房地产是否可以买卖?

2)1998年签订绿本房屋"转让合同",2010年起诉,是否超过法定时效?

2. 裁判结果

某区人民法院经审理后认为,涉案房产的性质为"安居房",按照《某某市国家机关事业单位住房制度改革若干规定》(以下简称《某市住房若干规定》)的精神,国家机关、事业单位的职工在购买安居房后,经办理上述规定的相关手续,并补交全成本微利差价,可以取得安居房的全部产权。该安居房即转为市场商品房,允许自由交易。本案被告承诺将来更名给原告并提供全部合法手续,但在签订房地产转让合同后至今未给原告提供全部合法手续,故依法判决被告补交全成本微利差价后,协助原告办理某某市某某区某某路某某北031栋0704号房产权转移登记至原告名下的手续。

被告孙某某不服一审判决向某某市中级人民法院提起上诉,并找到笔者为其代理二审。笔者经了解案情并经斟酌后,感觉一审判决确有不妥之处,遂接受被告孙某某的委托为其代理二审。

被告孙某某上诉称,一审不顾本案客观存在两份合同(打印合同与手写合同)的事实,将"手写合同"弃置一边只字不提,仅以"打印合同"定案,实属认定事实错误。一审以补交全成本微利差价,可以取得安居房的全部产权,该安居房即转为市场商品房,允许自由交易为由,判决被告补交全成本微利差价后,协助原告办理某某市某某区某某路某某北 031 栋 0704 号房产权转移登记至原告名下的手续实属荒唐,因为涉案房产产权人被告孙某某既没有补交全成本微利差价,也没有取得全部产权,更没有转为市场商品房允许自由交易。而且这一系列的补交全成本微利差价,取得安居房全部产权的活动,如果不取得某市住宅局和当地国土与房地产部门的审核与核准同意,被告孙某某无论如何也完成不了补交全成本微利差价手续。故请求二审依法改判驳回原告张某某的诉讼请求。

二审经开庭审理后确认了被告孙某某所述的"手写合同"的真实性,但却认为"打印合同"与"手写合同"的内容基本一致,仍然判决维持原判。

案件虽然落下帷幕,但其中的酸甜苦辣只有代理人清楚。

3. 酸甜苦辣

(1) 酸

虽然《某市住房若干规定》第 35 条、第 38 条规定,"只要安居房产权人(类似于本案被告孙某某)补交全成本微利差价,就能取得安居房全部产权,并可以进入市场"。但客观事实是本案被告孙某某在涉案房屋引发诉讼时止,也没有补交全成本微利差价。且《某市住房若干规定》第 37 条规定就明确,"经市房改办依本规定审核后取得安居房全部产权的,安居房即成为市场商品房,权利人依法享有占有、使用、收益和处分权"。这就涉及审核问题。如果某市房改办不审核或审核通不过,则取得安居房全部产权并成为市场商品房就是空中楼阁。更何况《某市人民政府住房制度改革办公室关于职工离开原产权单位已购福利商品房的补差规定》(X 房改〔1994〕第 9 号,以下简称《某市补差规定》)和《某市关于申请取得安居房全部产权有关问题的处理办法》(以下简称《某市处理办法》),对于安居房产权人补交全成本微利差价、取得安居房全部产权的情形,还做了一些限制性的规定。如《某市补差规定》第 10 条规定,"由个人按市住宅局公布的向社会公开出售的微利商品房价补差的住房,原产权单位应与补差者签订"XXXX 福利商品房补差合同",该合同经某某市人民政府住房制度改革办公室(以下简称市房改办)核准后,补差者凭原购房合同(或房地产证)、补差合同、付清房款和补差款证明以及补差者的有关证件,到房地产权登记机关办理产权变更登记。该规定既涉及补签"某某某福利商品房补差合同"问题，还涉及"XXXX福利商品房补差合同"的核准问题。如《某市处理办法》第4条规定，"职工按照社会微利房价购买了安居房，按规定需补交市场商品房差价的，申请取得全部产权时，由原产权单位出具意见后报市房改办审核"。这里除了涉及审核问题外，还有牵涉原产权单位出具意见问题。如果原产权单位不出具意见，市房改办也不审核怎么办？很显然，即使被告孙某某愿意补交全成本微利差价，也不一定就能取得安居房全部产权并进入市场。因为行政机关的出具意见、审核与核准问题不是被告孙某某左右得了的。你说酸不酸？

（2）甜

法院判决被告补交全成本微利差价后，协助原告办理某某市某某区某某路某某北031栋0704号房产权转移登记至原告名下的手续。被告孙某某看起来输了官司，所幸判决书还留有一丝余地，即"判决被告补交全成本微利差价后……"如果说被告一直都不补交全成本微利差价或补交不成功怎么办？判决书对此并没有下文。也就是说被告孙某某虽然输了官司，但只要不补交全成本微利差价或补交不成功，就永远不能协助原告办理某某市某某区某某路某某北031栋0704号房产权转移登记至原告名下的手续。你说这不是有点甜味吗？

（3）苦

虽然一审判决书没有提及被告孙某某所述的"手写合同"，但二审毕竟确认了被告孙某某所述的"手写合同"的真实性。然令被告孙某某疑惑不解的是，"手写合同"中明明删除了"保证将来更名给张某某提供全部合法手续并保证张某某过户更名成功"的内容，二审怎么就视而不见认定为"打印合同"与"手写合同"的内容基本一致呢？这对于被告孙某某来讲，真是有苦难言！

（4）辣

不管是"打印合同"与"手写合同"，均违反《中华人民共和国合同法》第132条、《城市房地产管理法》第38条、《城市房地产转让管理条例》第6条、第18条、《某某省城镇房地产转让条例》第10条、第30条的规定，由于涉案房地产是限制转让的标的物，故无论"打印合同"，还是"手写合同"，均因违反我国法律的强制性规定而自始无效不应受到我国法律的保护，然一、二审均判决合同有效，这是辣之一。另外，《中华人民共和国民法通则》第135条明确规定，向人民法院请求保护民事权利的诉讼时效期间为两年，法律另有规定的除外。而原告张某某在双方签订房屋"转让合同"近十四年后才起诉，且这期间又没有诉讼时效中断或中止的情形，显而易见其起诉因超过法定诉讼时效期间而丧失胜诉权。

更何况被告孙某某在与原告张某某就涉案房屋"转让合同"的解除与房屋返还多次交涉无果的情形下，于2007年以原房地产丢失为由并登报后向某某市国土资源和房产管理局申请补办了房地产证，还在2008年初就赶走了张某某出租涉案房屋的租房客户。被告孙某某的登报公示和赶走张某某出租涉案房屋租房客户的行为，就证明原告张某某早已知道被告孙某某不愿履行合同义务。然一、二审法院对此事实却视而不见。这个更辣！

（2012年9月于深圳）

六、律所管理篇

（一）加强律师基层党组织作风建设

经国务院批准的《司法部关于深化律师工作改革的方案》实施以来，我国律师工作取得了突破性的进展。在生机勃勃的律师工作中，加强律师事务所的党建工作，既是中共中央十四届五中全会的精神要求，也是深化律师改革的重要步骤，而切实加强思想作风建设又是律师党建工作的重要一环。

加强思想作风建设，是解决目前律师基层党组织存在的突出问题的需要。党的十四届五中全会以来，各级司法行政机关党委紧紧围绕经济建设这个中心，在加强律师基层党组织建设方面进行了积极探索，做了卓有成效的工作。这对提高律师基层党组织的战斗力和广大党员律师的素质，推进两个文明建设和深化律师改革发挥了重要作用。通过努力，应该说，律师基层党组织的状况总体上是好的，广大基层律师党员的主流是好的。但是，也有些律师事务所的党组织，处于软弱涣散状态，在思想作风建设方面问题非常突出，有的党员律师精神不振，缺乏带领律师尽快适应新的律师制度的责任感和紧迫感；有的面对暂时存在的困难怨天尤人，不思进取，没有开拓创新精神；有的工作方法简单，作风粗暴，不注重精神文明修养，不注重职业道德；有的工作作风不扎实，好做表面文章，甚至故弄玄虚，弄虚作假，不踏实办案；有的办事不公、以权谋私、假公济私、私自收费、不克己奉公，从业不清廉。上述问题的存在致使部分律师事务所工作进展不大，发展缓慢，律师办公条件得不到提高，福利待遇等种种环节跟不上。要改变这种状况，一定要下决心整顿和加强律师党组织，加强作风建设，使其能够真正承担起带领律师模范地遵守国家法律、法规和律师执业纪律，为社会主义市场经济建设保驾护航的重任。笔者认为，在当前和今后一段时间内，加强律师基层党组织的思想作风建设，务必要抓好以下几个方面的工作。

1. 加强思想作风建设，就是要用马列主义、毛泽东思想武装广大律师党员的头脑，为实现党在新时期的总任务奠定思想基础

邓小平同志在领导我国改革开放和现代化建设事业中创立的建设有中国特色的社会主义理论，是马列主义同中国革命实践相结合的成果，是毛泽东思想的继承和发展。因此，要把学习掌握好邓小平同志建设有中国特色的社会主义理论，作为思想作风建设的中心内容和根本任务。当前就是要增强改革开放意识，树立新观念，即帮助党员律师打破坐井观天、缩手缩脚、得过且过的思想，树立以市场为导向，以带领广大律师大胆改革为目标，敢为天下先的观念；打破能带头完成分配任务就是尽到一个党员责任的低标准思想，树立能带头向深层次律师业务发展，带领广大律师刻苦钻研业务，共同奋进的观念；打破等客上门、官办作风思想，树立走出去、大服务的观念；打破抱残守缺、只凭经验办案的思想，树立以法律为准绳、以事实为依据依法办案的观念；打破纯经济效益的思想，树立两个效益并重（经济效益与社会效益）的观念。

2. 坚持民主集中制原则，提高律师基层党支部的决策水平和领导水平

律师基层党支部是党在律师中的战斗堡垒，是党在律师中的全部工作和战斗力基础。有关律师的重大问题，必须坚持党的民主集中制原则，党内讨论，集思广益，正确地做出决策，然后按照党支部分工负责实施。要通过党员先锋模范作用，把党组织的决策主张，按照律师事务所和律师组织的章程、法律程序变成他们各自的决议和自觉行动。在坚持民主集中制原则的过程中，党支部一班人要抓住政治方向的问题统一思想，增强一班人政治上的坚实性；抓住思想作风问题自省自律，保持一班人的良好形象；抓住敏感问题多通气，形成协调融洽的内部环境，这样可以使民主集中制更好地坚持下去，和全体律师一道为所内建设献策献力。

3. 坚持实事求是的思想路线，密切联系群众，树立"四个突破"的工作作风

律师基层党组织对律师要经常进行党的实事求是的思想路线教育，坚决防止和纠正虚报浮夸、弄虚作假、做表面工作、搞形式主义的不良作风，增强求实、务实和实干的意识。要善于将上级的部署转变成切合本地实际、本单位实际的、具有较强针对性的有效措施，有的放矢开展工作。坚持讲实话、办实事、鼓实劲、求实效。

4.加强廉政建设,努力做廉洁勤政的表率

党支部成员既要从自身做起,发挥好自身的表率作用,又要发扬艰苦奋斗、大公无私、乐于奉献的精神,自觉抵制拜金主义、个人享乐主义和腐朽生活方式的侵蚀;要关心律师疾苦,以人民利益为重,注意解决律师反映和关心的热点、难点等问题,多为律师办好事、做实事,以扎扎实实的工作,在律师中和广大人民群众中树立起清正廉洁、勤政为民的良好形象。

(原载 1996 年第 7 期《律师世界》)

(二)律师政治素质初探

1996 年 5 月 15 日由第八届全国人民代表大会常务委员会第十九次会议通过,并将于 1997 年 1 月 1 日施行的《中华人民共和国律师法》,对律师在市场经济体制中的地位、属性、作用和运行机制作了一系列原则性的规定,笔者现借律师法的颁布,谈谈我国律师应具有的政治素质,以求教于广大同仁。

《中华人民共和国律师法》第 3 条规定,"律师执业必须遵守宪法和法律,恪守职业道德和职业纪律。律师执业必须以事实为依据,以法律为准绳。律师执业应当接受国家、社会和个人的监督。律师依法执业受法律保护"。该条明确规定了律师应该所具有的政治素质内容。所谓律师的政治素质,指的是律师维护国家、集体利益和公民合法权益以及良好的社会秩序过程中所具有的政治立场和观点。

《中华人民共和国宪法》第 1 条规定,"中华人民共和国是工人阶级领导的,以工农联盟为基础的人民民主专政的社会主义国家。社会主义制度是中华人民共和国的根本制度,禁止任何组织或者个人破坏社会主义制度"。我国律师制度是建立在社会主义经济基础之上的,是社会主义司法制度的一个组成部分,我国律师是为社会提供法律服务的执业人员。因此,其政治素质应符合社会主义制度的要求,其具体内容笔者认为应体现在如下几个方面。

1. 认真学习马列主义、毛泽东思想，坚定正确的政治方向只有努力学习马列主义和毛泽东思想，才能不断增强提供法律服务的自觉性和主动性

律师在新的历史时期中要坚持四项基本原则。四项基本原则是中华人民共和国的立国之本，是我国当前以至今后相当长历史时期内的指导方针，它不仅是中国革命和建设经验的结晶，也是马列主义真理适用于中国而得出的科学结论。四项基本原则还是宪法性的政治原则，中国的所有公民都应当遵守，作为为社会提供法律服务的执业人员律师来讲，就更应该遵守了。没有革命的理论，就没有革命的行动，坚持四项基本原则就是要坚持马列主义、毛泽东思想的理论指导，自觉地服从中国共产党的领导，维护和发展社会主义制度，巩固和加强人民民主专政。

我国律师学习马列主义、毛泽东思想，主要学习其立场、观点和方法，这样才能提高律师分析问题解决问题的能力。马列主义、毛泽东思想不仅是改造客观世界的武器，也是改造主观世界的武器。在当前形势下，我国律师只有在充分认识四项基本原则深刻意义的基础上，才能准确而全面地理解我国的法律制度和法律精神，才能恰当地处理和解决涉及法律的种种事务。我国律师制度的改革正随着整个社会的改革大潮一道向前推进。因此，律师更要坚决拥护中国共产党的领导，在党的统一、正确领导下，加强凝聚力，在政治上切实与党中央保持一致，并使自己的行动符合党的纪律和法律的要求，充分发挥律师在社会主义市场经济建设中的作用。

2. 全心全意为人民服务是律师政治素质具体表现的内容之一

全心全意为人民服务是中国共产党的根本宗旨，是无产阶级的高尚情操，也是社会的旗帜。《中华人民共和国律师法》规定律师的主要业务有：接受公民、法人和其他组织的聘请，担任法律顾问；接受民事案件、行政案件当事人的委托，担任代理人参加诉讼；接受刑事犯罪嫌疑人的聘请，为其提供法律咨询，代理申诉、控告，申请取保候审；接受犯罪嫌疑人、被告人的委托或者人民法院的指定，担任辩护人；接受自诉案件自诉人、公诉案件被害人及其近亲属的委托，担任代理人参加诉讼；代理各类诉讼案件的申诉；接受当事人的委托，参加调解仲裁活动；接受非诉讼法律事务当事人的委托，提供法律服务；解决有关法律的询问、代写诉讼文书和有关法律事务的其他文书。律师还应该积极开展各项业务，为广大人民群众提供法律帮助。

《中华人民共和国律师法》第2条规定,"律师是指依法取得律师执业证书,为社会提供法律服务的执业人员"。我国律师的本质决定了律师必然要以社会主义事业和广大人民群众为服务对象。律师维护当事人的合法权益和维护法律的正确实施,维护国家和人民的根本利益是完全一致的。牢固树立全心全意为人民服务的宗旨,可以使广大律师把握正确的服务方向。广大人民群众是精神、物质的创造者,是推动社会前进的伟大力量。律师为他们提供优质的法律服务,就可以直接促进社会的发展。另外,全心全意为人民服务还是一种先进的观念形态和高尚情怀。为人民服务不能唯利是图,仅为金钱和物质利益所驱动,并以酬金的多寡来认定提供法律服务的质量。只有具有这样的情操,律师才能提供最优质的法律服务,在社会上树立良好的律师形象。

3. 坚持真理、主持正义是律师政治素质内容的突出特点

《律师职业道德和执业纪律规范》第7条规定,"律师必须忠于职守,坚持原则,不畏权势,敢于排除非法干预,维护国家法律与社会正义"。当前,我国的社会主义民主和社会主义法制正在发展和健全之中,法律制度仍不完善。在党内,官僚主义和腐败现象尚未完全根除,在一些党员干部中,甚至中、高层干部中仍然存在着浓厚的特权思想,有的人把党的领导理解成为凌驾于国家法律之上的决定一切的权力;有的人以言代法,把自己当作法律的化身;有的人以特殊公民自居,藐视国法,认为自己可以不受法律的约束;有的人恣意干扰司法机关独立行使职权;有的人以权谋私,贪赃枉法,收受贿赂等等。在实践中,当事人的合法权益受到侵害而得不到保护,被害人有冤无处申,被告人的诉讼权利被剥夺而无人问津;贪赃枉法未受到法律制裁等情况也时有发生。但是,必须看到,这些腐败现象和滥用党组织的权力及违背党纪的做法,并非共产党本身所固有的,它是官僚主义、封建主义、资产阶级思想对共产党的侵蚀,是和共产党的党性格格不入的,不仅违反了国家法律,而且违反了"党组织必须在宪法和法律范围内活动"的党纪原则。因此,为了维护国家的根本利益,为了维护社会主义法制的尊严,律师要有敢于坚持真理,勇于主持正义的精神。要不畏强暴、不畏权势、扶弱护辜,以法律为武器,向违法现象和犯罪行为做不懈的斗争,而不能熟视无睹,放弃原则,更不能同流合污。否则,将是对律师职业的亵渎。

4. 遵守以事实为依据、以法律为准绳的办案原则,是律师政治素质的根本内容

以事实为依据、以法律为准绳不仅是每个司法人员的办案原则,也是律师

整个业务活动必须遵守的原则,应该成为每个律师的信条。律师是以向委托人提供法律帮助的形式来为社会服务的,他的全部业务活动都与法律有关。因此,律师职业本身就体现出法律的严肃性。而且,律师提供法律服务的过程就是将法律运用于具体事务的过程,其本身又体现着事实的客观性。律师接受当事人的委托,只能支持其合理的要求,维护其合法的权益,而不能因为受了委托或聘请,就为其主张非法要求,维护非法利益。以事实为根据就是要求律师以实事求是的态度认真调查事实真相,从而将自己提供的法律服务活动置于牢固的基础之上。律师开展业务工作是为了解决问题,问题解决是否正确,关键在于解决问题前是否对客观情况进行了周密的调查研究,是否符合客观存在的事实。如果未把主客观情况调查清楚,就不可能按照事物发展的客观规律办事,必然产生主观主义,做出错误判断,把事情办砸。作为律师,无论何时、何地、何事,都要坚持一切以客观实际出发,在查明事实真相之后,还要如实地反映这些事实,忠实于这些事实。

以法律为准绳就是要求律师严格按照实体法和程序法的规定办事,忠实于法律,正确全面理解和运用法律。绝不允许想方设法钻法律空子利用法律上的技术性问题来拖延审判,使罪犯逃避罪责,来谋求不合法的利益。律师不论是担任法律顾问、参加诉讼活动,还是代写法律文书或解答法律咨询,都必须根据国家的法律来提供法律服务,绝不能调词架讼,混淆黑白,或捏造事实,弄虚作假,任意曲解法律,为私利而强词夺理。这样做既损害国家、社会和他人的利益,也将毁掉自己的律师生涯。

(原载 1996 年第 9 期《律师世界》)

（三）取消公民诉讼代理制度
与建立律师费转付制度探析

在经济日益发达与公民法制观念日益增强的当今社会,律师业理当是一派蒸蒸日上的局面。但纵观律师业的现实,却不免有些潸然泪下,不仅出现了贫困山区和经济欠发达的县没有一名律师的情形,而且就是在我国有代表性的经济发达的深圳市,律师业的前景也是令人担忧,不少律师的生存已出现危机。笔者也是一名在深圳执业多年的律师,据笔者了解,不管是深圳市政府还是深圳市司法行政部门,抑或是深圳市律师协会,已采取了多项措施以扶持律师业的正常发展,但总体而言,深圳执业律师的生存问题还是不容乐观。这虽然与世界性金融危机的影响有一定的关联,但我国现阶段下的律师制度是值得反思的。对此,笔者拟就律师业务的回归谈点粗浅看法,以期促进我国律师业的科学发展。

1. 公民诉讼代理制度的立法背景

所谓公民诉讼代理制度,是指在我国的司法诉讼程序中,非法律职业的普通公民担任诉讼当事人或刑事被告人的代理人或辩护人,按照法律规定的程序和权限参与法庭审理的一种活动。《中华人民共和国民事诉讼法》第 58 条、《中华人民共和国行政诉讼法》第 29 条、《中华人民共和国仲裁法》第 29 条、《中华人民共和国劳动争议调解仲裁法》第 24 条和《中华人民共和国刑事诉讼法》第 32 条均对公民参与诉讼做出了相应的规定,这表明我国的程序性法律规定不管是在刑事辩护与代理、民事诉讼或各类仲裁过程中,法律服务市场对市场主体的准入都是没有实质性的限制的,是向整个社会开放的。只要是具备了民事行为能力的任何公民都可以介入到法律服务市场中来,并成为这个市场的直接参与者。

公民诉讼代理制度从它的发展历史来看,一直是处于非正式状态,没有形成一个完整的法律制度,事实上是一个是非多的产物。虽然我国三大诉讼法和相关仲裁程序法律规范都有公民可以参与诉讼程序和仲裁程序的规定,经笔者查证,而这些规定都是源于我国解放初期 1954 年制定的《中华人民法院组织法》中"被告人除自己行使辩护权外,可以委托律师为他辩护,也可以由人民团体介绍的或者经人民法院许可的公民为他辩护,可以由被告人的近亲属、监护人为他辩护……"的规定。公民诉讼代理制度为何一直有法可依? 首先,从建国以来一直到 20 世纪 80 年代中前期的计划经济制度下,我国的社会生活关系和经济、政治关系都相应的明确和简单,法律关系基本停留在传统状态,所涉诉讼案件的领域十分狭窄,法律的专业化以及法律实践人员的专业化都不是十分急切。另外,从建国以来直至计划经济体制的后期或者市场经济体制形成的初期,律师制度几经沉浮,致使在律师制度恢复后的相当长的一段时期内,敢作律师的人员相对较少,专业律师在质量和数量上均不能满足诉讼实践的需要。再次,因诉讼事务的非专业状况也使得诉讼参与人对于律师的需求没有强烈的愿望。而在当时的社会制度背景下,亲朋好友代理诉讼又相当方便,同时又因公民法律意识普遍不高,亲朋好友代理诉讼也有助于法制宣传和教育周围邻居。最后,传统职权主义的诉讼模式是公民诉讼代理存在的关键因素。由于职权主义诉讼模式强调法院在审案过程中查明事实、维护当事人权益的职权,故诉讼当事人只需要消极地配合法院的诉讼指导,其自身的举证、辩论与辩护并不是法官最后裁决结果的决定因素,导致公民诉讼代理与律师诉讼代理在案件审理上没有根本区别。以上既是公民诉讼代理制度的立法背景,也是公民诉讼代理制度长期存在并没能废除的根本原因。

2. 取消公民诉讼代理制度的必要性与现实性

正是建国以来至市场经济体制初期特定阶段的社会体制和诉讼制度的原因,从而才导致公民诉讼代理制度的存在。但随着社会政治体制和经济体制的变革与诉讼制度职权主义向当事人主义的转化,取消公民诉讼代理制度和建立我国律师强制代理制度已成为历史的必然。

(1)专业法律职业律师群体的发展状大是建立律师强制诉讼代理制度的必然

律师诉讼业务与法院审理案件量成明显反差的现状,表明律师诉讼业务的严重不足。不管是计划经济体制年代还是在市场经济体制年代,律师诉讼代理的年业务量均不足法院年审结案件的业务量的20%,这表明律师诉讼业务的现状不容乐观。自律师制度恢复至今,我国执业律师的数量有了空前的飞跃,执业律师数量已超过14万人,显然属于强制诉讼代理的最佳群体,完全有能力有精力做好诉讼代理工作。故此,既然有了这么强大的律师队伍,就应当有强有力的法律规定作为其后盾,从而建立起律师强制诉讼代理制度。纵观现行律师法,只有律师执业严格准入制度的规定,显然缺少律师开展各类业务的硬性制度保障。律师强制介入诉讼代理领域当然需要完善律师法和三大诉讼法,修改律师法和三大诉讼法中那些不适应律师业的发展、柔性强刚性弱的条款,以改善律师的执业环境和保障律师的执业权利,才能促进律师业的科学发展。

(2)当事人主义诉讼模式奠定了律师强制诉讼代理制度的基础

人民法院审理案件,公正与效率是法院审判工作的灵魂。要保证公正与效率的实现,律师强制诉讼代理制度则为当事人主义诉讼模式下的人民法院审理案件能达到公正与效率这个目标奠定了基础。

1）公民诉讼代理,不仅破坏了我国法律服务市场严格准入的制度,造成法律服务市场竞争的无序状态。同时,由于公民担任诉讼代理人时无需承担任何管理费用和税费,导致实践中有的执业律师或法律工作者在按本行业的收费标准收取当事人的代理费用后也常以公民代理的身份进行诉讼代理,这便加剧了公民代理诉讼的复杂性和法律服务市场的不正当竞争状况以及律师诉讼代理业务的恶性循环,无序的诉讼代理制度必然会导致法律服务质量水平的下降,显然不利于人民法院在审理案件中公正与效率目标的实现。

2）立法日趋成熟与法律日渐完善的大趋势说明律师强制诉讼代理制度很有必要。立法日趋成熟与法律日渐完善的大趋势促使法律的专业化,社会生活的变化使得现代法律关系具有高度的复杂性,诉讼的进行则更需要高度的技巧。由于公民代理人一般都不是法律专业人员或很少接触诉讼实务,故其对于诉讼争议的实体法律关系的认识及对具体诉讼程序的把握与执业律师相比,有着明显的差距,而这种差距在最后的诉讼结果产生上往往有相当大的影响。司法实践已告诉人们,许多案件的败诉方在实体上并不一定没有理由,其败诉有时就是因为不合格的代理人不尽职责或不懂相关的诉讼程序和实体法规定而失去举证机会等原因而造成。

3）为保障司法审判的公正与效率,无论是加强人民法院的司法能力还是通过审判制度设计来保证审判的公正与效率,没有律师的介入想达到公正与效率的目的是很难的。从当事人角度看审判方式改革,职权主义色彩越来越淡化,当事人主义越来越浓,这种方式以程序来保障公正当然必要,但这种程序相对于当事人来讲过于专业化而非大众化,当事人参与诉讼没有律师的强制代理想必是很难达到公平公正的判决目的的。最高人民法院公布的《关于民事经济审判方式改革的若干规定》和《关于民事诉讼证据的若干规定》就是例证,其本意是弱化法院职权,让当事人成为诉讼主角,由双方当事人举证、质证、辩论,最后由法官居中裁判,但在审判实践中具体操作的效果并不理想,其主要原因就是当事人诉讼能力不强,不适应民事诉讼程序性设计和以当事人主义模式为主的审判方式,又加上不具备专业法律知识和专业法律训练,对案件事实缺少法律层面上的认知力和评判力,从而使提高审判效率与保证司法公正困难重重。以法院角度而言,其它的立场除法定告知和释明权外,法官不能越雷池半步,否则就有损法官的中立地位。而律师的强制介入可使当事人增加对案件的预期,法官可以最经济的时间明确争议焦点,从而使司法公正与效率因律师的强制介入而找到最佳结合点,人民法院才有可能得到当事人的认同,司法审判权威才有可能逐步得到确立。

（3）当事人主义诉讼模式下律师强制代理制度是市场经济体制下法治现代化和国际化的趋势

法国和德国是实行律师强制代理的典型代表。法国规定，"除律师外，任何人都不得帮助或者代理当事人进行法律活动，或者办理与司法程序有关的诉讼事务，也不得在法院或其他司法机构出庭辩护"。《法国民事诉讼法典》第78条规定，"诉讼当事人在州法院及其上诉法院（州高级法院或联邦法院）进行诉讼时，必须请得到这些法院许可的律师担任诉讼代理人"。这些国家的这种由律师垄断诉讼代理权的规定被称为"诉讼当事人必须由律师代理诉讼的原则"，它表明双方当事人在进行诉讼时有聘请律师为其代理诉讼的义务。日本1976年修正的刑诉法第30条和第31条规定，"被告人或者被嫌疑人随时可选任辩护人"，"辩护人必须从律师中选任"、南斯拉夫现行诉讼法第67条也规定，"只有律师才可以作辩护人"。我国澳门地区民事诉讼法典第74条直接规定了律师强制委托制度："下列案件中必须委托律师。A、可提起平常之上诉之案件；B、上诉案件及向上级法院提起诉讼之案件；C、利益值高于中级法院法定上诉利益限额之执行程序；D、利益值高于初级法院法定利益限额之执行程序。"

美国是典型的当事人主义诉讼模式，不仅普通公民打官司要借助律师，即使律师本人涉及所攻专业以外的诉讼案件，也需要另行聘请其他的专业律师。在一定意义上讲，美国是法官离开律师也不能判案。显而易见，当事人主义诉讼模式奠定了律师强制诉讼代理制度的基础，其法定的律师强制代理制度是法治现代化、专业化上的一种先进性的制度设计，是律师业发展道路中的必然选择。

3. 律师费转付立法的法律依据与渊源

律师费转付制度，是指从法律上确立由相关联的责任方（或过错方）承担无责任方（无辜方或无过错方）因采取法律救济措施（如提起诉讼或仲裁）而产生的委托律师代理费用的制度。律师费转付制度早先起源于英国，形成于美国。这些国家关于律师费用转付制度的规定值得我国借鉴。我国律师费转付规定散见于最高人民法院的司法解释和地方性的法规中，如最高人民法院《关于适用〈中华人民共和国合同法〉若干问题的解释》法释〔1999〕第19号第26条的规定，是我国较早的关于律师费转付制度的规定。如最高人民法院《关于审理商标民事纠纷案件适用法律若干问题的解释》第17条和《关于审理著作权民事纠纷案件适用法律若干问题的解释》第26条均规定："人民法院根据当事人的诉讼请求和具体案情,可以将符合国家有关部门规定的律师费用计算在赔偿范围内。"《中华人民共和国著作权法》第48条和《中华人民共和国商标法》第56条也规定"……赔偿数额应当包括权利人为制止侵权行为而支出的合理开支"。此外,《中华人民共和国民法通则》第112条"当事人一方违反合同的赔偿责任,应当相当于另一方因此所受到的损失",《中华人民共和国担保法》第21条"担保保证的范围包括主债权及利息、违约金、损害赔偿及实现债权的费用"和《中华人民共和国合同法》第113条"当事人一方不履行合同义务或者履行合同义务不符合约定,给对方造成损失的,损失赔偿额应当相当于因违约所造成的损失"的规定内容,实质上都应当包括合理的律师费用。另外,在《中华人民共和国仲裁法》颁布后,各地仲裁机构制定的仲裁规则或操作规范,基本上都有关于律师费转付的内容。在地方性法规中,深圳经济特区的《深圳经济特区和谐劳动关系促进条例》第58条明确规定:"劳动争议仲裁和诉讼案件,劳动者胜诉的,劳动者支付的律师代理费用可以由用人单位承担,但最高不超过5 000元;超过5 000元的部分,由劳动者承担。"这个规定就是在法律层面对律师费转付的确认。上述规定,笔者认为,都可以成为我国律师费转付制度的立法渊源。

司法实践中,律师费转付的案例已悄然频现。最高人民法院公布的典型案例就有:①南京电力自动化总厂诉南京天印电力设备厂不正当纠纷案;②陆红诉美国联合航空公司国际航空旅客运输损害赔偿纠纷案;③台福食品有限公司与泰山企业股份有限公司不正当竞争纠纷案;④山东省枣庄市中级人民法院审理的齐玉苓诉陈晓琪等以侵犯姓名权的手段侵犯宪法保护的公民受教育的基本权纠纷案;⑤湖北省武汉市青山区人民法院判决的包键(化名)与中国民生银行青山支行借款纠纷案。这些案例也为我国确立律师费转付制度提供了可供操作的依据。

4. 律师费转付制度的确立必将促进律师业的发展

确立律师费转付制度已是我国法律制度向前发展的必然。其实,我国相关法律规定与司法实践,都是认可相关的中介费用由败诉方承担的,如评估费、鉴定费等。律师费也是中介费的一种,为何我国的司法制度就允许评估费、鉴定费等类似的中介费可由败诉方承担,而具有中介性质的律师费就不能由败诉方承担呢?很显然,确立律师费转付制度已是我国法律制度改革的必由之路。那么,律师费转付制度的确立是否必将促进我国律师业的发展呢?笔者认为,其积极的意义显而易见。

（1）可保障每个公民平等地享受法律服务，从而依法维护自己的合法权利

在市场经济高度发达的今天，每个公民都有可能摊上法律纠纷。因此，一旦因摊上法律纠纷而无法借助律师的专业法律知识为其维护合法权益时，无异于是法律在扼杀该公民的合法权益。所以，只有确立律师费转付制度，才有可能使每个公民平等地享受律师的法律服务，因为一个公民其合法权益的实现除了要有足够的证据来证明其主张以外，还必须要有专业法律知识的律师来帮助他完成诉讼过程中所要承担的相关义务（如举证质证义务、辩论义务等）。如果说其合法权益没有专业法律知识的律师来帮助他完成，其诉讼的风险是显而易见的。故此，律师费转付制度的确立，可保障每个公民平等地享受法律服务，从而依法维护自己的合法权利。

（2）有助于律师责任心与使命感的增强

律师费转付制度一旦得到确立，执业律师在接受委托代理案件时就会谨慎行事，在接手当事人委托的案件时就要进行充分的分析案情，掂量案件的胜败机率，因为不管是胜诉还是败诉，执业律师均存在一定的风险。败诉方的风险不言而喻，在败诉后不仅要承担其委托律师的律师费，还要承担胜诉方的律师费，既增加了败诉方的诉讼成本，也使得败诉方原以为在聘请律师后可为其挽回一定的经济损失的目的达不到而责怪于其委托律师，甚至还有可能与其委托的律师产生对抗情绪而投诉或状告委托律师，使得败诉方律师吃力不讨好且无比尴尬。胜诉方实际支付的律师费若得不到法庭的支持时，胜诉方委托人就有可能归咎于其受委托的律师，也有可能会置委托代理合同于不顾而投诉其代理律师乱收费或误导委托人。这样，胜诉方的律师同样得不到安宁。若以胜败概率各为50%的比率来推论，每个执业律师都有可能遭遇类似的投诉，由此，律师的责任心与使命感自然会增强。

（3）有助于提高当事人聘请律师的积极性，从而使律师的法律专业知识得到充分发挥

当事人主义诉讼模式的专业性与复杂性，使得当事人打官司无法把握自己官司的命运。正因为如此，当事人一旦诉讼就有聘请律师参与诉讼的必要，而又因现行的律师费由委托人负担的规定，使得相当多的当事人或付不起律师费或因律师费过高而不愿聘请律师，从而造成律师诉讼代理业务的不断下滑。律师费转付制度一旦立法，不仅会大大地促进当事人聘请律师为其维权的积极性，而且会使律师的法律专业知识得到充分的发挥。

（4）律师费转付制度的确立，律师的非诉讼业务也会随之增加

律师费转付制度的确立，除了必将促进律师业的发展外，还可起到提高公民法律意识、增加违约成本、遏制恶意诉讼或缠诉、促进商业信用与保护交易安全、维护诉讼的良性循环等作用。当事人知道违约成本增加，恶意诉讼或缠诉会给其带来更大的经济损失，必然会寻求少花费、快节奏解决纠纷的非诉讼方式。因此，非诉讼解决争议方式一旦为当事人所接受，非诉讼解决争议的案件必然会增多，而律师又是参与非诉讼解决争议的最佳群体，故律师费转付制度一旦确立，律师的非诉讼业务必然会随之增加。

（5）律师费转付制度的确立，维护了立法与执行法律的统一性，有助于律师行业形象的提高

关于评估费、鉴定费等类似的中介费，不管是现行的法律规定还是司法实践，法院判决都是由败诉方承担的，而具有中介性质的律师费为什么就不能由法院判决让败诉方承担呢？这究竟是立法上的失误还是司法行政部门的软弱笔者姑且不论，仅就法律的公平、公正而言，这种同一性质的费用却滋生出两种法律制度和法院裁决结果明显各异的现状，难道说能体现公平、公正吗？因此，律师费转付制度的确立，当然地维护了立法与执行法律的统一性。正因为如此，当事人聘请律师的积极性才会提高，律师在法律服务这个大平台上展现其法律专业知识和聪明才智的机率才会增多，从而有助于律师行业形象的提高。

总之，取消公民诉讼代理制度改律师强制代理与律师费的转付立法，既是我国律师业发展的根本，也是我国律师业科学发展的必然。

（原载 2009 年 12 月 2 日《中南六省（区）律师论坛论文集》，同时被收录于法律出版社出版的 2009 年度《广东律师精选集》）

（四）党员律师学习"三个代表"锐意改革
于勤律师事务所脱钩改制首创佳绩

江泽民同志关于"三个代表"的重要思想，是对新形势下加强党的建设和推进有中国特色社会主义事业的新要求。如何深入开展"三个代表"重要思想的

学习教育活动，并贯彻于律师工作始终，湖北于勤律师事务所的党支部用实际行动找到了答案。

1. 用共产主义理念来推动律师工作改革，从而体现出"三个代表"之一——"中国共产党始终代表中国先进文化的前进方向"理论的精神

湖北于勤律师事务所的前身为汉川县第二律师事务所。建所之初，人均办公面积不足 10 平方米。在上级党组织和司法行政机关的支持下，事务所逐步走向成熟，党支部也应运而生。1996 年，事务所被湖北省司法厅、人事厅授予"全省司法行政系统先进律师事务所"光荣称号。

2000 年 8 月，国务院关于律师事务所脱钩改制的精神传达后，在事务所里掀起不小风波。干部身份丢了，"皇粮"没有了，一系列问题缠绕着律师和法律工作者。为此，党支部书记肖生宜通过支部会议统一思想，使党员律师认识到，律师事务所脱钩改制是与国际接轨，是中国入世的需要。

会后，党员律师达成共识，肖生宜、石勇、王腊清三人商议共同顶起事务所的大梁，积极稳妥地做好脱钩改制的各项工作。他们边做思想工作，边着手制定脱钩改制工作的具体实施方案。王律师不顾疾病缠身，一心扑在脱钩改制工作上，多次与肖生宜、石勇为如何整体转制不留尾巴，在做好各位律师及律师助理思想工作的基础上，还积极引导青年律师投身脱钩改制工作中。

律师张皓虽年纪不大，但已是一位久经辩场的战将，也是党支部的培养对象，起初他思想犹豫，怕丢"皇粮"。通过反复做思想工作，终使其放弃了到国资所工作的念头。党员律师们的努力，使事务所的脱钩改制工作得到了省司法厅的肯定，孝感市司法局还派专班到汉川学习其脱钩改制工作的经验。

2. 于勤律师事务所的党员们，用实际行动阐释了江泽民同志"三个代表"之二——"中国共产党必须始终代表中国先进生产力的发展要求"理论的现实意义和历史意义

合伙所成立后，百废待兴。党员律师肖生宜和石勇积极参与，在做好本职工作的前提下，与主审法官积极探索成功破产的思路，多次草拟法律文书和出具法律意见书。正是法院、清算组和律师的辛勤努力，两个企业的破产有序进行，受到了汉川市委、市政府的肯定。

律师王腊清在办案之余还积极撰写法学理论文章，在国家级和省级报刊上发表文章 30 余篇，有的还被中央级刊物转载。张皓和女党员律师田爱芳积极参与企业改制,为股份公司的设立出具法律意见书。随着一个个案件的成功代理,事务所的影响不断扩大。合伙所成立半年来,70%的律师已掌握现代化办公技能。汉川市供电局、卫生局和工商银行等单位指名聘请该所党员律师担任法律顾问。所里的业务收费与2000年同期相比翻了一番。

3."人民利益高于一切",这是党员律师用"三个代表"指导脱钩改制和开展律师业务的宗旨

开展法律援助,特别是对残疾人提供法律援助已是党员律师们的一件大事。汉川市是一个农业大市,其法律服务的市场大部分在农村,他们着眼于农村,义务为农民普法并提供法律帮助。

律师肖生宜,为新河镇复兴村农民代理230亩土地承包合同纠纷案获圆满结局,该案件曾在汉川市轰动一时,其优秀事迹也载于《律师世界》杂志。律师王腊清承办的新堰镇人民政府左渡村村民状告新堰镇擅自提高农业税赋案,维护了村民的利益,在社会上引起极大反响,该案也被《湖北农民报》报道。

(原载 2001 年 6 月 26 日《湖北法制报》)

(五)律师注册费! 合法否? 非法乎

案例:据"中国律师网"2002年3月5日载作者孙大圣"司法厅(局)年年收取高额律师注册费合法吗?"文章消息(以下简称孙文)。河南省洛阳市洛神律师事务所律师李苏滨于2001年11月10日向洛阳市中级人民法院提起行政诉讼,状告洛阳市司法局和洛阳市律师协会违法收取律师注册费2 500元/人,要求洛阳市中级人民法院确认洛阳市司法局和洛阳市律师协会的收费行为无效。洛阳市司法局和洛阳市律师协会于2001年12月18日做出书面答复意见称其收费行为是合法的,收费有依据。同时声称"即使官司败诉,收费照样要进行"。

据悉,洛阳市中级人民法院对此案暂未下判,但此案已引起中国律师界的强烈反响,主要存有两种意见:

1)洛阳市司法局和洛阳市律师协会收取的2 500元/人律师注册费,是依据具有普遍约束力的河南省司法厅豫司文〔1999〕第 258 号文件《关于转发省物价局、财政厅关于规范律师注册费和律师机构注册登记收费项目及标准的批复的通知》（以下简称第 258 号文）来收取的。简言之，洛阳市司法局和洛阳市律师协会的收费行为合法。

2）洛阳市司法局和洛阳市律师协会收取律师李苏滨 2 500 元/人律师注册费的行为是违法的。其理由为：依照中共中央、国务院相关文件精神，洛阳市司法局和洛阳市律师协会收取律师注册费既没有按法律程序审批，也没有可以收取律师注册费的明文依据。何况其所持第 258 号文件是一个早已作废的文件。中共中央一再强调，任何行政事业收费必须持有国家财政部、国家计委和国家物价总局的审批文件和合法的收费许可证方可收费，而国家对律师行业从未出台过什么可以收取律师注册费的文件或规定。很显然，洛阳市司法局和洛阳市律师协会收取律师李苏滨律师注册费的行为是违法的。

笔者观点：洛阳市司法局和洛阳市律师协会的收费行为违法，不受法律保护，其理由是：

1）洛阳市司法局和洛阳市律师协会以所谓第 258 号文具有普遍约束力，收费合法的观点依法不能成立。最高人民法院《关于执行〈中华人民共和国行政诉讼法〉若干问题的解释》第 3 条规定，行政诉讼法第 12 条第 2 项规定，"具有普遍约束力的决定、命令"是指行政机关针对不特定对象发布的能反复适用的行政规范性文件。针对洛阳市司法局和洛阳市律师协会收取律师李苏滨律师注册费的行为来讲，而第 258 号文却是针对了李苏滨律师这个特定的对象，显而易见洛阳市司法局和洛阳市律师协会的收费行为不合法。

2）根据孙文反映，第 258 号文发布时间为 1999 年 10 月 31 日。随后，国家财政部、国家计委根据中发〔1997〕第 14 号文和中发〔1999〕第 12 号文于 1999 年 12 月 30 日发布了财综字〔1999〕第 195 号（以下简称第 195 号）《关于公布取消第三批行政定性收费项目的通知》，该通知附件第 8 页明确告诉人们，取消律师事务所或律师管理费。该通知第 2 条还规定，"坚决落实取消的收费项目，不得以任何理由拒绝执行或变相拖延执行……对公布取消的收费项目，公民、法人和其他社会组织有权拒交"。第 5 条也同时规定，"对不按规定取消或变相继续收费的，一经查出，应将其非法所得清退给原缴费单位或个人，确实无法清退的，全部没收上缴国家财政。同时，要按国家规定追究有关单位主要负责人和直接责任人的责任"。事实表明，第 258 号文发文在前，第 195 号文发文在后，且从发文机关的层次上看，第 195 号文的效力明显高于第 258 号文，这就说明，第258号文已经被第195号文取代。洛阳市司法局和洛阳市律师协会没有理由视第195号文为儿戏,还要强行收取李苏滨律师的律师注册费2500元呢!

3)2002年2月28日,司法部召开了全国性的紧急电视电话会议,张福森部长在会上着重强调,司法行政机关的职责是行业指路;制定游戏规则;当好裁判员;为律师创造良好的执业环境。司法行政机关要与律师事务所人、财、物彻头彻尾脱钩,不允许与律师事务所发生任何经济往来。根据张福森部长的讲话精神,结论也只有一个,洛阳市司法局和洛阳市律师协会的收费行为不合法。

(原载2002年3月26日《湖北法制报》)

(六)律师行业建立客户回访制度刍议

当今律师实务中,律师的案源主要靠客户(即当事人,以下均称客户)委托或聘请,而且客户的委托几乎占据了律师业务的全部。律师亦因客户的委托而与客户之间形成了一种关联性,即律师—客户关系。律师若离开了客户或没有客户不仅没有业务,而且连其生存都会产生危机。因此,律师乃至律师事务所如何赢得客户的重要性便不言而喻,甚至直接关系着律师个人的生存和律师事务所的发展。那么,律师和律师事务所如何才能抓住客户并取得客户信任,从而来巩固客户关系呢? 笔者认为,律师行业建立客户回访制度应该是律师和律师事务所获取客户和巩固客户的有效途径之一。

1.律师行业的现状

在市场经济中,律师以执业谋生,律师的生存和发展也靠其执业获取利润取得保障。律师事务所是由多个律师所组成,故律师事务所(指大多数)一般也只是盘算如何获取高额利润,有的律师事务所甚至是商业化操作,把律师事务所当作一个赚取高额利润的载体,唯利是图,没有日常管理,没有发展目标与规划,更不谈对客户的管理。律师事务所的现状事实上好似一盘散沙,律师各接各的案(合伙人也如此),各办各的案,形式上只是在所里登个记(有的连记也不登),以求名正言顺;案件办完想归档就归档,档案想交所就交所,以至于有的律师只顾办案赚钱,根本不归档。律师与合伙人之间、律师与律师之间、律师与内勤及所行政人员之间更少接触,碰面也只是打个招呼。律师似乎成了商人,整天想的是怎么赚钱,功利性较重。律师为在法律服务市场中占有一席之地,不惜采用各种手段恶性竞争,不是用高效优质服务质量来赢客户,而只是在想怎么从别人手里抢到案源。如此种种,都有碍律师业的发展和壮大。

2. 回访制度不健全的主要原因

(1)市场的原因

法律服务市场虽然前景看好,但相对现实(即律师基本上是以诉讼参与为基本业务),律师业务的饥渴感还是显而易见的。就诉讼案件而言(包括各类案件),律师参与比例不足 30%,也就是说还有 70%的诉讼案件没有律师的参与。随着人们文化素质和法律技能知识的不断提高,一般的公民即使发生诉讼也无需聘请律师,这个趋势表明律师仅靠参与诉讼,律师行业就有可能走向衰退。另外,法律服务市场混乱也是律师饥渴的又一原因。黑律师以及法律服务所泛滥成灾,严重威胁着律师的案源与生存。他们不仅仅是乱降价收费来扰乱法律服务市场,借用地方政府行政权扰乱某一区域或垄断某一区域的法律服务市场,更为严重的是打着律师的招牌,堂而皇之地用法律工作者证充作律师证,蒙哄客户,既毁坏了律师声誉,又搅乱了服务市场。另外,律师事务所管理不规范原因也不可小觑。不少所公开登报聘请业务经理或业务员为其招揽案源,直接的后果是本不景气的律师业务却又被与律师根本不沾边的人分走一杯羹。有的还把律师事务所当作一个产业来做,以其控制和掌握着某一行业或领域的优势,找三个有合伙人资格的律师组成形式上看起来似乎合法的律师事务所,而实际上是由并不懂律师业务的但有市场的人操纵并掌管着律师事务所乃至律师的生存。其实,这样的事务所均是以低于律师收费标准的多少倍来获取案源和客户的,用广种薄收的办法与客户签订法律服务合同来获取暴利,这相对于那些黑律师和扰乱法律服务市场的法律服务所来说,更是有过之无不及。骗一宗算一宗,哄一家是一家。如此种种,均是造成律师及律师事务所只顾找下锅米(案源)无回访意识的根本原因。

(2)法律规范上的原因

法律法规对法律服务市场规范过松和打击不力的原因。如前述法律服务市场如此乱套为什么难见大动作,甚至无动作,首要的当属法律法规对此规定弹性过大,司法行政部门认为不好着手,而律协又因不能采用行政执法手段无法管理。如律师事务所聘请业务员、经理的事是头上的癞痢明摆着的事却没人管。律师行业不像企业要靠业务员来推销产品取得利润生存,而是以律师优质高效的法律服务质量来赢得客户拓展案源的,而作为近乎法盲的业务员或业务经理,除了采用不正当手段外,还会有什么能耐获得客户的信任呢? 因此,法律法规抑或是规章对此应做出界定并坚决取缔。这不仅要加强司法行政机关的职能,还需赋予司法行政机关行政执法的强制手段。另外,要制定科学的客户回访规范,以法定的形式来完善律师事务所的客户回访制度。

3. 措　　施

（1）认请客户关系

要拿出商业领域"顾客是上帝"的勇气来认识客户的重要性。客户第一是市场经济运行的法则,是律师事务所的生命线,是律师生存和发展的基础,相对于律师来讲,客户是律师及律师事务所的衣食父母。客户客观上需要律师优质高效的法律服务,律师事实上也需以高效优质的法律服务赢得客户而赖以生存和发展,二者相辅相成,互为依托。

（2）抓住客户关系管理这根弦

在认清了客户关系重要性的前提下,要紧紧抓住客户关系管理这根弦。所谓客户关系管理,笔者认为是指律师事务所在向相对人（客户）提供专业法律服务过程中不断积累客户信息,并利用已获得的客户信息来制定市场战略以满足客户个性化需要。客户关系管理源于以客户为中心的管理理念,是旨在建立律师事务所与客户之间关系的新型管理模式。在中国,作为全球发展热门的客户关系管理产业短短几年便得到了迅猛发展,并显示出它的生命力。如电信、电力、餐饮、旅游、金融等行业的客户关系管理已日趋成熟;网络科技、咨询服务和医药卫生等对客户关系管理理念也呈加速度趋势。而律师行业对客户关系管理的认识还比较肤浅,处于一种初识阶段,只有极少数的律师事务所对此有所认识并放在重要位置,但也仅仅是只注重搞好关系这个层面上,没有做深入的研究,没有树立一种以客户为中心的服务理念,没有建立一套科学的客户关系管理框架,没有形成一种客户至上的行业文化。因此,是否抓住了客户关系管理这根弦,是客户回访制度的核心。即没有客户便无所谓客户回访,抓不住客户关系管理也谈不上客户回访。

（3）建立客户回访专班

就律师行业现状而言,硬性统一规定律师事务所建立客户回访专班似乎有点强人所难，因为上规模上档次的律师事务所还是不多，而小所泛滥已是不可回避的现实。笔者认为，按现实状况，小所可指定客户回访专人；规模所可设立客户回访组；上规模有层次的所可以专设一个客户回访部。这便于将客户回访工作摆上议事日程并落到实处，不断积累客户关系管理经验并逐步完善，形成律师行业独特的客户关系管理行业文化。

（4）制定客户回访方案，做好客户回访登记

客户回访可采用定期或不定期的方式进行、问卷调查、访谈了解、个别走访、信息综合与资料积累以及建立客户资料库和定期召开座谈会等等，都应是客户回访的有效途径。实践中还可借用兼职法律顾问为客户服务的经验并进行新探索。要做好客户回访工作，并不比办一两件案件轻松，甚至还要有沉得住气、坐得稳、耐得心的功夫。客户回访方案可依所而定，无需千篇一律，允许百花齐放，再定期总结交流，共同提高。但总的来讲必须要有方案、有班子、有计划。另外，对于重大案件、疑难案件，在本地区有较大影响的案件和焦点案件要做到必须回访，对回访中遇到的问题要及时汇报、个性化处理。回访时还要广泛地了解客户竞争对手的竞争优势、市场定位，成败事例，竞争策略、竞争手段和发展趋势等问题，为客户出谋划策，确保客户回访工作取得实效，巩固和赢得客户。

4. 作　用

（1）将切实改变律师事务所的经营理念和思维模式

切实改变律师事务所的经营理念和思维模式，使原本各自为战的合伙人、律师、律师助理、行政和内勤人员等真正的协调合作，成为围绕着以客户为中心的强大团队，增强了律师事务所的向心力和凝聚力。

（2）将改变律师传统的办案模式和手段

通过客户回访，综合分析客户意见，使历史以来的客户上门，律师对客户占主导和控制地位的情形有所改变，使律师与客户之间交流协作机会增多，还会改变客户说事实律师讲法律的呆板的办案模式，变为以客户律师交流综合后的谋求效益最大化的法律服务方式。

（3）将有效地增强律师客户之间的诚信度

律师与客户之间本来就是一种从不熟悉到熟悉，从不信任到信任的过程，客户回访制度的建立，通过相互交流和沟通会使律师对客户持续作用凸现，即使律师更多地了解了客户基本情况和真实需求，也使客户了解了律师的职能、

作用、艰辛与价值,同时,还可化解因相互不交流沟通而产生的隔阂,从而拉近了双方的距离,增强了合作的信心与信任度,诚信度会明显上升。

(4)有利于提高律师的业务素质和增强律师遵守职业道德和执业纪律的自觉性

律师不是万能的,不可能没有疏漏和失误。通过客户回访,找到了律师提供法律服务中的不足,使律师事务所尽可能地做到有的放矢,针对案情需要为客户合理配置律师,尽量避免失误。由于客户对律师法律服务的全过程有了综合评价,还使得律师事务所掌握了律师遵守职业道德和执业纪律的真实状况从容不迫而进行动态管理,将有力地促进律师业务素质的提高和遵守职业道德和执业纪律的自觉性。

(5)有利于提高律师的地位

客户回访,既扩大了律师的影响,又为律师事务所管理提供了良方,为律师创品牌增强了信心。客户回访制度不仅可杜绝律师的不良习惯和提高律师的执业水平,还可使律师在客户中树立形象,树立以客户服务为中心的理念,律师的地位自然而然便获得了客户的认可。

(6)有利于律师事务所提高管理水平

律师事务所的管理至今还没有一套成熟的、科学的可供统一使用的管理模式,律师界均在积累经验和摸索。客户回访工作做好了,将有效地遏制律师乱收费、私自收费和私自办案等违法乱纪现象,从而促进律师事务所的内部管理水平的提高。当然,律师事务所的管理不能仅靠客户回访制度来促进,但其毕竟是促进律师事务所内部管理上台阶的有效途径之一。

(原载 2004 年第 11 期《律师世界》)

(七)律师事务所律师人才管理之我见

一个律师事务所的整体素质如何,反映出其管理水平的高低。随着世界一体化发展战略格局的全面铺开,律师事务所的管理——特别是律师人才管理便是律师事务所管理工作的重中之重。从系统论的角度来看,影响律师事务所律师工作积极性的因素虽然不外乎两个方面——外部环境和内部环境(其实质是内部管理问题),而内部管理却是其主要的且重要的一环。如何使律师事务所具有向心力,使全体律师心往一处想,劲往一处使,这应是律师事务所主任乃至全体合伙人需不断探索的课题。笔者拟就此谈点粗浅看法,以期抛砖引玉,与同行共同摸索出一套律师事务所律师人才的最佳管理模式。

1. 鼓励人人成材,人人都有成就感

要有成就,首先就要有成就动机。所谓成就动机,是指驱动一个人在社会活动的特定领域内力求获得成功或取得成就的内在力量。强烈的成就动机会使人具有很高的工作积极性,渴望将事情做得更完美并获得成功。针对律师事务所而言,律师事务所主任与合伙人不能只盯着钱,只顾及自己赚钱,要善于观察见风使舵人员的心理动态、行为特征,引导和促进他们启动成就动机。其实,成就动机是影响律师工作积极性的一个基本内部因素。在宏观层次上,它受到律师所处的经济、文化、社会的发展程度的制约;在微观层次上,让每一个律师都有机会得到各种成功体验,培养和提高自我愿望等成就动机水平,将有助于他们改变对工作的消极态度,提高工作积极性。

2. 加大激励机制,发挥自我效能

有资料表明,自我效能感被定义为人们对自己产生特定水准的、能够影响自己生活事件的行为的能力的信念。自我效能的信念决定了人们如何感受、如何思考、如何自我激励以及如何行为。任何一个律师,工作中难免会遇到各种各样的挫折和失败,面临挫折和失败,其成就动机就会降低,并会对自己的能力产生怀疑。在这关键时刻,律师事务所的领导者和管理者就应当适时地介入,与其交心谈心,用成功的典例去促进他们,用切身的事例去感化他们,用积极向上的心态去鼓励和激励他们,因为自我效能决定了律师对自己工作能力的判断,故积极和适当的自我效能感可使摔跤的律师重新振作起来,进而迸发出更惊人的活力。所以,律师事务所的领导者和管理者要不断地对律师进行自我激励,以维持强烈的成就动机和高水平的自我效能。

3. 真情互动感化,人人都有归宿感

律师事务所的主任和合伙人既是全体律师的领头羊,也扮演着律师事务所管理者的角色,同时还是律师工作业绩的主要评价者。什么样的领导方式才能

有效地提高律师的工作积极性呢？有心理学者研究认为,相互之间的真情互动对律师的工作态度起着非常重要的影响。现代管理理念要求管理者不仅要对被管理者恩威并重,公平、公正,还要求管理者随时地、敏锐地觉察被管理者的情绪状态,了解并适当地满足被管理者的需求,不要与被管理者斤斤计较,要有胸怀,有海纳百川、有容乃大的气量,时时处处关心他们,既关心他们的工作,也要关心他们的生活,这样才能使被管理者感觉有归宿感,为律师事务所打拼,为律师事务所的发展与壮大献计献策,并自觉有效地提高其工作积极性。

4. 加大沟通力度,协调平衡和谐

国人做事,一向讲究"天时地利人和"。其中的"人和"是最重要的因素。文化传统和建国以来"单位制"的影响使被管理者很看重工作中的人际关系,希望能够被人接纳,并融入其中。律师事务所的律师也一样,良好的人际互动和工作氛围,将有效地调动律师们的工作积极性。这就要求律师事务所的管理者能有效地做好律师之间的协调,时刻注意律师同事之间的动向,心甘情愿地做律师之间的心理红娘,将他们之间的相互矛盾和心理隔阂一一排解,真正做到律师事务所内部的和谐。其实,律师与律师之间的和谐,不仅要求管理者要有高超的管理艺术,苦口婆心,还要有做认真细致的思想工作坚持不懈的韧性。要将他们之间的刚柔融合,阴阳调平。若非如此功夫,律师之间就没有和谐氛围,社会和谐和与当事人和谐就是空洞的口号。因此,只有和谐并团结一致,律师才有工作积极性、有劲头,才会发挥超常的创造性,律师事务所才有希望,才能为社会做出有益贡献,为委托人服好务。

5. 注意工作动态,严格业务激励

同一件业务,对于不同成就动机、自我效能的律师来说,意义和效果是不相同的。律师之间对同样的业务的积极性也是存在差异的,哪怕他们实际上都能把这份业务做得很出色。这就要求律师管理者有能力分辨出律师与律师的工作取向和价值观念,合理地调节业务流向,让其充分地发挥业务专长。特别是设立专业部的律师事务所,切不可将有专业业务取向和业务爱好、并在某专业上有造诣的律师强扭在与其相悖的专业部或给其相悖的业务,这样才能充分地发挥各个律师的优势,做到人尽其才。除此之外,恰当的激励对于提高律师的工作积极性有着不可忽视的作用。激励从不同的角度可以分为奖励和惩罚,激励的前提假设是把律师看作为"经济人"还是假定为"社会人",因为律师既扮演

着"经济人"(收费办案)的角色,同时也扮演着"社会人"(法律服务)的角色。假设前提的不同,就会产生激励方式和手段的差异。把律师看作是"经济人"时,则激励不仅仅是物质的激励,同时还应对律师进行适当的精神激励。此精神激励既可以像企业或经济部门那样设个流动红旗,时时为其鼓气,也可以一定期间进行所内评奖或进行某一业务方面的单项评奖,给其一个荣誉称号。当然,律师事务所的年终评奖切不可少,这不仅是对某一律师全年工作的充分肯定,也是对全所律师的鞭策与激励,还是律师管理工作的应有之义。

(原载 2005 年第 6 期《深圳律师》)

(八)我说《深圳市律师协会章程修正案》仍不够完善

说实话,作为我这个入深不久的律师,是没有资格来议论《深圳市律师协会章程修正案》(以下简称《章程修正案》)的。既然《深圳律师》编辑部发了通知,笔者还是有一种一吐为快的感觉。笔者不敢也没有本事对《章程修正案》做过多和深入的评价,只是想借此机会谈一谈读后的感受。

深圳,作为全国的特区和中国的试验田,深圳敢为先勇于先,无数的"第一"都因它而产生,第一的桂冠似非莫属,甚至成了中国的代名词。在内地,人们一谈到深圳,许多自豪感和向往感都由谈而产生,好像有讲不完的故事。它是人们心中的城市偶像,是人才最密集的地方,是中国人的骄傲。当议论到深圳律师,同样认为他们都是中国律师的精英。深圳律师在全国律师界同样创造了无数个"第一"。我这个年代的人到深圳,说心里话是想来看看深圳律师到底怎样,来学学深圳律师的办案水平和成功经验,来尝尝深圳律师的酸甜苦辣,故在来深圳之初便走访了深圳 107 个律师事务所和近 200 名律师,有劝我不来的(到时可能没得饭吃),有请我试试的(不是没有成功机会),也有鼓动我扎根的(绝对能成功)。最后我不顾全家人的反对最终到达深圳彼岸并成了深圳律师。置身于深圳律师中,时时处处小心怕坏了深圳律师的名声,因为深圳律师的名声不一般,一旦因我而毁名,岂不成了千古罪人。这便是我对《章程修正案》感兴趣的原因。

既然深圳律师非同一般,那它的章程理当很完善,但笔者通过阅读后却认为《章程修正案》有些条款存在如下问题。

1. 有些条款的规定太抽象,容易使人产生争议

1）如第 8 条中的第 2、5 款的规定,第 2 款规定,依照《中华人民共和国律师法》规定取得律师执业证书且已在本市注册的律师,必须加入本会,成为本会个人会员。而第 5 款规定,境外律师事务所在本市设立的代表处向本会申请登记可成为本会团体会员。这里存在这样一个误区,根据司法部颁布的《外国律师事务所驻华代表机构管理条例》第 10 条和《香港、澳门特别行政区律师事务所驻内地代表机构管理办法》第 10 条"代表处及其代表必须在法律服务执业所在地注册"的规定,依照《章程修正案》第 8 条第 2 款规定的内容,境外律师事务所在本市设立的代表处的执业律师就是《深圳市律师协会》(以下简称《协会》)的当然个人会员,但根据该条第 5 款的规定,该个人会员执业的代表处若不向《协会》申请,则不能成为《协会》的团体会员。假设这种不申请的情形存在的话,岂不是连团体会员都不是的代表处的执业律师又何谈为《协会》个人会员呢?因此,笔者建议将该条第 5 款删除,在第 3 款的"分支机构"后加一顿号,再加上"代表处"即可。

2）类似情形还有如《章程修正案》第 23 条第 2 款"临时律师代表大会召开不成的,筹备大会的费用由提议人承担"的规定内容。这时的"不成"没有具体的指向,是哪种情形下的"不成"的费用由提议人承担规定不明。倘若是律师理事会或秘书处或者不涉及提议人的原因而导致"不成"(如人力不可抗拒的原因等),难道说这样类似的原因产生的费用也应由提议人承担吗?笔者认为该款应修正为:"临时律师代表大会因提议人的原因召开不成的,筹备大会的费用由提议人承担。"

3）再如第 29 条中规定的"专项调查委员会"的机构,《章程修正案》中除此处外,再没有哪个地方提及过这个名称,就是第九章专章中的专门委员会与专业委员会也没有这个名称。笔者不是说这个"专项调查委员会"有什么不好,而是这个委员会如何组成、由哪些人组成、职责与运作程序等事项均没有交代。笔者认为至少在该款后面加上"专项调查委员会"的组成、职责与运作程序等事项由理事会另行制定。

2. 有些条款的提法欠科学(或者说语法上有问题)

1)如第 10 条第 4 项中"承担本会委托的工作,履行法律援助及其他法律规定的义务",笔者认为应在"法律"后面加上"法规"二字。

2)如第 16 条第 4 款"拥有二十名以上的律师事务所可以推举一名代表,每增加二十名律师可以多选举一名代表"的表述,是不是意味着拥有 20 名以内的律师事务所就根本不够资格选举代表?再按此规定推理,21 名以上的律师事务所应当选 1 名代表,每增加 20 名可多选 1 名,那如果一个律师事务所是 40 名,也是选 1 名代表吗?但据笔者了解,事实上并不是这样。

3)再如第 19 条第 1 款"律师代表大会每年 3 月 31 日前召开,理事会可以决定提前或者延期召开"的规定,3 月 31 日前召开没有问题,问题是一年召开几次,是否可修改成"律师代表大会每年召开一次,并定于每年的 3 月 31 日前召开"。

上述见解不一定完全正确,仅是笔者的一管之见,笔者希望得到深圳律师同仁的指点与磋商,共同提高深圳律师的知名度,以期望深圳律师做中国律师的排头兵。

(原载 2005 年第 6 期《深圳律师》)

(九)试论律师事务所聘请专业顾问的必要性

律师制度恢复以来,我国律师事业已走过 26 年不平凡的历程。26 年来,律师事业随着我国民主法制建设的进程而不断发展,律师工作在我国政治生活中的地位和作用也日益突出,在维护社会稳定与和谐、保障改革和经济建设中发挥着越来越重要的作用。随着我国法制化进程的加快,律师业务已触及社会生活的每一个角落,当人们遇到什么难题或不称心的事就想到律师,指望律师能解心头之忧或不平的事。从律师业务触及社会生活日益深入和我国律师整体素质的现状综合分析,由于市场经济条件下新型纠纷不断涌现,从而对律师职业的专业化程度有了更高的要求,律师行业潜伏性危机也不同程度地有所表现,无疑使律师行业面临着一场新的挑战。而实行聘请专家、学者顾问制度,正是律师行业面临挑战并应对挑战的重大举措。毫无疑问,在律师事务所建立聘请专家、学者顾问制度,充分发挥专家、学者的知识资源和优势,必将有利于推动律师事业的向前发展。

1. 建立聘请专家、学者顾问制度是适应社会主义市场经济建设与发展的需要

在我国社会主义计划经济向市场经济转轨的过程中,计划经济模式虽已废除,但市场经济体制却并不十分井然有序,而是正处在不断完善过程中。在这一特定的社会历史条件下,新旧体制交替,不可避免地将会出现某些脱节或失控,新情况、新问题也会接踵而至。作为律师,依法维护形形色色的犯罪嫌疑人的合法权益,维护民事案件委托人的合法权益,维护社会稳定,促进民主化、法治化进程,促进市场经济建设,是义不容辞的责任。面对纷繁复杂的市场经济行为,律师应有清醒的认识和充分的估计。可以说,遇到有关经济运行、财政制度、知识产权、医学领域等问题时,经济学家、财政专家和医学专家比律师更有发言权;同样,在涉及计算机软件及地理学等问题时,律师(专业化律师除外)也没有这些领域界的专家有权威。诸如类似问题都充分显示出其他学科和领域中专家、学者所具有的职业优势。因此,律师事务所建立聘请专家、学者顾问制度,正好可以优势互补。

2. 建立聘请专家、学者顾问制度,是适应犯罪手段多样化,正确维护犯罪嫌疑人合法权益的需要

当代著名犯罪学家路易斯·谢利在《犯罪与现代化》一文中深刻地指出,"高科技不仅促进了犯罪手段、犯罪类型的变化,同时也引起了犯罪率的增长,这是犯罪变化的一个规律"。随着社会的发展和科学技术的进步,犯罪分子作案的手段既有传统型的作案方式,又有新的技术型的犯罪表现形式,犯罪手段、犯罪方式呈多元化发展趋势,而且犯罪领域亦日趋向财政、金融、计算机、外贸外汇、证券投资、流通、人体学领域延伸,律师参与刑事诉讼如何充分地维护犯罪嫌疑人的合法权益,就必须借助社会各个领域方面的专家、学者的智慧,才能较好地履行辩护职责。可见,律师事务所建立聘请专家、学者顾问制度,是律师在履行刑事辩护职责中适应犯罪手段多样化,正确维护犯罪嫌疑人合法权益的需要。

3. 建立聘请专家、学者顾问制度，是促进律师参与法律服务工作有效开展的迫切需要

面对越来越广泛的法律服务领域，律师由于自身条件的限制不可能对法律领域的方方面面都精通，律师也不是万金油，不可能对社会各个领域的知识全部吃透，因此，法律服务的现状对律师执业提出了越来越紧迫的要求，又因各种主客观因素的限制，律师精通各专业类知识只能是天方夜潭，要建立一支跨世纪的高层次、高素质的律师队伍，就必须建立聘请专家、学者顾问制度。一方面可以发挥专家、学者的专业特长，促进律师在市场经济和科学技术高度发达的今天，尽可能地掌握与提高知识和技能，进而提高律师驾驭工作的能力，正确地行使法律赋予的法律服务职能。另一方面又可以通过专家、学者的指导与咨询，使律师在科技与信息高度发达的今天，跟上时代的步伐，从而促进律师参与法律服务工作的有效开展。

4. 建立聘请专家、学者顾问制度，是提高律师办案质量的需要

办案质量是律师工作的生命，关系到律师业的成败与兴衰。衡量办案质量高低的总标准，就是把握好案件的脉搏。在律师工作中，如果说公正执法是律师工作的灵魂，那么，保证案件的质量，则是律师事业赖以生存与发展的生命源泉。建立聘请专家、学者顾问制度，正是保证案件质量的重大举措。在经济关系与社会关系日益复杂化的今天，这些关系已逐步渗透于法律领域中，从而导致法律关系的多样化和复杂化。因此，对于一些较复杂的疑难案件，通过专家、学者参与讨论与论证，可以为案件的决策提供科学依据，从而保证律师办案不枉不纵，不偏不倚，有利于办案质量的提高。

5. 建立聘请专家、学者顾问制度，是深化律师公开执业的需要，也是律师接受社会各界监督的有效途径

在社会主义市场经济对法律服务呈现出更大、更深、更高要求的今天，律师这个职业逐渐引起了人们的重视和渴望，并越来越引人注目。律师执业公开，就是要向社会公开律师执业的性质、任务、工作制度、执业纪律与收费标准等，自觉地把各项工作置于全体公民的监督之下，防止和杜绝乱执业，从而提高律师严格执法、秉公执法和公正廉洁的自觉性。建立聘请专家、学者顾问制度，主动地把社会各界和各领域中的专家、学者聘进律师事务所做顾问，参与律师实务,共同为律师执业出谋划策,正是让社会各界了解律师和律师工作,深化律师执业廉洁公正的新举措,同时也是执业律师主动接受社会各界监督的有效途径。只有这样,律师业才能生机勃勃,才会有更光明的前景。

(原载 2007 年第 1 期《广东律师》)

(十)文化就是细节

自司法部《中国律师业发展政策报告》提出"要把建设先进的律师文化作为推进律师工作发展的重大举措"后,中华律师协会接着发布了《中国律师文化建设纲要》。于是律师文化在律师界铺天盖地般热议起来,由于律师文化的 N 个定义,以至于可以让律师界普遍接受的"律师文化是什么"还是没有定论。

其实,不要说"律师文化是什么"难以说清,不好下定论,就是"文化是什么"也是众说纷纭,观点不一。看看身边的些许事,文化与律师文化的结论也许就不言自明。

同样的事,发生在不同的地方,结果却大相径庭。几个朋友到餐馆吃饭,买单时,争着抢着买单的,大都是北方人,静观不动的则是南方人。北方人的特点是,说好了是甲请客,到买单时却仍然要客气一番;南方人则不同,说好了是甲请客,就是餐馆老板到餐桌上收饭钱,他也不会讲一点客气,仍会一动不动地坐在那喝茶聊天。这南北之别,笔者认为,这正是文化。

19 世纪末的一个故事也证实了这一点。说美国纽约的一大富翁雇佣一个名叫丁龙的华裔仆人,在雇佣数年后无故将其辞退。后来,富翁家不慎失火,家产被烧得所剩无几而富翁幸免于难,丁龙闻讯赶去,并像以前一样精心伺候其左右。富翁不甚感激并疑惑地问:"我早将你辞退了,你为何在我落难之时还要回来照顾我?"丁龙说:"家父早有明训,亲邻有难,必须给予帮助。"富翁又问:"令尊是不是读过孔孟圣贤书之人,你是书香子弟?"丁龙回答说:"我家世代皆未读过书,我也并非书香子弟。"这个故事告诉笔者,不是说一个人读过很多书能识文断字就是有文化,文化实际为耳濡目染的那一种,也就是生活方式本身。一个人的生活方式,决定了他的文化来源、文化素养及趋向。反过来说,一种文化则决定了一个人的生活方式。

律师文化亦如此,同样是其生活习惯、生活方式、行为模式等等的积累。在此,笔者同样拾缀几个片段供同行甄别:

1)在待人接物上,有的律师是和蔼可亲、彬彬有礼,不卑不亢,谈吐自如;但有的律师是见风使舵,看对象说话,见人说人话,见鬼说鬼话,不论场合,说得头头是道,口沫直飞。

2)在接待当事人时,有的律师是认真听,细致问,了解情况后对症下药,耐心解释并答疑,不怂恿、不暗示诱导,客观地告知当事人风险;有的律师却不愿意听当事人陈述,故意卖关子、摆架子,不说真话,炫耀其与司法机关某某为铁哥们,甚至夸大其词并做虚假承诺。

3)在仪表上,有的律师穿着得体,不做作,不刻意打扮,让人一见就感觉你是个有涵养的人,像个律师;有的律师却不修边幅,不仅衣服不整洁,而且走路也是歪歪扭扭,眼睛四处瞅,真是七不像八不像。

4)在法庭上,一方律师口若悬河地摆事实、举证据、讲法律;另一方律师虽然也摆事实、举证据和讲法律,但其口中却不时冒出一些"鸡巴毛、吊毛、狗屁胡说、乱弹琴、精神病"等口语。

上述种种的优与劣,笔者认为,当属律师文化。但应当是律师个体意识形态、生活方式与行为模式的综合反映,其虽不属律师群体文化,但它无时无刻在影响着其他律师和律师周边的人。正因为如此,人们不仅要正视这些现象,更有必要去触摸"律师文化"这个深奥的命题。何况中国的现实状况告诉人们,律师事业要发展,律师事业要与世界接轨,就必须要有良好的律师文化去引导和指导律师。因此,在人们明白了什么是律师文化之后,人们就应该努力地去揭示它、发展它和宣传它。

其实,律师文化除了我们的探讨和研究外,更重要的是靠宣传,也就是说即使有了良好的律师文化,如果缺少了宣传这个武器,律师文化也只能是束之高阁之物。试看,反映律师主题的电影电视片为什么少?综合反映律师执业与律师生活的书刊为何也不多?这不正说明律师文化缺少宣传嘛!既然律师文化连宣传都这么差,还谈什么律师文化的发展。这些问题,迫切需要人们认真反思!

诚然,律师文化有律师个体文化(律师个人)和律师集体文化(律师事务所)和律师群体文化(全中国的律师)之分,但就目前情形而言,笔者认为没有必要探讨和研究得那么细、那么深,其理由是目前缺少的是基础性的律师文化,即着重于提高每一个律师个体的文化素养、道德修养与情操来推动和发展律师文化,只有律师个体文化的基础性工作做到了位,律师集体文化才有可能得到发展和提高,律师群体文化才能成型并被社会所注目,才会有真正意义上的中国律师文化,中国律师才能走向国际市场。

现实中的律师与律师事务所,有多少人和多少所在考虑律师文化问题,深圳还是比较发达的地方,好多律师事务所也是以创收为宗旨,有能耐、以赚钱为目标的律师更是多数,有的律师事务所主任或合伙人也不知律师文化为何物。

鉴于此,笔者认为,文化也好,律师文化也好,都是潜移默化之间的一点一滴,就是不经意间的细节。笔者提倡建设、发展和推动律师文化,就有必要从一点一滴做起。如果说一个律师连做人的资格都没有的话,那他还有什么资格做律师呢!笔者相信,只要我们坚定建设、发展和推动律师文化的信念,坚持从一点一滴做起,中国律师文化的春天就在明天。

(原载 2007 年 8 月 23 日《中南六省及港澳地区律师业务研讨会论文集》,后转载于 2008 年第 5 期《中国律师》)

后　记

孔子曰："必也正名乎……名不正则言不顺，言不顺则事不成。"名就是目标，就是方向；方向有了，余下的就是行动。荀子《劝学》中说："不积跬步，无以至千里；不积小流，无以成江海。"

作为律师，把自己的经验与教训告知世人，让后来者踏着自己的肩头前行，这是律师应具备的职业良心。韩愈在《师说》中讲到："闻道有先后，术业有专攻。"学界如此，律师也一样。律师代理案件是一门专业性很高、实践性与技能性相当强的技术活，历史上不少辩论家都为人们做出了榜样。

论辩者，律师也！律师要成为真正的善辩者，除了其自身的心理素质和随机应变能力外，《孙子兵法》三十六计中的"瞒天过海"、"声东击西"、"李代桃僵"、"顺手牵羊"、"借尸还魂"、"欲擒故纵"、"抛砖引玉"、"釜底抽薪"、"偷梁换柱"、"指桑骂槐"等都不失为律师常用的辩法。当然，一箭双雕、绵里藏针、一语双关、类比论证、比喻论证、能动转化、对立引申、避虚就实、刚柔相济、请君入瓮、以谬制谬、借题发挥、换位思考、二难或多难推论等，也是律师辩论中不可缺的辩法。

班固在《汉书》中说："夫唯大雅，卓而不群。"律师在法庭上的发言既要精又要准，还要立意新颖。其实，律师的辩论除了要辞藻华丽、语言优美外，还要有感动。律师的辩论能使听者潸然泪下，时而还掌声雷动，这就是律师辩论的技巧；而感动法官，使其从内心确认你律师辩论既入情入理又有理有节，而做出有利于委托人的合法权益的判决，这才是律师的道。

写书是一个"痛并快乐"的过程。本书的探索仍然是初步的，认识有限，敬希各位专家与同仁指正。屈原《离骚》中有让人振聋发聩的名句，"路漫漫其修远兮，吾将上下而求索"。作为律师的我，要永远有这种清醒。

王腊清

2013 年 2 月 20 日于深圳